Axel Wiemer

Gott ist kein Pinguin

Theologie in religionspädagogischer
Perspektive

Vandenhoeck & Ruprecht

Meinen Lehrern

Innenabbildungen der Pinguine auf den Seiten 24, 26, 208 aus:
An der Arche um Acht, Illustrator Jörg Mühle © Patmos Verlagsgruppe/
Sauerländer Verlag, Mannheim

Bibliografische Information der Deutschen Nationalbibliothek

Die Deutsche Nationalbibliothek verzeichnet diese Publikation in der
Deutschen Nationalbibliografie; detaillierte bibliografische Daten sind im
Internet über http://dnb.d-nb.de abrufbar.

ISBN 978-3-525-70203-1

Umschlagabbildung: Foto: Andreas Hechenberger,
www.andreashechenberger.at, aus einer Aufführung
des Theaters Laetitia, www.margot-paar.at

Printed in Germany.
Satz: textformart, Göttingen
Druck und Bindung: ⊕ Hubert & Co, Göttingen

Gedruckt auf alterungsbeständigem Papier.

Inhalt

Vorwort

Dieses Buch geht zurück auf mein Seminar „Einführung in die Theologie" an der Pädagogischen Hochschule Schwäbisch Gmünd. Seine Grundidee ist gewiss nicht nur für Studierende relevant: Zentrales Ziel ist es, die Relevanz der theologischen Denkbemühung für die religionspädagogische Aufgabe erkennbar werden zu lassen. Mitunter herrscht der Eindruck vor, Systematische Theologie sei zu komplex, um für den Religionsunterricht konkret relevant werden zu können. Nun stimmt es zwar: Systematische Theologie ist komplex. Aber nach meiner Überzeugung hat sie gerade deshalb mit dem – nicht minder komplexen! – Religionsunterricht zu tun. Dies zu entdecken, dazu will das Buch verlocken.

Religionsunterricht verstehe ich auf der Linie der Einsichten des „Theologisierens mit Kindern" sowie der „Konstruktivistischen Didaktik" als einen Prozess, der Kinder und Jugendliche einlädt und anregt, in ihrer eigenen Meinungsbildung voranzukommen. Es geht also nicht um die Vermittlung abschließender Antworten, sondern um das Aufgreifen von Fragen und deren Bearbeitung im Gespräch miteinander und mit der biblischen und theologischen Tradition. Das Ergebnis sind individuelle Überzeugungen, die aber in der Diskussion verschiedener Antwortversuche auch auf Konvergenzen hin befragt worden sind.

Entscheidend ist nun die Einsicht, dass Theologie letztlich nichts anderes ist. Auch sie erreicht bei allem Fortschritt in der Diskussion ihrer Fragen keine abschließenden Antworten, sondern erarbeitet wichtige Einsichten für die Kommunikation des Evangeliums in unserer heutigen Situation. Diese Verwandtschaft bedeutet, dass theologische Sprachfähigkeit zu den zentralen Anforderungen an eine gute Lehrkraft für den Religionsunterricht gehört. Diese Perspektive nimmt das Buch auf, indem es exemplarische theologische Fragen im Kontext religionspädagogischer Fragestellungen entwickelt. Ich verbinde damit die Hoffnung,

Lehrkräfte und Menschen, die in Gemeinden mit Kindern und Jugendlichen arbeiten, nachhaltig für die theologische Denkbemühung zu gewinnen.

Es wird in dem Buch auch deutlich, dass es dabei um eine je eigene Denkbemühung geht, da nur so Relevanz entdeckt werden kann. Anders gesagt: Es geht um „Theologisieren mit Erwachsenen". Nur wer selber entdeckt, dass und wie das je eigene theologische Fragen relevant ist, wird Kinder und Jugendliche auf diesem Weg begleiten können. Ich knüpfe also an das immer schon vorhandene theologische Denken an und gebe Impulse, die zu seiner Vertiefung führen können. Dazu gehört die Schärfung der Selbstreflexivität ebenso wie ein bewusster Bezug auf Bibel und Theologiegeschichte. Wie das im Einzelnen geschieht, wird im Abschnitt „Zum Aufbau des Buches" erläutert (vgl. S. 23 ff.) und in einem „Advance Organizer" symbolisiert (vgl. S. 26; 208).

Theologisches Denken ist angewiesen auf das Gespräch mit der biblischen und theologischen Tradition. Das Buch bezieht sich dafür schwerpunktmäßig auf alttestamentliche Texte sowie auf Theologen der Kirchengeschichte (Luther, Bonhoeffer) – schlicht deshalb, weil diese in unserem Studienaufbau in parallelen Veranstaltungen behandelt werden.

Theologisches Denken ist ebenso angewiesen auf das Gespräch miteinander. Dennoch wurde für die Buchfassung manche Formulierung so gewählt, dass die dialogische Situation des Seminars nicht mehr erkennbar ist – zu viel unmittelbare Ansprache hätte dem „nur" Lesenden das Gefühl vermitteln können, an diesem Gespräch gar nicht teilnehmen zu können. Das Buch versucht so auf andere Weise, seiner Leserin und seinem Leser als Partner zu begegnen, der sie, ihre Fragen und ihr Denken in dieses theologische Gespräch verwickeln möchte.

Danke ist zu sagen, zunächst meinen Studierenden für ihr Mitdenken und Fragen, die dieses Buch zu dem gemacht haben, was es ist. Besonders danken möchte ich unseren Tutorinnen Judith Rosenkranz und Melissa Bosch, die den Entwurf gelesen und durch Rückfragen und Anregungen sehr zu seiner Verbesserung beigetragen haben.

Ein Dank geht ebenfalls an meine Kolleginnen und Kollegen in unserem Ökumenischen Institut für Theologie und Religionspädagogik: für unser Miteinander im Geben und Nehmen, manche Anregung, Ermutigung und kritische Nachfrage. Es ist schön, mit euch zusammenzuarbeiten.

Das Buch wäre nicht entstanden ohne die Ermutigung durch Ulrike Gießmann-Bindewald vom Verlag Vandenhoeck & Ruprecht. Sie und Christina Finke haben auch als kritische (und genaue!) Leserinnen ihre Spuren darin hinterlassen, sich um Rechte gekümmert und am Ende geduldig auf das Manuskript gewartet.

Die Zeit, um das Buch zu schreiben, habe ich meiner Familie gestohlen – das zu verstehen oder jedenfalls zu tolerieren ist sicher der größte Beitrag, den andere Menschen zum Entstehen dieses Buches beigetragen haben.

Das Buch widme ich meinen akademischen Lehrern und Lehrerinnen (in der Tat waren es mehr Männer) an der Kirchlichen Hochschule Wuppertal und den Universitäten Bonn und Tübingen – als Dank für das, was ich bei und von ihnen lernen konnte, für Impulse und Diskussionen, für Ermutigung und Kritik, für Herausforderung und Förderung, kurz: dafür, dass meine Art, theologisch zu denken, sich im Gespräch mit ihnen entwickeln konnte. Gewiss werden sie nicht alle mit der Art, wie ich nun heute selber lehre, uneingeschränkt glücklich sein: Welch schönes Beispiel für die bunte Vielfalt des theologischen Gesprächs.

Schwäbisch Gmünd, im Herbst 2010   Axel Wiemer

Theologie als Sprache –
Einführung und Übersicht

Über Philosophie, Theologie und die Frage
nach der Wahrheit

Philosophie ist, wenn jemand in einem absolut dunklen Raum eine schwarze Katze sucht, die es nicht gibt. Theologie ist, wenn jemand in einem absolut dunklen Raum eine schwarze Katze sucht, die es nicht gibt, und plötzlich ausruft: „Ich hab sie!"

Ich weiß nicht, ob dieser Witz von einem Philosophen oder von einem Theologen stammt. In jedem Fall finde ich ihn gut: Hier ist m. E. richtig gesehen, dass die Theologie (auch als Wissenschaft!) zuinnerst von Dingen bewegt wird, für die sie keinen für alle Menschen evidenten Beweis vorlegen kann. Das ist so, weil es dazu keine Alternative gibt, wenn Theologie denn „Theologie" bleiben will: „Rede von Gott".[1] Karl Barth, einer der großen Theologen des letzten Jahrhunderts, hat es einmal so gesagt:[2]

Wir sollen als Theologen von Gott reden. Wir sind aber Menschen und können als solche nicht von Gott reden. Wir sollen Beides, unser Sollen und unser Nicht-Können, *wissen und eben damit Gott die Ehre geben.* Das ist unsre Bedrängnis. Alles andre ist daneben Kinderspiel.

Gerade die Theologie selber kann also nicht unbeschwert verkünden, dass sie die schwarze Katze gefunden habe. Gerade die

---

1 Aus dem Griechischen; „theos" heißt Gott, „logos" Wort oder auch Lehre. Theologie ist also die Rede oder Lehre von Gott so wie Biologie die Lehre vom Leben (griech. „bios") ist.

2 Karl Barth, Das Wort Gottes als Aufgabe der Theologie [Vortrag von 1922], zit. nach: Anfänge der dialektischen Theologie, Teil 1: Karl Barth, Heinrich Barth, Emil Brunner, hg. v. Jürgen Moltmann, München 1962, (197–218) 199.

Theologie selber weiß um unsere menschliche Begrenztheit. „Wir sind Menschen und können als solche nicht von Gott reden." Theologie wird darum nicht nur kritisch, sondern vor allem selbstkritisch arbeiten.

Auf der anderen Seite wird sie sich hüten, das Kind mit dem Bade auszuschütten. Eine Theologie, die in jenem absolut dunklen Raum plötzlich ausruft: „Es gibt gar keine Katze!" – ist keine Theologie mehr. „Wir sollen als Theologen von Gott reden." Das ist unsere Aufgabe, und sie wird uns nicht einfach dadurch gestellt, dass es nun einmal dieses Studienfach Theologie gibt, sondern sie stellt sich vom Leben her, sie stellt sich von den Erfahrungen her, die Christen[3] durch die Jahrhunderte hindurch mit Gott und seinem Wort gemacht haben und machen. Theologie wird sich darum immer zentral auf die Bibel beziehen und auf die Geschichte ihrer Auslegung, d. h. auf frühere theologische Erkenntnisse und Debatten. Wie sie das aber im Einzelnen tun soll, ist durchaus unter Theologen umstritten.

Das Problem lässt sich kurz gefasst als Frage nach der Wahrheit beschreiben. Ich möchte das mit einem Beispiel illustrieren. Eine „schwarze Katze", die mir sehr wichtig ist, ist diese Liedstrophe aus Paul Gerhardts Lied „Ich singe dir mit Herz und Mund", er dichtete es 1653:[4]

Was sind wir doch, was haben wir
auf dieser ganzen Erd,
das uns, o Vater, nicht von dir
allein gegeben werd?

Ich halte diese Einsicht für wichtig: Meine Sicht meines Lebens und wichtige Aspekte meines Glaubens finde ich hier treffend ausgedrückt. Ich könnte mir dieses Bekenntnis und dieses Lob also zu eigen machen, es aus Überzeugung mitsingen. Anders gesagt: Ich meine, dieser Satz ist wahr.

---

3 Dies gilt natürlich analog für Angehörige anderer Religionen und ihre Theologie. Ich meine aber, dass es gute Gründe gibt, in der Entwicklung einer Theologie beim „Eigenen" anzusetzen. Vgl. zum Miteinander der Religionen III.3., 163 ff.

4 EG 324,3.

Aber was heißt das: „Ich meine, dieser Satz ist wahr"? Ist er also für jeden Menschen wahr? Oder nur für Paul Gerhardt und mich? Beide Varianten sind schwierig: Wie könnte ich als einzelner Mensch definieren, was für alle wahr ist? Erinnern wir uns wieder an Karl Barth: „Wir sind Menschen und können als solche nicht von Gott reden." Andererseits: Wenn Wahrheit nur noch subjektive Überzeugung ist, dann enden wir bei völliger Beliebigkeit. In Klausuren habe ich manches Mal gelesen: „In der Theologie gibt es kein Richtig und kein Falsch". Ich halte diesen Satz für falsch. So könnten wir auch ein Christentum ohne Christus, ja ohne Gott „machen". Wie also?

Ich meine, dass jedenfalls eine gemeinsame Wahrheits*suche*, also das *Fragen* nach überindividuellen Wahrheiten, uns bleibend aufgetragen ist. In Barths Worten: „Wir sollen als Theologen von Gott reden." Auf diesem Weg ist m. E. der (kritische) Bezug auf die Bibel[5] ebenso unverzichtbar wie die (kritische) Beschäftigung mit der theologischen Tradition und die (kritische) Wahrnehmung gegenwärtig relevanter Fragestellungen. Wir werden dieses Problem noch genauer behandeln müssen.[6]

5 Dazu unten mehr, hier nur eine Illustration: Offensichtlich nimmt Paul Gerhard in der zitierten Strophe 1.Kor 4,7, die paulinische Frage „Was hast du, das du nicht empfangen hast?" auf. Dennoch ist damit nicht einfach über die Wahrheit seines Liedes entschieden, zumal sie durchaus eine andere sein könnte als die von Paulus gemeinte. Der Kontext zeigt, dass der Apostel sich mit Rangstreitigkeiten innerhalb der korinthischen Gemeinde auseinandersetzt und mit seiner Frage eine Selbstbesinnung anstoßen möchte – der Dichter hingegen bekennt dankbar die reiche Gnade Gottes, wobei dies 1653 auch auf dem Hintergrund der ganz gegenteiligen Eindrücke des dreißigjährigen Krieges zu lesen ist. Und ist es nicht, wenn wir heute Paulus lesen oder Gerhardt singen, wieder eine ganz andere Wahrheit, die wir in dieser Einsicht finden – und bei jeder und jedem von uns möglicherweise eine andere?

6 Dazu ausführlicher an der Nahtstelle zwischen Teil II. und III., 127 f. und dann in den Überlegungen des III. Hauptteils, 129 ff.

Sprache

Ich weiß nicht, welche Erwartungen Sie an eine Einführung in die Theologie haben. Doch ich möchte Ihnen ein Verständnis anbieten, auf das ich immer wieder – unter anderem in der Bündelung des Ertrags jedes Kapitels – zurückkommen will: Theologie ist eine Sprache, eine Einführung in die Theologie wäre also eine Art Sprachkurs.

Eine Sprache besteht zum einen aus Wörtern, also dem Vokabular, zum anderen aus Regeln, nach denen diese Wörter zu Sätzen zusammengesetzt werden können, also der Grammatik. Beides ist in der Theologie nicht einfach so wie in anderen Sprachen.

Einige Wörter, die in der Sprache Theologie sehr wichtig, ja zentral sind, gibt es z.b in der Sprache Biologie überhaupt nicht. Nehmen wir das Wort „*Gott*". Das ist exklusives Sondervokabular der Theologie gegenüber der Biologie. Oder nehmen wir das Wort „*Sünde*" – es ist als offenbar wertender Begriff nicht naturwissenschaftlich zu fassen. Aber natürlich gibt es auch Wörter, die in beide ‚Sprachen' gehören. Dabei müssen wir beachten, dass sie oft nur scheinbar gleich sind – mit dem Fachbegriff „Äquivokationen".[7] Das Wort „*Mensch*" ist ein Wort, das in beiden Sprachen, in der Biologie und in der Theologie, eine zentrale Stellung haben kann. Aber es ist doch etwas völlig anderes, was die Biologie über den Menschen sagt und was die Theologie über ihn weiß. Das liegt einfach daran, dass das gleiche Wort hier in ganz verschiedene Sprachen eingepasst ist.

So viel zu den Worten. Nun zur Grammatik: Schauen wir uns die drei Wörter einmal an und fragen wir uns, wie sie sich in der Theologie miteinander kombinieren lassen. Grob gesagt kommen die Bibel und die theologische Tradition in der Regel zu diesem Schluss: Das Wort „Gott" und das Wort „Sünde" können nicht miteinander verbunden werden, jedenfalls nicht ohne Einbeziehung einer Negation. Das Wort „Mensch" aber kann gut mit dem

---

7 Aus dem Lateinischen, wörtlich etwa „Gleichgenanntheit". Der Begriff bezeichnet mehrdeutige bzw. doppelsinnige Wörter, anders gesagt: die Verwendung eines Worts für verschiedene Dinge.

Wort „Gott" verbunden werden. Andererseits lässt es sich auch mit dem Wort „Sünde" verbinden. Wie kann aber das Wort „Mensch" und das Wort „Gott" miteinander verbunden werden, wenn doch der „Mensch" eine gewisse Affinität zur „Sünde" hat, „Gott" aber gegen sie steht? Mit dieser einfachen (?) Frage zur Grammatik der Sprache Theologie sind wir schon auf dem Weg in ihr innerstes Geheimnis, das wiederum mit anderen Worten zusammenhängt: „Liebe", „Gnade", „Verheißung", „Sohn Gottes", „Menschwerdung", „Kreuz" und „Auferstehung", „Taufe", „Glaube", „Rechtfertigung", „Versöhnung", „Heiligung" usw.

Aber gehen wir noch nicht zu sehr ins Detail! Ich möchte Sie zunächst einladen zu einer Art Sprachtest: Nehmen Sie sich doch bitte ein Blatt und fünf Minuten Zeit. Überlegen Sie, wie Sie das Verhältnis dieser drei Größen „Gott", „Sünde" und „Mensch" beschreiben würden. Formulieren Sie es möglichst knapp und klar. Es geht um Ihre eigene Meinung!

Wenn Sie die Möglichkeit haben, sich mit anderen über diese Aufgabe auszutauschen, nutzen Sie diese. Nehmen Sie sich etwa eine Viertelstunde Zeit. Versuchen Sie, Ihre Lösung der Aufgabe den anderen begreiflich zu machen und die anderen Lösungen zu verstehen. Fragen Sie ggf. nach. Prüfen Sie dann miteinander, ob Sie sich auf eine gemeinsame Formulierung einigen können oder nicht. Warum gelingt es? Warum gelingt es nicht?

Dialekte – oder: „Wir können alles außer Hochdeutsch"

Als die Mücke zum ersten Male den Löwen brüllen hörte, da sprach sie zur Henne: „Der summt aber komisch." „Summen ist gut", fand die Henne. „Sondern?" fragte die Mücke. „Er gackert", antwortete die Henne. „Aber das tut er allerdings komisch."

Mit dieser Fabel von Günther Anders[8] über die Verschiedenheit der Sprachen und die Schwierigkeit, einander wirklich zu verstehen, kommen wir zum eigentlichen Problem der Theologie: Es ist nicht definiert, was hier eigentlich die Hochsprache ist. Es gibt

---

8 Günther Anders, Der Blick vom Turm, München 1988, 7.

nicht einfach die Sprache Theologie, es gibt ausschließlich Dialekte. Das fängt schon damit an, was die einzelnen Wörter bedeuten, es geht damit weiter, nach welchen ‚grammatischen‘ Regeln wir sie zusammenstellen. Jede und jeder spricht einen eigenen theologischen Dialekt. Das gilt auch für Lehrende der Theologie. Die eine brüllt, der andere summt, vielleicht gackert gar jemand. Das gilt genauso für Sie: Auch jeder von Ihnen hat einen eigenen Dialekt. Und bei den Kindern und Jugendlichen, mit denen Sie arbeiten werden, ist das nicht anders.

Jede und jeder von uns muss sich bewusst sein, dass wir unsere je eigene Art haben, theologisch zu denken und zu reden – bestimmt von den eigenen Erfahrungen, den eigenen Sorgen und Ängsten, den eigenen Hoffnungen und Wünschen. Sicher, es gibt feste Bezugsgrößen für die Theologie, schon mehrfach wurde die Bibel genannt. Nur, wie beziehen wir uns darauf? Schon da sprechen wir wieder verschiedene Dialekte – und keineswegs nur solche, die uns die theologische Tradition, etwa in Form von Bekenntnisschriften, „vorgibt“. Ja, je genauer wir hinschauen, desto mehr werden wir auch merken, dass schon die Bibel und die Bekenntnisse verschiedene Dialekte sprechen. Ich kann Ihnen also in unserem Sprachkurs nicht einfach beibringen, welche Wörter zu der Sprache Theologie gehören, was sie bedeuten und wie sie zu benutzen sind.

Wenn Theologie dennoch eine Wissenschaft sein soll, muss sie sich gleichwohl um ein gegenseitiges Verständnis und eine gemeinsame Sprache bemühen. Theologie ist darum wesentlich eine dialogische Wissenschaft. Das heißt: Wir müssen uns diese Sprache miteinander erarbeiten. Wir müssen lernen, aufeinander zu hören: Warum sagst du das so, welche Erfahrung steht dahinter, welche Wahrheit steckt darin? Und wir müssen lernen, auf uns selber zu hören: Warum spricht mich dieser Gedanke an, warum stößt mich jener ab, wie möchte ich diese Sache sehen, wie kann ich sie sehen, was ist für mich wahr und warum? Wenn Theologie eine Wissenschaft sein soll, darf sie nun nicht bei der Einsicht stehen bleiben, dass wir alle aus unserer je eigenen Betroffenheit heraus fragen, denken und reden. Darum müssen wir vor allem lernen, nun in ein fruchtbares Gespräch zu treten, in ein Gespräch, in dem jede von der anderen etwas lernt, in dem sich unser Horizont erweitert, in dem wir zu einem vertieften Verständnis dessen kommen, was uns wichtig ist, in dem wir auch einer gemeinsamen Wahrheit näher kommen. Entscheidende „Gesprächspartner" in dieser gemeinsamen Bemühung sind die Bibel und die theologische Tradition; wir müssen lernen, uns in unserem theologischen Denken kritisch auf sie zu beziehen, und das heißt auch: uns von dort her kritisch hinterfragen zu lassen.

Woher kommt die Sprache?

Dass dieser Bezug auf Bibel und Tradition mir wichtig ist, wurde schon deutlich. Ich bin überzeugt, dass wir hier immer etwas lernen, hier immer fruchtbare Anstöße für unser eigenes theologisches Denken und also für die Weiterentwicklung unseres eigenen Dialekts empfangen können. Wir haben das eben am Beispiel des Zitats von Karl Barth gesehen. Es muss sich nicht jede und jeder dessen Sichtweise zu eigen machen. Aber sie hat uns zu denken gegeben, fordert uns zu einer Stellungnahme heraus, eröffnet uns vielleicht neue Perspektiven.

Konzentrieren wir uns jedoch zunächst auf die Bibel. Nach meiner Überzeugung liegt hier der Punkt, an dem sich entscheidet, ob die Einsicht in die Existenz der verschiedenen Dialekte zu einer völligen Beliebigkeit führt oder ob es so etwas wie ein gemeinsames Fundament, eine Idee oder einen Geist der Sprache gibt. Weil ich von Letzterem ausgehe, meine ich, dass eine anständige christliche Theologie der Bibel einen Vertrauensvorschuss entgegenbringen muss. Sie wird zwar auch mit der Bibel kritisch umgehen, die Maßstäbe für diese Kritik aber zuallererst aus der Bibel selber beziehen und sich nicht selbst zum Maß aller Dinge setzen. Im Gegenteil: Sie wird wissen, dass die Bibel kritisch gegen jede Theologie, also auch kritisch gegen meinen Dialekt zu hören ist.

Dass die Bibel kritisch gelesen werden will, zeigt sich m. E. daran, dass sie durchaus nicht einfach „fertig" ist mit ihrer Gotteserkenntnis und ihrer Sicht des menschlichen Lebens vor Gott. Uns begegnen Aussagen, die sich jedenfalls auf den ersten Blick durchaus widersprechen – ist Gott ein Richter oder ein Retter? Sollen wir gerechte Vergeltung üben oder unsere Feinde lieben? Die Bibel ist nicht einfach ein Buch des Wissens über Gott, sondern ein Dokument menschlicher Geschichte mit Gott. Christliche Theologie wird daher immer auch fragen, welche Einsichten zentral sind und dabei nicht zuletzt über Jesus Christus, seine Geschichte, sein Kreuz und seine Auferstehung nachdenken.

So etwas wie ein „Ursprung" der Sprache Theologie wird sich auf diesem Weg nicht festlegen lassen, wohl aber lassen sich verschiedene Quellen entdecken. Es sind Erfahrungen, die Menschen gedeutet haben als Bewahrung und Hilfe oder auch als Strafe Gottes. Es sind Worte, die Menschen verstanden haben als Anspruch oder Zuspruch Gottes. Für christliche Theologie ist es insbesondere das Christusgeschehen und das vielstimmige Echo, das es im Neuen Testament gefunden hat. Diese Zeugnisse hatten (und haben) die Kraft, Menschen auf einen gemeinsamen Weg des Glaubens, Hoffens und Liebens zu bringen. So wurden sie die Basis christlicher Gemeinde und Theologie.

Gegenstand der Theologie

Theologie kann sich nun aber nicht in der Wiederholung der biblischen Botschaft erschöpfen. Diese verdankt sich Menschen, die in ihrer vergangenen Zeit auf ihre Fragen Antworten gesucht und formuliert haben. Theologie wird in ihrer gegenwärtigen Zeit ihre Antworten finden und sagen müssen auf ihre Fragen – und wird sie auch da neu verantworten müssen, wo die Fragen schon die Bibel beschäftigt haben. Theologie wird dabei dankbar aus der Geschichte christlicher Theologie und Bibelauslegung lernen, zugleich aber auch sensibel sein für neue Akzente in den Fragen, die nach neuen Antwortformulierungen verlangen.

Das Zentrum der Theologie lässt sich also nicht nur beschreiben, indem wir auf Bibel und Tradition als ihre Grundlage verweisen. Es lässt sich auch in gegenwärtiger Verantwortung bestimmen, was ihr Gegenstand ist – und es gehört zu den Aufgaben der Theologie, sich hierzu begründet zu äußern. Martin Luther hat dies in seiner Zeit getan – und ist dabei sehr nahe bei der Frage gewesen, die wir vorher in unserem kleinen Sprachtest bedacht haben. Luther hat gesagt:[9]

Gegenstand der Theologie ist der schuldige und verlorene Mensch und der rechtfertigende oder rettende Gott.

Luther benennt hier zum einen den Zustand (Adjektive!) des Menschen – wir sind schuldig und verloren –, dem er das aktive Tun (Partizipien!) Gottes gegenüberstellt: Gott rechtfertigt und rettet. Wir sind hier im Kern der reformatorischen Theologie Luthers, zugleich stehen wir bei einer biblisch gut gegründeten Einsicht. Dass und wie sie in der Zeit der Reformation auf fruchtbaren Boden fiel, lässt sich nachlesen. Der Wahrheitsanspruch dieser Einsicht gilt aber nicht nur für das 16. Jahrhundert – für Luther gehört sie zu den Grundlagen des Christentums, für uns als evangelische Theologinnen und Theologen in besonderer Weise auch zu denen unserer Konfession. Damit ist nicht erwiesen, dass dieser Satz eine ewig gültige Wahrheit formuliert. Aber es kann uns auch nicht einfach gleichgültig sein, ob er in einem theologischen Dialekt vorkommt oder nicht. Wir werden wohl verschiedene Meinungen haben, wie diese Einsicht angemessen zur Sprache kommt, welche Stellung sie im Aufbau der Theologie hat, wie wir sie heute denken und verstehen können – darüber müssen wir miteinander reden und ggf. auch streiten. Aber wir werden in diesem Streit nicht leichtfertig den Wahrheitsanspruch dieser Einsicht aufgeben. Wir werden vielmehr miteinander fragen, warum und wie wir sie gemeinsam als Wahrheit festhalten, warum sie heute noch wichtig ist und wie sich ihre Bedeutung für unser Denken und Leben zeigt. Anders gesagt: Diese Wahrheit markiert eine Grenze, jenseits derer Aussagen nicht mehr „christlich" sind – wir halten an ihr fest, indem wir miteinander fragen, wo genau diese Grenze verläuft. Selbsterlösungstheorien dürften ebenso außerhalb dieser Wahrheit liegen wie religiöse Konstruktionen, die den Willen Gottes zur Rettung seiner Menschen grundsätzlich in Frage stellen usw.

---

9 WA 40/2, 328,1 f.: „subiectum Theologiae homo reus et perditus et deus iustificans vel salvator".

Die Ziele unseres Sprachkurses

Das Ziel unseres Sprachkurses kann es nicht sein, dass Sie meinen Dialekt lernen. Bitte hüten Sie sich davor!

Das Ziel ist vielmehr,

(1) dass Sie Ihren eigenen Dialekt besser verstehen und ihn weiterentwickeln,

(2) dass Sie ihn auf Grundprinzipien der Bibel und der Bekenntnisse beziehen können,

(3) dass Sie andere Dialekte besser verstehen und

(4) dass Sie sich konstruktiv auf diese beziehen können.

(5) Außerdem ist es natürlich auch nötig, dass wir uns darum bemühen, die Sprache Theologie (in welchem Dialekt auch immer) auf andere Sprachen zu beziehen.

Ertrag

Vokabeln

Gott   ein Wort nicht jeder Sprache – es ist zu klären, ob die Theologie es mit Recht verwendet und woher sie dessen gewiss sein kann

Mensch   ein Wort scheinbar jeder Sprache – aber was ist der Mensch?

✎ beide Worte werden in theologischen Dialekten unterschiedlich akzentuiert

Grammatik

Es ist eine, wenn nicht die Pointe der Theologie, Gott und Mensch miteinander zu versprechen – umstritten ist „nur", wie die beiden zusammenkommen. Bibel und Theologiegeschichte präsentieren eine Fülle von Antwortversuchen auf diese Frage. Theologische Sprachfähigkeit verlangt darum nicht zuletzt Kenntnis dieser Texte und Auslegungskompetenz. Nur im Gespräch mit der kritisch rezipierten Tradition lassen sich überzeugend gültige Regeln formulieren.

Zum Aufbau des Buches

Ich möchte hier einen einführenden Überblick über den „Sprachkurs" geben. Dieser wird gebündelt in einem „Advance Organizer", der auf einen Blick eine Übersicht über die Struktur des Buches gibt und Ihnen damit helfen soll, die einzelnen Gedanken einzuordnen. Der Aufbau dieses Advance Organizers wird hier kurz erläutert, das komplette Bild finden Sie auf S. 26 sowie am Ende des Buches auf S. 208. Am Beginn jedes Kapitels erfolgt dann eine kurze Verortung.

Wir werden zunächst in einem I. Teil die Frage diskutieren, wie Sie sinnvoll Theologie und Religionspädagogik studieren können. Diese Frage möchte ich mit Ihnen in drei Aspekten bedenken, die Grundeinsichten der einführenden Gedanken aufnehmen und vertiefen. Ich nenne sie nacheinander:

Nimm dich selbst ernst! Wir wollen uns hier Gedanken machen über die Voraussetzungen, die Sie von Ihrem individuellen Leben her mitbringen. Welche Fragen sind Ihnen wichtig und warum? Welche Prägungen haben Sie erhalten? Welche Erfahrungen haben Sie gemacht? Wir möchten damit die Sensibilität für den je eigenen Dialekt stärken.

Nimm Gott ernst! Zu Gott kann ich nicht in derselben Weise Zugang finden wie zu meiner Geschichte und meinem Denken. Es ist auch nicht so, dass wir die Bibel aufschlagen könnten und dann alles klar wäre. Aber ebenso wenig, wie wir Aussagen der Bibel kritiklos hinnehmen, können und wollen wir das zufällige eigene Denken kritiklos als die Wahrheit behaupten. Wir suchen also miteinander nach Kriterien, wie wir die Aufgabe, als Theologinnen und Theologen von Gott reden zu sollen, engagiert angehen können.

Nimm Kinder und Jugendliche ernst! Sie wollen in der Schule oder in Gemeinden mit Kindern und Jugendlichen arbeiten. Damit geht es nicht mehr nur um ein Gespräch, das Sie mit ihren eigenen

Fragen, mit der Bibel, mit der theologischen Tradition und mit Fragen und Herausforderungen der Gegenwart führen. Die Schülerinnen und Schüler kommen als wichtige Gesprächspartner hinzu; junge Menschen mit ganz verschiedenen Prägungen, mit ihren je eigenen Hoffnungen und Fragen.

Der Bezug auf diese drei Größen bestimmt die Perspektive unserer religionspädagogisch ausgerichteten theologischen Überlegungen. „Ich", „Gott" und die „Kinder und Jugendlichen" bilden also so etwas wie den Rahmen, in dem wir dann exemplarische theologische Fragen erörtern. Der Advance Organizer nennt sie daher in einem äußeren Kreis.

In diesem Rahmen bzw. in dieser Perspektive stellen wir uns im II. Teil einigen Fragestellungen, wie sie uns in religionspädagogischen Kontexten begegnen können. Als „Hilfskinder" dienen uns dabei die Pinguine des Kindertheaterstücks „An der Arche um Acht" von

Ulrich Hub. Sie fragen miteinander nach Gott, diskutieren verschiedene Meinungen, ringen um ethische Entscheidungen. Diese theologischen Suchbewegungen beziehen wir auf biblische Einsichten und verbinden sie mit der Lektüre und Diskussion ausgewählter theologischer Texte. Wir entwickeln auf diese Weise theologische Sprachfähigkeit im Sinne der vorher erarbeiteten Ziele unseres Sprachkurses.

Im Advance Organizer erscheinen die Fragestellungen des zweiten Teils in Gestalt der Pinguine, die zum einen mit ihren Mitgeschöpfen und ihrer Umwelt verbunden sind – also in ethischen Bewährungsfeldern stehen –, zum anderen ihre Beziehung zu Gott denkerisch zu klären suchen – sich also dogmatische Fragen stellen. In unsere Auseinandersetzung mit ihren Überlegungen beziehen wir bewusst die Bibel und die theologische Tradition als Gesprächspartner mit ein.

Der abschließende III. Teil arbeitet exemplarisch an Kernaussagen der theologischen Tradition, die nach meinem Urteil zentrale Fragestellungen in einer solchen Weise bearbeiten, dass die Auseinandersetzung mit ihnen bleibend relevant ist. Mit Luther fragen wir nach Grundeinsichten der Rechtfertigungslehre, mit Bonhoeffer nach der Aufgabe der Christen in der Welt und mit Schwöbel nach der Möglichkeit der Rede von „Wahrheit" unter den Bedingungen des Pluralismus.

Im Advance Organizer erscheinen daher die drei genannten Theologen als exemplarische Repräsentanten an der Stelle, wo in der obigen Teilskizze die „theologische Tradition" genannt wird. Luther steht in der Mitte, da wir mit ihm auf das Verhältnis zwischen Gott und Mensch („Wort und Glaube") schauen, Bonhoeffer unten, da er uns mit der Frage nach der „Diesseitigkeit", also einem verantwortlichen Leben konfrontiert, Schwöbel oben, da seine Fragestellung nahe bei Grundfragen der Gottesfrage wie dem Verhältnis der Religionen steht. Selbstverständlich ließe sich diese „Ahnengalerie" beträchtlich erweitern, selbstverständlich auch um Frauen. Der Advance Organizer will aber nicht Theologie als solche, sondern den Aufbau dieses Buches illustrieren.

Advance Organizer

I. Theologie und Religionspädagogik studieren – aber wie?

Der erste Teil des Buches nimmt den äußeren Kreis des Advance Organizers (vgl. S. 26; 208) in den Blick und dort zuerst das je einzelne „ich". Dieser Einsatz ist nicht zufällig, sondern reflektiert die Einsicht, dass es die Sprache Theologie nur in der Form des je individuellen Dialekts gibt. Würden wir etwa bei „Gott" einsetzen, so könnte das eine Eindeutigkeit suggerieren, die es so gar nicht geben kann: Jede/r von uns hat ja eine eigene Perspektive auf „Gott". Darum handelt das erste Kapitel von unserer Individualität.

1. Nimm dich selbst ernst!

In meinem Seminar teile ich zu Beginn dieser Sitzung Schneckenhäuser aus – von der Nordsee importierte „gemeine Strandschnecken" in verschiedenen Farben, Größen und „Erhaltungszuständen". Die folgende Meditation knüpft daran an.

Das Buch bietet nur ein Foto (vielleicht haben Sie ja selber etwas Vergleichbares griffbereit?), und es entfällt die Möglichkeit eines anschließenden Austausches. Aber auch Sie können eine andere Atmosphäre schaffen. Suchen Sie sich für dieses Kapitel einen anderen Ort als einen Schreibtisch und lesen Sie sich dann den Text – nicht zu schnell – laut vor.

Schauen Sie sich Ihr Schneckenhaus an!
 Gefällt es Ihnen? Was ist schön daran?
 Warum haben Sie gerade dieses Schneckenhaus genommen?
 Hätten Sie das Schneckenhaus aufgehoben,
 wenn Sie es am Strand gefunden hätten?

„Gemeine Strandschnecke" – nichts Besonderes?
 Schauen Sie sich um, suchen Sie jemanden mit einem möglichst ähnlichen Schneckenhaus.

Vergleichen Sie Ihre beiden Schneckenhäuser.
 Was ist ähnlich? Größe, Farbgebung …
 Finden Sie auch Unterschiede?
 Und was gibt es mehr: Ähnlichkeiten oder Unterschiede?

Jede gemeine Strandschnecke scheint einzigartig.
 Ihr Gehäuse erzählt uns vom Leben des Tiers,
 das darin einmal wohnte.
 Wo es lebte, was es fraß: die Farben.
 Wie alt es wurde: die Größe.
 Wie es herumgestoßen wurde von Wind und Wellen,
 vielleicht auch von Feinden: Löcher und kleine Schäden.
 Mehr Unterschiede als Ähnlichkeiten mit anderen gemeinen
 Strandschnecken.

Wir nun.
 Homo sapiens sapiens.
 Gemeiner Mensch. Gemeine Theologiestudentin.
 Mehr Ähnlichkeiten? Oder mehr Unterschiede?

Keine Angst: Wir untersuchen jetzt nicht unsere Skelette.
 Aber machen wir uns klar:
 Was das Gehäuse der Strandschnecke über ihr Leben erzählt,
 das könnten auch wir über unseres erzählen.
 Und die Spuren unseres Lebens,
 die zeigen sich meist nicht in unserer ‚Schale',
 sondern vor allem in unserem Inneren.

Schauen Sie in sich hinein.

Wie sind Sie der Mensch geworden, der Sie heute sind?
Am wenigsten durch eigene Entscheidung,
das müssen wir uns einmal klarmachen.
Niemand von uns hat sich seine Eltern ausgesucht.
Niemand von uns hat seine Kindheit frei gewählt.
Und unsere Freunde, Menschen, die uns wichtig sind:
Auch die haben wir aus einer zufälligen Vorauswahl und
nicht frei ausgesucht.
Nachbarskinder. Meine Schulklasse. Meine Clique.
Das ist das Milieu, in dem wir aufgewachsen sind.
Es hat uns geprägt.
Bei der Strandschnecke sehen wir es an der Farbe ihres
Gehäuses.
Bei uns an fast allem:
Von wem habe ich meine Reaktionsmuster abgeschaut?
Wodurch ist mein Selbstbewusstsein geprägt?
Fühle ich mich angenommen oder muss ich um Anerkennung
kämpfen?
Begegne ich anderen Menschen vertrauensvoll oder skeptisch-
abwartend?
Wie war und wie ist mein Weg ins Leben?
Bin ich ein mutiger Mensch, traue ich mir etwas zu?
Oder bin ich vorsichtig, ängstlich vielleicht?

Niemand von uns hat sich seine Eltern ausgesucht.

Niemand von uns hat seine Kindheit frei gewählt.
Das ist das Milieu, in dem wir aufgewachsen sind.
Es hat uns geprägt.
Wie sind Sie der Mensch geworden, der Sie heute sind?
Am wenigsten durch eigene Entscheidung.

Aber vielleicht begehren Sie dagegen auf.

Doch, ich habe Entscheidungen getroffen.
Hier sitze ich, ich studiere, ich werde Lehrerin.
Auch diese Entscheidung hat zwar mit meinen Prägungen
zu tun.

Aber es war meine Entscheidung.
Durch die Fähigkeit, Entscheidungen zu treffen und umzusetzen,
unterscheidet sich der Mensch von der gemeinen Strandschnecke.

Das ist richtig.
Nicht alles in unserem Leben ist uns vorherbestimmt.
Wir können Entscheidungen treffen.

Und umsetzen?
Oft schon.
Doch hier gibt es eine Grenze.
Wir Menschen haben unser Leben nicht einfach in der Hand.
Wie die Strandschnecke sind wir manchmal Wind und Wellen ausgeliefert.
Manchmal spielt das Leben mit uns.
Nicht immer so, dass wir glücklich sind damit.
Das Leben schlägt uns Narben.
Eine Krankheit, die mich an meine Grenzen erinnert.
Das habe ich mir nicht ausgesucht, das war nicht meine Entscheidung.
Aber es kann meinen Entscheidungsraum beeinflussen.
Menschen, die ich verliere.
Eine Beziehung, die in Scherben geht.
Oder ein Grab, an dem ich Abschied nehmen muss.
Auch hier: Grenzen.
Wir sind sterblich, das ist die letzte Grenze.
Sie scheint in den vielen kleinen Grenzen auf.
Und hier sind wir manchmal gar nicht so viel anders
als die gemeine Strandschnecke im Spiel von Wind und Wellen.

Drei Dinge also:
Prägung: Woher komme ich?
Entscheidung: Wohin möchte ich?
Narben: Wo bin ich an meine Grenzen gestoßen?

Das alles prägt uns, macht uns zu den Menschen,
 die wir heute sind.
 Und es macht uns unverwechselbar.
 Wie die Strandschnecken – mehr Unterschiede als
 Ähnlichkeiten.

Der erste wichtige Schritt ist:
 Ich schaue mich an:
 Wer bin ich?
 Wie bin ich die/der geworden, die/der ich bin?

Der zweite Schritt ist:
 Ich nehme mich an.
 Das bin ich.
 Das ist meine Geschichte.
 Auch meine Narben gehören zu mir.
 Sie bestimmen meine Fragen, mein Denken, mein Hoffen.

Und nun: Theologie.
 Gott ist mein Schöpfer.
 Das ist nicht einfach so ein Satz.
 Wenn Gott *mein* Schöpfer ist, dann hat er damit zu tun,
 wie ich bin.
 Mit meiner Geschichte.
 Mit meinen Narben.

Theologie.
 Wenn Gott *mein* Schöpfer ist, gewinnt er schon ein
 individuelles Gesicht.
 Ich muss mir meinen eigenen Reim auf Gott machen.
 Worauf reimt sich Gott für mich?
 Auf Freude?
 Auf Trost?
 Auf Einsamkeit?
 Auf Träume?
 Auf Geborgenheit?
 Auf Illusion?

Es gibt nicht die Theologie.
  „Gemeine Theologie".
  Es gibt auch hier: mehr Unterschiede als Ähnlichkeiten.
  Jede und jeder hat andere Fragen.
  Weil wir alle anders sind, eine andere Geschichte haben.
  Was ist Ihre Frage? Was sind Ihre Fragen?
  Heute – morgen können es schon wieder ganz andere sein.

Es gibt keine Theologie, wo es keine Fragen gibt.
  Theologie überzeugt nur als Antwort auf echte Fragen.
  Sie können versuchen, Theologie aus Büchern zu lernen.
  Dann lernen Sie die Antworten auf die Fragen anderer
  Menschen.
  Immerhin.
  Aber geben Sie sich damit nicht zufrieden.
  Ist das auch Ihre Frage?
  Und kann das auch Ihre Antwort sein? Oder werden?
  Fragen Sie Ihre Fragen.

Der erste Schritt ist:
  Ich schaue mich an.
  Wer bin ich?
  Wie bin ich die/der geworden, die/der ich bin?

Der zweite Schritt ist:
  Ich nehme mich an.
  Das bin ich.
  Das ist meine Geschichte.
  Auch meine Narben gehören zu mir.
  Sie bestimmen meine Fragen, mein Denken, mein Hoffen.

Der dritte Schritt ist:
  Ich halte mich als Frage Gott entgegen.
  Was fragt die Frage, die ich bin?
  Theologie studieren fängt damit an, dass ich mich ernst nehme.
  Sie sind nicht nur ein Rädchen im Getriebe.
  Sie sind unverwechselbar, mitsamt Ihrer Geschichte.

Ertrag

Vokabeln

ich	es gibt wohl kaum ein individuelleres Wort in unserer Sprache – und ob wir es mögen oder nicht: Unser „ich" prägt unsere Theologie
Frage	das, woran sich die Relevanz von Theologie entscheidet

Grammatik

Die Besinnung auf die notwendige (!) Individualität von Theologie lässt uns fragen, inwieweit sich überhaupt eine einheitliche Grammatik der Theologie finden lässt – anders gesagt: Sie zeigt uns den Sachgrund für die Vielfalt der theologischen Dialekte.

Zugleich konnten wir gerade in dieser Besinnung eine wichtige grammatische Regel entdecken, nämlich den Vorrang der Frage. Die Sprache der Theologie lässt sich offenbar nicht einfach von Aussagen (Antworten) her entwickeln.

2. Nimm Gott ernst!

Zwei ‚Stationen' fehlen noch im Außenkreis des Advance Organizers (vgl. S. 26; 208). Wenn wir uns hier mit der Frage nach Gott beschäftigen, nachdem wir unseren Blick schon auf uns selbst gerichtet haben, dann kommt diese Perspektive auch im Zentrum des Organizers vor: Setzen Sie Ihr eigenes Bild an die Stelle der Pinguine, dann sehen Sie sich in Beziehung zu einer „Wolke" des Fragens nach Gott. Da ist Ihr Nachdenken über Gott (Gedankenblase), da ist ein Pfeil von Gott zu Ihnen, der für so etwas wie die Offenbarung Gottes steht, da ist ein Pfeil von Ihnen zu Gott, der für Ihr Gottesverhältnis steht. Und setzen Sie an die Stelle der Pinguine Abraham oder Kant, dann sind Sie mitten in unserem Kapitel.

Vorbereitung

Ab hier wird jedes Kapitel – nach den Hinweisen zur Verortung im Ganzen – mit einigen Arbeitsaufgaben beginnen. Bitte nehmen Sie sich die Zeit für diese „Vorbereitung". Sie dürfen erwarten, danach das Folgende klarer und vor allem tiefer zu verstehen. Außerdem werden Sie so nach und nach mit verschiedenen Gattungen theologischer Literatur vertraut.

1. Lesen Sie Gen 22,1–19.
2. Denken Sie sich intensiv in den Text hinein. Was könnte hier „Gott ernst nehmen" bedeuten? Es bietet sich an, diese Frage in verschiedenen Rollen des Textes zu durchdenken (Abraham, Isaak …).
3. Hätten Sie wie Abraham gehandelt? Hätten Sie wie Isaak an sich handeln lassen? Anders gefragt: Was bedeutet „Gott ernst nehmen" für Sie? Was bedeutet es z. B. angesichts eines solchen Bibeltextes? Wie gehen Sie mit dem Text um? (Es geht hier nicht darum, alle diese Fragen abschließend begründet zu beantworten. Es geht darum, dass Sie sich Ihre eigene Sicht klarmachen!)
4. Jetzt lesen Sie den folgenden Text des Philosophen Immanuel Kant:[10]

Denn wenn Gott zum Menschen wirklich spräche, so kann dieser doch niemals *wissen*, daß es Gott sei, der zu ihm spricht. Es ist schlechterdings unmöglich, daß der Mensch durch seine Sinne den Unendlichen fassen, ihn von Sinnenwesen unterscheiden, und ihn woran *kennen* solle. Daß es aber *nicht* Gott sein könne, dessen Stimme er zu hören glaubt, davon kann er sich wohl in einigen Fällen überzeugen; denn, wenn das, was ihm durch sie geboten wird, dem moralischen Gesetz zuwider ist, so mag die Erscheinung ihm noch so majestätisch, und die ganze Natur überschreitend dünken: er muß sie doch für Täuschung halten.

---

10 Immanuel Kant, Streit der Fakultäten (1798), A 103; hier zit. nach ders., Werke in sechs Bänden, hg. v. Wilhelm Weischedel, Bd. VI: Schriften zur Anthropologie, Geschichtsphilosophie, Politik und Pädagogik, Darmstadt (1964) ⁵1983, 333.

Anm. [zum letzten Satz]: Zum Beispiel kann die Mythe von dem Opfer dienen, das Abraham, auf göttlichen Befehl, durch Abschlachtung und Verbrennung seines einzigen Sohnes – (das arme Kind trug unwissend noch das Holz hinzu) – bringen wollte. Abraham hätte auf diese vermeintliche göttliche Stimme antworten müssen: „daß ich meinen guten Sohn nicht töten solle, ist ganz gewiß; daß aber du, der du mir erscheinst, Gott sei, davon bin ich nicht gewiß, und kann es auch nicht werden, wenn sie auch vom (sichtbaren) Himmel herabschallete".

5. Wie geht Kant mit unseren Fragen um? Versuchen Sie, seine These in Ihren eigenen Worten zu formulieren. Was ist sein Argument/sein Kriterium? Formulieren Sie auch dieses in Ihren eigenen Worten.

6. Vergleichen Sie Kants Position mit Ihrer eigenen. Finden Sie Kants Gedanken anregend? Stimmen Sie ihm zu? In welchen Punkten? Und in welchen nicht? Warum?

Gott ernst nehmen?

„Nimm Gott ernst!" Manch eine/r mag dagegen aufbegehren. Ist das eine sinnvolle Forderung? Was soll das überhaupt bedeuten? Werde ich hier zu Frömmigkeit aufgefordert? Gar zu einer unkritischen Haltung? Wäre das aber nicht das glatte Gegenteil zu der vorigen Forderung „Nimm dich selbst ernst"?

In der Tat: Nur in einem ausgewogenen Verhältnis zur bewussten Selbstwahrnehmung kann die Forderung, Gott ernst zu nehmen, sinnvoll werden und sein. So verstanden warnt sie davor, den Blick ausschließlich auf mich selbst zu richten. Umgekehrt lässt sich Theologie aber auch nicht gründen, indem ich ausschließlich auf Gott schaue und dabei den Verstand abschalte. Das wäre überhaupt nur möglich, wenn wir Gott in irgendeiner unstrittigen (!) Weise in den Blick bekommen könnten – das ist aber nicht der Fall, wofür nur an die schwarze Katze vom Eingangskapitel erinnert sei.[11] Recht verstanden stehen also das Ernstnehmen

11 Vgl. 13.

meiner selbst und das Ernstnehmen Gottes für die Theologie notwendig in Korrespondenz. Beides trifft sich nicht zuletzt im Geschenk des Glaubens, in dem sich Beziehung zwischen Gott und Mensch ereignet. „Nimm Gott ernst" heißt dann so viel wie: *Denke deinem Glauben nach.* Mit diesem Satz ist gemeint, dass Glaube so wenig wie Gott in der Verfügungsgewalt des Menschen steht – er ist Geschenk, also Vorgabe. Dennoch ist Theologie nicht ein Verzicht auf Denken. Der Verstand wird nicht ausgeschaltet: Indem er dem *vor*gegebenen Glauben *nach*denkt, finden meine Fragen ihren legitimen Platz. Zugleich rechnet dieses Nach-Denken mit einer mir nicht verfügbaren Präsenz Gottes. Nehmen wir noch einmal ein Kirchenlied zu Hilfe, um dies genauer zu verstehen:[12]

> Großer Gott, wir loben dich,
> Herr, wir preisen deine Stärke.
> Vor dir neigt die Erde sich
> und bewundert deine Werke.
> Wie du warst vor aller Zeit,
> so bleibst du in Ewigkeit.

Deutlich trifft dieses Lied Aussagen über Gott: Groß sei er und stark, von seinen Werken ist die Rede, von seiner Existenz schon vor der Zeit (also vor der Schöpfung) und von seiner Unwandelbarkeit bis in Ewigkeit. Woher, so ließe sich fragen, weiß das Lied das eigentlich alles? Es ist sofort klar: Den Sinn von beweisbaren Satzaussagen, wie wir sie etwa über ein Gänseblümchen treffen könnten, kann dieses Lied nicht haben. Zwar lassen sich diese Aussagen genauso wenig zweifelsfrei widerlegen. Aber ist damit viel gewonnen, wenn wir um die „Wahrheit" solcher Sätze streiten wollten?

Ich meine, „wahr" wären diese Sätze eben als Sätze des Lobs – loben und preisen, sich neigen und bewundern sind die Verben, die hier die Haltung der Singenden, ja in ihrer Wahrnehmung die ‚Haltung' der ganzen Erde beschreiben. Das Lob ist Bekennt-

---

12 EG 331,1; Ignaz Franz 1768 nach dem „Te Deum laudamus" aus dem 4. Jh.

nis, ist Aussage des Vertrauens, des Glaubens, vielleicht zugleich Motivierung der Bitte. Dies ist eine andere Dimension von Wahrheit als die des empirisch nachprüfbaren Faktums. Für eine Theologie, die den Menschen mit seinen Fragen, Ängsten und Hoffnungen ebenso ernst nimmt wie Gott mit seinem Zuspruch und Anspruch, ist diese Dimension der Wahrheit aber entscheidend. „Gott ernst nehmen", das heißt dann eben nicht, meine Fragen und Anfragen auszublenden, sondern sie als Bezugsrahmen der Rede von Gott zu verstehen. Wird eine Liedstrophe wie die oben zitierte nicht erst richtig spannend, wenn wir sie im Kontext der drohenden Klimakatastrophe singen? „Gott ernst nehmen", das kann recht verstanden nicht meinen, dass wir versuchen, ihn vor solchen Infragestellungen zu schützen. Etwas salopp formuliert, würde ich sagen: Damit muss er fertig werden – wenn er denn ernst zu nehmen ist.

Genesis 22 und die Frage nach einem Kriterium für Gotteserkenntnis

Was heißt dies nun konkret? Ich möchte es in Auseinandersetzung mit einem der unbequemsten Texte der Bibel illustrieren. Gen 22 erzählt, wie Gott Abraham auffordert, seinen Sohn Isaak zu opfern. Isaak, den einzigen. Isaak, den Gott Abraham und Sara gegen alle menschliche Vernunft verheißen hat und der schließlich und endlich nach manchem Hin und Her auch wirklich geboren wurde. Dieses Kind, das Gott den beiden nicht nur geschenkt hat, sondern aus dem er laut seiner Verheißung ein großes Volk machen wollte, soll für Gott sterben.

Abraham nimmt Gott ernst, könnte man sagen: Ohne ein Wort zu verlieren geht er los, die Erzählung lässt ihn nur die nötigsten Anweisungen zu seinen Knechten sprechen und knappe Antworten auf Isaaks (ahnungsvolle?) Fragen geben (V. 5.7f.). Aber war nicht auch das Gottes Wort, dass er aus Abraham – also aus Isaak – ein großes Volk machen wolle, zahlreich wie die Sterne des Himmels? Wenn so Gott gegen Gott steht, was heißt dann eigentlich „Gott ernst nehmen"?

Kant setzt hier an.[13] Zunächst macht er klar: Menschen können nie sicher „wissen", dass Gott zu ihnen geredet habe, da er unsere Auffassungsgabe übersteigt und wir also kein klares Kriterium für Gotteserkenntnis entwickeln können. Auf dieser Linie liegt auch ein berühmter Satz Augustins: „Wenn du begreifst, ist es nicht Gott."[14] Augustin sagt damit, dass wir nicht nur nicht wissen können, ob wir Gott richtig erfassen, wir können sogar im Gegenteil sicher sein, dass wir irren, wenn wir meinen, es sei uns gelungen. Achten wir genau auf die Wortwahl. Die Rede ist von „wissen" (Kant) und „begreifen" (Augustin) – damit ist nicht gesagt, Menschen könnten nicht an Gott „glauben" oder ihm „vertrauen", es geht vielmehr präzise um unser Begrenztsein in kognitiver Hinsicht. Gott ernst nehmen heißt demnach zunächst einmal, diese Grenzen unserer Erkenntnisfähigkeit zu achten und also eben zu wissen, dass wir als Menschen nicht über Gott reden können.[15] Wir haben Gott nicht im Griff – und das ist wohl auch gut so!

Kant geht aber noch einen Schritt weiter: Zwar könnten wir Gott nicht definieren, wohl aber „in einigen Fällen" kritisch feststellen, dass etwas nicht gottgemäß ist. Kant argumentiert dabei ausdrücklich nicht mit Bezug auf die Art und Weise, in der ein Gotteswort begegnet, sondern mit Bezug auf dessen Inhalt, der am Kriterium des moralischen Gesetzes zu prüfen sei. Dieses würde z.B. dem Gedanken, das eigene Kind zu töten, grundsätzlich entgegenstehen. Gott ernst nehmen hieße also für Kant hier, seine grundlegende Einsicht in den unbedingt verpflichtenden Charakter des moralischen Gesetzes nicht angesichts einer vermeintlich göttlichen Stimme zurückzustellen, sondern auch diese Aufforderung eben an dem zu messen, wie Menschen miteinander leben können und sollen. Dass und wie dieser Gedanke des moralischen Gesetzes – bekannt sind die Kantschen Formulierungen des Ka-

---

13 Vgl. den zur „Vorbereitung" zitierten Text, 34f.
14 „Si comprehendis, non est Deus": Aurelius Augustinus, Sermo 117, 3, 5; zit. nach Andreas Benk, Gott ist nicht gut und nicht gerecht. Zum Gottesbild der Gegenwart, 2008, 9 (Nachweis: 167 Anm. 1).
15 So Karl Barths Formulierung; vgl. 13 (bei Anm. 2).

tegorischen Imperativs[16] – in Kants Philosophie zentral ist, kann hier nicht ausführlicher dargestellt oder gar kritisch diskutiert werden. Entscheidend für unseren Gedankengang ist die Frage, ob sich auf diese oder andere Weise ein Kriterium finden lässt, das sich bei dem Bemühen, Gott ernst zu nehmen, auch zur kritischen Prüfung eignet.

Zunächst ist klar Zustimmung zu signalisieren: Wenn eine Himmelsstimme fordern sollte, das eigene Kind Gott hinzuschlachten, kann es nur eine Antwort geben, ein Nein ohne jedes Ja. Allerdings ist nun auch darauf zu achten, dass wir nicht auf der anderen Seite vom Pferd fallen und eigene Lieblingsgedanken kurzerhand zu Kriterien für Gotteserkenntnis erheben.[17] Können wir als Menschen überhaupt ein Kriterium für die rechte Rede über Gott entwickeln? Auch Kant macht ja deutlich, dass dies nicht in positiver Weise möglich ist, so als könnten wir Gott abschließend festlegen. Das heißt, dass wir auch so erfreuliche Einsichten wie „Gott ist Liebe" (1.Joh 4,16) nicht im Sinne einer solchen Festlegung rezipieren dürfen. Andererseits liegt auf der Hand, wie wichtig es ist, in kritischer Perspektive theologische Aussagen auch ablehnen zu können.[18] Nur: Läuft nicht jedes Kriterium, das wir dafür aufstellen könnten, Gefahr, im Sinne einer Festlegung Gottes missverstanden zu werden? Dann aber wird unser Gottesverständnis durch ein solches Kriterium nicht nur geschützt, sondern zugleich enggeführt, zum Beispiel auf eine Übereinstimmung mit dem moralischen Gesetz oder auf ein Gebundensein an die Liebe. Kön-

---

16 Immanuel Kant, Grundlegung zur Metaphysik der Sitten, BA 52 (erste Formulierung des Kategorischen Imperativs; bei Kant hervorgehoben): „handle nur nach derjenigen Maxime, durch die du zugleich wollen kannst, daß sie ein allgemeines Gesetz werde." Zit. nach ders., Werke in sechs Bänden, hg. v. Wilhelm Weischedel, Bd. IV: Schriften zur Ethik und Religionsphilosophie, Darmstadt (1956) ⁵1983, 51.
17 Wo dies endet, möchte ich mit einer kleinen Anpassung der Liedstrophe von Ignaz Franz illustrieren: „Großer Gott, ich lobe mich, / Herr, ich preise meine Stärke. / Vor mir neigt die Erde sich / und bewundert meine Werke. / Wie ich war zu meiner Zeit, / so mach ich dich in Ewigkeit …"
18 Am einleuchtendsten ist dies da, wo religiöse Fundamentalismen zu Gewalt gegen andere führen – auch wenn dies freilich keineswegs der einzige Bereich kritisch zu prüfender Theologie ist.

nen aber solche Gottesvorstellungen tragen, wenn es darauf ankommt, wenn also die Erfahrungen unseres Lebens eine andere
Sprache sprechen?

Genesis 22 in historisch sensibler Lektüre

Mit der letzten Frage ist nicht nur die Situationsbezogenheit unseres eigenen theologischen Denkens angesprochen. Sie markiert
zugleich den entscheidenden Schlüssel für ein Verständnis biblischer Texte, auch solcher Texte wie Gen 22. Wir hatten uns klar
gemacht, dass unsere Fragen aus unserem Leben erwachsen – entsprechend lassen sich die biblischen Texte aus der Situation ihres
Entstehens heraus verstehen. Wenn wir sie so zu lesen versuchen,
steigen wir sozusagen in die Suchbewegung der Bibel mit ein. Anders gesagt: Wir bemühen uns, biblische Aussagen als solche Sätze
zu verstehen, die sowohl den Menschen in seiner Situation als auch
Gott und sein Wort ernst nehmen. Dafür müssen wir versuchen,
die Fragen zu entschlüsseln, die von seiner Entstehungssituation
her hinter einem Text stehen. Ich plädiere also dafür, nicht vor-
schnell ganze Texte abzulehnen, sondern sie einer eingehenden,
historisch wachen Lektüre zu würdigen.

Zunächst sollte klar sein, dass Gen 22 keine überzeitlich und
situationsunabhängig geltende Wahrheit über Gott formulieren
möchte, so als wollte Gott, dass Menschen ihre Kinder opfern.[19]

---

19 Dies illustriert der Kurzspielfilm Gottes Besuch (dffb 1998, Regie: Damir
Lucacevic): Er spielt den Gedanken durch, dass Gott genau so agiert. Gott
besucht Familie Deutschmann und verlangt, dass sie als Beweis wahren
Glaubens ihren einzigen Sohn opfern sollten. Dies führt zu heftigen Auseinandersetzungen, in deren Verlauf Gott schließlich mit Hilfe eines Glo-
bus (!) erschlagen und anschließend beerdigt wird, wobei Deutschmanns
am Grab ein Vaterunser beten. Damit ist „Gott" in verschiedener Weise
präsent; m.E. zeigt der Film damit, dass es in der Tat nötig sein kann, sich
bewusst von (klischeehaften) Gottesbildern zu verabschieden. (Der Film
ist mit dem Recht zur nichtgewerblichen öffentlichen Aufführung z.B.
unter http://www.filmwerk.de/ oder im Rahmen eines Kurzfilm-Samplers
zur „Gottesfrage" unter http://www.oekumenischer-medienladen.de/ zu
erwerben.)

Vielmehr müssen wir fragen, in welcher Situation diese Geschichte erzählt wird bzw. ihre literarische Endgestalt erhalten hat. Die Abrahamsgeschichte kreist in ihrer Gänze ab Gen 12 um die Verheißungen von Sohn und Land, wobei besonders die Sohnesverheißung und die Perspektive, dass aus Abraham ein großes Volk werden soll, die einzelnen Abschnitte zu einem spannungsvollen Gesamterzählbogen verbinden. Die Spannung entsteht nicht zuletzt dadurch, dass diese Verheißung alles andere als eingängig ist, im Gegenteil ist es höchst unwahrscheinlich, dass sie in Erfüllung geht, sodass Glaube und Zweifel angesichts dieser Zusage Gottes wichtige Motive der Erzählungen bilden. Als Vorschlag für eine Erzählzeit bieten sich daher Abschnitte der Geschichte Israels an, in denen eben diese Verheißungen unglaubhaft wurden.[20] Setzen wir etwa die Situation des babylonischen Exils voraus, so könnte geradezu die Meinung entstanden sein, Gott habe die schon gewährten Heilsgüter zurückgenommen: Das Land war erobert, der Tempel lag in Trümmern und die Zukunft des Volkes war höchst ungewiss.

Es ist m. E. eine solche Situation, die Gen 22 reflektiert: Nachdem die Verheißung sich in der Geburt Isaaks endlich erfüllt hatte (Gen 21), fordert Gott seine Gabe zurück. Die Frage von Gen 22 wäre also etwa die Frage der Menschen im Exil: Kann Gott seine Heilsgabe einfach wieder an sich nehmen? Wohlgemerkt ist diese Frage nicht spekulativer Art, sozusagen spielerisch von einem Theologen aufgeworfen, sondern sie entspringt bitterer Realität – und wird von vielen mit einem klaren „Er hat es ja schon getan"

---

20 Etliche Erzählmotive der Abrahamerzählung in ihrer Endgestalt weisen auf das 8./7. Jh. v.Chr., d. h. auf die Zeit nach dem Fall des Nordreichs Israel; zu nennen wäre etwa die Bezeichnung Ur „in Chaldäa", die Erwähnung von Kamelen als Karawanentieren oder der Philisterstadt Gerar, die in den Verwandtschaftsgeschichten vorausgesetzten politisch-geographischen Konstellationen usw. Ob auch Gen 22 in dieser Zeit seine Endgestalt erhielt oder erst später (Timo Veijola, Das Opfer des Abraham – Paradigma des Glaubens aus dem nachexilischen Zeitalter, in: ZThK 85 (1988), 129–164, votiert mit beachtlichen Gründen für eine nachexilische Ansetzung (vgl. ebd. 149–155), worin ihm neuere Ausleger folgen), kann und muss hier nicht abschließend geklärt werden – wichtig für meine Argumentation ist lediglich die Einsicht, dass die Erfahrung des Untergangs in der Erzählsituation schon präsent war.

beantwortet worden sein.[21] Ein „Nein" zu diesem Geschick, eine
Auflehnung dagegen war keine realistische Option der Menschen
im Exil, so wie auch Abraham scheinbar ohne Widerstand dem
vermeintlichen Willen Gottes Folge leistet.

Wenn wir die Geschichte aber so lesen, ist die Pointe der Geschichte gar nicht die anstößige Forderung nach dem Opfer des
Sohnes. Das ist die Frage, also die Herausforderung durch die Situation, vor der der Glaube steht. Die Antwort und damit der Fokus der Erzählung ist die Rettung am Ende. Abraham nimmt das
grausame Geschick aus Gottes Hand an, der aber verhütet im letzten Moment das Schlimmste und bekräftigt stattdessen seine Verheißung. Gen 22 wird in *dieser* Perspektive geradezu zu einer Hoff-
nungsgeschichte für die Verzweifelten. Eine schlichte Ablehnung
des Gottesbilds aus Gen 22 nach dem Vorbild Kants würde nicht
nur harten geschichtlichen Realitäten wie der Erfahrung des Exils
nicht gerecht, sie würde uns vor allem den Blick verstellen für diese
tiefe Dimension des Vertrauens auf Gottes Verheißung gegen alle
historische Faktizität. Nur diese Tiefe des Textes kann auch erklären, wie Gen 22 „für das jüdische Volk in Zeiten der Verfolgung
und Vernichtung ein Modell der Leidensbewältigung"[22] werden
konnte – weil sie zeigt, wie Abraham (und Isaak?) auf Gott vertrauen
konnte(n) als den, der selbst in höchster Not und Verzweiflung noch
zu seiner Verheißung und also zu seinem leidenden Volk steht.

Wir haben damit kein Kriterium gefunden, nach dem wir entscheiden können, was Gott ist oder auch nur was Gott nicht ist. Wir
haben aber gesehen, dass eine eingehende Lektüre spannungsvoller
Bibeltexte auch und vielleicht gerade hinter scheinbar harten Gottesbildern den Grundklang des Vertrauens entdecken kann. Auch
in Texten wie Gen 22 denkt die Bibel dem Glauben nach. Wenn
wir den Text in der beschriebenen Weise historisch verstehen, bietet er uns diese Vertrauensaussage an: Wo Gottes Verheißung und
die gegenwärtige Realität gegeneinander stehen, ist nicht die ver-

---

21 Vgl. etwa das Zitat der Klagenden in Jes 49,14: „Zion [= Jerusalem] aber
   sprach: Der HERR hat mich verlassen, der Herr hat meiner vergessen."
22 Verena Lenzen, Das Opfer von Abraham, Isaak und Sara. Genesis 22 im
   rabbinischen Judentum, in: Welt und Umwelt der Bibel, Nr. 30 „Abraham",
   4/2003, (13–17) 17.

meintliche Forderung der Realität das letzte Wort Gottes, sondern wir dürfen hoffen, dass er zu seinem erklärten Heilswillen steht. Als Christen könnten wir es auch so sagen: Das Evangelium, Gottes Selbsterschließung in Christus Jesus wird nicht einfach außer Kraft gesetzt, wenn oder weil Situationen im persönlichen oder gesellschaftlichen Leben dem Gemeinschaftswillen Gottes widersprechen. Der Glaube und die Hoffnung, darum auch das Handeln der Christen, dürfen und werden sich auch gegen den Augenschein daran orientieren, dass Gott Leben und Frieden im umfassenden Sinn schenken will. Und darin, so meine ich, wird ja nun keineswegs nur die eigene Situation ernst genommen, sondern mindestens ebenso Gott.

Gott ernst nehmen!

Denke deinem Glauben nach, so hatte ich in einer ersten Überlegung versucht, die *Vor*gabe aufzunehmen, die für ein Ernstnehmen Gottes gegeben sein muss. Mit dem Glauben ist mir die Zuversicht geschenkt, dass Gott Leben will. Diesem *nach*zudenken stellt uns immer dann vor Fragen, wenn die Realität dem Lebenswillen Gottes entgegenzustehen scheint. Gott ernst zu nehmen meint dann notwendig, in ein Ringen mit der Situation und mit seiner Zusage einzutreten. In solchem Ringen findet ein Ernstnehmen meiner selbst und meiner Lebenssituation, aber ebenso ein Ernstnehmen Gottes statt. Auch Texte wie Gen 22 zeigen, dass der Anspruch der Bibel, gültige Einsichten über Gott zu formulieren, gerade nicht im Gegensatz zu bewusster Situations- und Selbstwahrnehmung steht, sondern diese vielmehr voraussetzt und damit einfordert. Das ist so, weil der Glaube uns sagt, dass Gott Beziehung mit uns haben will. Gottes Wort trifft uns als konkrete Menschen in konkreten Situationen. Wer Gott ernst nehmen will, muss daher notwendig auch sich selbst ernst nehmen. Zugleich wird er diese Selbstwahrnehmung nicht absolut setzen, als könne er von dort her Gott beschreiben, ihn „wissen" (Kant) oder „begreifen" (Augustin). Wer sich selbst ernst nehmen will, muss vielmehr notwendig auch Gott ernst nehmen.

Ertrag

Vokabeln

Gott   ein unverzichtbarer Begriff der Sprache Theologie – und doch nicht begreifbar

Glaube   die Beziehung zwischen Gott und Mensch, die es möglich macht, sinnvoll nach Gott zu fragen – und dieses Fragen zugleich fordert

Grammatik

Texte haben Kontexte – das gilt auch für Sätze über Gott und Texte der Bibel. Sie sind nur verständlich aus ihrer jeweiligen Situation heraus, jede Verallgemeinerung führt letztlich zu Problemen. Die Sprache Theologie ist also eine durch und durch historisch bestimmte Größe, auch und gerade da, wo sie ein Wort oder eine Erfahrung Gottes aufnimmt.

3.   Nimm Kinder und Jugendliche ernst!

Blicken wir auf den Advance Organizer (vgl. S. 26; 208), so schließt sich mit diesem Kapitel zur dritten ‚Station' „Kinder/Jugendliche" der Kreis, der unsere Überlegungen von außen rahmt. Wir stellen dabei auch die Frage, ob überhaupt der Kreis die Form ist, in der das Verhältnis der drei Größen „ich", „Gott" und „Kinder/Jugendliche" angemessen bestimmt werden kann.

Vorbereitung

1. Der Bildungsplan für den Evang. Religionsunterricht in Baden-Württemberg[23] formuliert folgende

---

23 Hier zitiert nach dem Bildungsplan für die Grundschule, 2004, 22, der entsprechende Abschnitt ist gleichlautend auch in den Bildungsplänen für Haupt- und Realschule sowie das Gymnasium enthalten. Alles nachlesbar unter: http://www.bildung-staerkt-menschen.de/service/downloads/Bildungsplaene/.

Aufgaben und Ziele des Religionsunterrichts

Der evangelische Religionsunterricht begleitet Kinder und Jugendliche bei ihrer Suche nach Orientierung und Lebenssinn. Er stellt auf altersgemäße Weise den Zusammenhang von Glauben und Leben dar. Er ermöglicht, die Bedeutung des Evangeliums von Jesus Christus im Leben zu entdecken und im christlichen Glauben eine Hilfe zur Deutung und Gestaltung des Lebens zu finden. Er informiert nicht nur über den christlichen Glauben und seine Traditionen, sondern bringt die Heranwachsenden auch mit Glauben als Einstellung, Haltung und Lebenspraxis in Berührung.

Wahrnehmen und Begleiten
Der evangelische Religionsunterricht nimmt Kinder und Jugendliche mit ihren Lebensfragen, Sorgen, Ängsten, Erwartungen und Hoffnungen ernst. Er achtet sie als Mitgestalterinnen und Mitgestalter ihrer religiösen Alltagswelt und stärkt die Hoffnung auf eine lebenswerte Zukunft (Was dürfen wir hoffen?).
Er ermutigt Mädchen und Jungen, sich selbst und einander als Geschöpfe Gottes mit individuellen Gaben und Grenzen im Blick auf gemeinsame Aufgaben anzunehmen und zu stärken (Wer bin ich?). Er nimmt plurale Lebensverhältnisse, religiöse Phänomene und Sinndeutungsangebote auf. Er gibt Raum zur Wahrnehmung und Reflexion in individueller, gemeinschaftlicher und gesellschaftlicher Perspektive (Wie sehen wir die Welt?).

Wissen, Verstehen und Kommunizieren
Der evangelische Religionsunterricht öffnet den Blick für die christliche Prägung unserer Kultur und führt elementar in die biblisch-christliche Tradition ein (Woher kommen wir?).
Er befähigt die Heranwachsenden zur Auslegung der Bibel und fördert altersgemäße Zugänge. Er setzt die biblisch-christliche Tradition dem kritischen Gespräch aus und hilft, religiöse Sprach- und Gestaltungsfähigkeit zu entwickeln. Er dient der individuellen, gemeinschaftlichen sowie gesellschaftlichen Orientierung und ermöglicht Schritte auf dem Weg zum persönlichen, verbindenden Glauben (Was glauben wir?).

Gestalten und verantwortlich Handeln
Der evangelische Religionsunterricht dient in Dialog und Auseinandersetzung mit anderen Sinn- und Wertangeboten dem kulturellen

Verstehen und der Gestaltung des gesellschaftlichen Miteinanders. Er befähigt am ‚Streit um die Wirklichkeit' teilzunehmen, indem er Schülerinnen und Schüler anleitet, eigene Positionen zu entwickeln und zu vertreten. Er ermöglicht Begegnungen und fördert die Bereitschaft, andere Auffassungen zu tolerieren und von anderen zu lernen (Was ist wahr?).

Er befähigt, mit anderen zusammen die Frage nach Gut und Böse, Recht und Unrecht zu stellen, und setzt sich für ein Leben in Freiheit, Demokratie und sozialer Verantwortung ein. Er ermutigt zu verantwortungsvollem, solidarischem Handeln auf der Grundlage christlicher Wertvorstellungen und übt dieses exemplarisch ein (Was sollen wir tun?).

2. Fokussieren Sie Ihre Beschäftigung mit dem Text auf folgende Fragen:
   - Wie werden Kinder/Jugendliche wahrgenommen bzw. beschrieben?
   - Welche Bedeutung hat dies für die Ausrichtung des Religionsunterrichts?
   - Welche Funktion haben die Fragen am Ende der Absätze?
3. Im Weiteren beschreibt der Bildungsplan als zentrale Kompetenz im Zusammenhang des Evangelischen Religionsunterrichts die religiöse Kompetenz:[24]

Religiöse Kompetenz ist zu verstehen als Fähigkeit, die Vielgestaltigkeit von Wirklichkeit wahrzunehmen und theologisch zu reflektieren, christliche Deutungen mit anderen zu vergleichen, die Wahrheitsfrage zu stellen und eine eigene Position zu vertreten sowie sich in Freiheit auf religiöse Ausdrucks- und Sprachformen (zum Beispiel Symbole und Rituale) einzulassen und sie mitzugestalten.

Fassen Sie diese Formulierung in eigene Worte. Überlegen Sie: Inwiefern wirkt sich die Wahrnehmung der Kinder/Jugendlichen, wie sie im Bildungsplan formuliert ist, auf diese Beschreibung „religiöser Kompetenz" aus?

---

24 Ebd., 23. Auch diese Formulierung findet sich gleichlautend in den Bildungsplänen aller Schularten.

4. Überlegen Sie schließlich, wie Sie das Ganze sehen. Was leuchtet Ihnen ein im Blick auf die Sichtweise des Bildungsplans? Welche Anfragen haben Sie?

Eine Dreiecksbeziehung – Grundorientierung

Beginnen wir dieses Kapitel mit einer zusammenfassenden Überlegung, wie die ersten beiden Aspekte – sich selbst und Gott ernst nehmen – zusammenhängen. Ist die Reihenfolge der Darstellung auch eine sachliche, anders gesagt: Ist es so gemeint, dass Gott überhaupt in der Selbstwahrnehmung erschlossen wird? Diese Denkrichtung vertritt etwa der Theologe Friedrich Daniel Ernst Schleiermacher (1768–1834), dessen Grundpositionen für die moderne evangelische Theologie und Religionspädagogik bis heute prägende Kraft entfalten. Schleiermacher setzt an bei der Erfahrung bzw. dem Selbstbewusstsein und begründet Religion also gerade nicht im Rekurs auf eine überindividuelle Vernunft, wie es die Aufklärung versuchte. Gleichwohl sieht er bei aller Individualität eine Ausrichtung des Menschen auf Gott, den er aber eben auf dem Weg über das Selbstbewusstsein in den Blick bekommt: „Das Gemeinsame aller noch so verschiedenen Äußerungen der Frömmigkeit … ist dieses, daß wir uns unsrer selbst als schlechthinnig abhängig, oder, was dasselbe sagen will, als in Beziehung mit Gott bewußt sind."[25] Selbstwahrnehmung und Gotteswahrnehmung sind hier also miteinander verbunden, wobei Schleiermacher eine bestimmte Erkenntnisreihenfolge sieht: „Wenn aber schlechthinnige Abhängigkeit und Beziehung mit Gott in unserm Satze gleichgestellt wird: so ist dies so zu verstehen, daß eben das in diesem Selbstbewußtsein mitgesetzte Woher unseres empfänglichen und selbsttätigen Daseins durch den Ausdruck Gott bezeichnet werden soll".[26] Das Selbstbewusstsein oder Gefühl des

---

25 Friedrich Schleiermacher, Der christliche Glaube. Nach den Grundsätzen der evangelischen Kirche im Zusammenhange dargestellt, hg. v. Martin Redeker, Berlin/New York 1960, Bd. 1, 23 (§ 4, Leitsatz).
26 Ebd., 28 f. (§ 4, Abschnitt 4, 1. Satz).

Menschen als „schlechthinnig abhängig" (wir haben das bisher „begrenzt" genannt) ist dabei für Schleiermacher ursprünglich.[27] Diese Abhängigkeit komme aber „woher", d. h. mit der Einsicht in die Abhängigkeit kommt auch ihr „Woher" in den Blick – und dieses nennen wir Gott. Gott ist also als Woher des schlechthinnigen Abhängigkeitsgefühls in diesem „mitgesetzt". Von Schleiermacher her ließe sich folglich sagen: Wer sich selbst ernst nimmt, kommt eben dadurch dazu, auch Gott ernst zu nehmen.

Diese Sichtweise ist nicht ohne Widerspruch geblieben; insbesondere wurde dieser von Karl Barth vorgetragen und in seiner ebenfalls bis heute prägenden Theologie bedacht. Wir hatten schon gesehen, dass Barth es als „Bedrängnis"[28] beschreibt, dass wir als Theologen zwar von Gott reden sollen, es als Menschen aber nicht können. Schon dieser Satz zeigt eine gewisse Skepsis gegenüber Schleiermachers Sicht der Dinge,[29] die sich bei Barth auch sonst in einem ernsten Kampf gegen „natürliche Theologie" zeigt, also gegen ein theologisches Denken, das meint, in der Wahrnehmung der Natur oder des Menschen Anknüpfungspunkte für ein Reden über Gott zu finden. Barth schärft dagegen ein, dass Offenbarung Gottes nur Offenbarung Gottes sei, wenn sie ‚senkrecht von oben', also unvermittelt den Menschen treffe. Für die Entfaltung dieses Gedankens war für Barth nicht zuletzt die Selbstoffenbarung Gottes in Christus Jesus zentral. Die maßgeblich von ihm

---

27 Vgl. ebd. 28, Anm. a, eine handschriftliche Ergänzung Schleiermachers: „Das Wort ‚Gott' wird hier dargestellt als in unserem Sprachgebiet nichts anderes bedeutend, als das in dem ursprünglichen, schlechthinnigen Abhängigkeitsgefühl Mitgesetzte."

28 Vgl. 13 (bei Anm. 2).

29 Sie ist im Fortgang des zitierten Vortrags deutlich ausgesprochen, vgl. Karl Barth, Das Wort Gottes als Aufgabe der Theologie (siehe 13, Anm. 2), 205: „Ich halte Schleiermacher bei allem schuldigen Respekt vor der Genialität seines Lebenswerkes darum vorläufig für *keinen* guten theologischen Lehrer, weil es bei ihm, soweit ich sehe, in der verhängnisvollsten Weise unklar bleibt, daß der Mensch als Mensch sich in *Not* und zwar in rettungsloser Not befindet, unklar, daß auch der ganze Bestand der sogenannten Religion, und wenn es christliche Religion wäre, an dieser Not *teilnimmt*, unklar darum auch, daß von Gott reden etwas Anderes heißt als in etwas erhöhtem Ton vom Menschen reden."

formulierte erste These der Barmer Theologischen Erklärung von 1934 bringt dies auf den Punkt: „Jesus Christus, wie er uns in der Heiligen Schrift bezeugt wird, ist das eine Wort Gottes, das wir zu hören, dem wir im Leben und im Sterben zu vertrauen und zu gehorchen haben."[30] Dieses eine Wort Gottes und darin Gott ernst zu nehmen, das – so ließe sich mit Barth gerade umgekehrt zu Schleiermacher formulieren – führt eben dazu, sich selbst wirklich ernst zu nehmen.

Es ist also wie immer in der Theologie keine Einigkeit in Sicht. Die Beziehung zwischen Selbst- und Gotteserkenntnis wird von Schleiermacher und Barth geradezu gegenläufig bestimmt. Ich persönlich würde mich in der Mitte positionieren und würde beides für richtig halten: Ich kann mich selbst nicht ohne die offene Frage nach Gott *und* Gott nicht ohne Bezug auf meine bzw. unsere Situation verstehen. Ich beanspruche damit nicht, nun „die" Lösung des skizzierten Streits gefunden zu haben, und möchte diesen Vorschlag auch ausdrücklich nicht als „Verwerfung" der theologischen Einsichten Schleiermachers und Barths gewertet wissen – lediglich die Ausschließlichkeit, mit der sich beide Sichtweisen gegenüberzustehen scheinen, halte ich für unbegründet. Und wenn ich mich für die Sicht einer wechselseitigen Beziehung zwischen Gott und Mensch auf Luther und seine Bestimmung des Gegenstands der Theologie berufe, dann in dem Bewusstsein, dass beide – Schleiermacher wie Barth – ebenfalls intensiv mit Luther umgingen. Gleichwohl meine ich, dass Luther eben Anstöße

---

30 Die Barmer Theologische Erklärung. Einführung und Dokumentation, hg. v. Alfred Burgsmüller und Rudolf Weth, Neukirchen (1983) ⁵1993, 36. Der folgende Verwerfungssatz lautet: „Wir verwerfen die falsche Lehre, als könne und müsse die Kirche als Quelle ihrer Verkündigung außer und neben diesem einen Worte Gottes auch noch andere Ereignisse und Mächte, Gestalten und Wahrheiten als Gottes Offenbarung anerkennen." Er fokussiert damit auf die Herausforderung der Kirche durch den Nationalsozialismus, gegen die sich die Bekennende Kirche hier formiert – dass der Sache nach ebenso ein Schluss von menschlichen Befindlichkeiten auf Gott ausgeschlossen ist, ist gleichwohl klar. Wie sehr Barth die erste Barmer These als Ausdruck seiner Theologie empfand, zeigt sich im Übrigen darin, dass er sie über 20 Jahre später unverändert als Leitsatz über § 69 seiner Kirchlichen Dogmatik stellt (KD IV/3, 1).

bietet, um die starken Einsichten beider theologischen Entwürfe in ein fruchtbares Gespräch miteinander zu bringen.

Gegenstand der Theologie ist der schuldige und verlorene Mensch und der rechtfertigende oder rettende Gott.

Luthers Satz[31] benennt die Verlorenheit des Menschen als den tiefsten Grund, weshalb dieser nicht aus sich heraus Gott erkennen kann – denn Verlorenheit ist mehr und anderes als schlechthinnige Abhängigkeit! –, sieht aber zugleich eben das Bezogensein des Menschen auf Gott. Antwortet menschlicher Glaube dem rechtfertigenden Wort Gottes,[32] so ist hier eine Kommunikation beschrieben, die sich sehr wohl theologisch reflektieren lässt, ohne damit schon die Göttlichkeit Gottes zu verraten. In dieser Kommunikation sind beide Richtungen wichtig: Gottes Wort kommt dem Menschen von außen zu, was Barth betonte, im antwortenden Glauben richtet der Mensch sich auf Gott aus, was Schleiermacher als schlechthinniges Abhängigkeitsgefühl beschrieb. Sich selbst ernst nehmen und Gott ernst nehmen: Jeder Akzent wäre also mit dem jeweils anderen innerlich verbunden.

Diese Überlegung ist zu Beginn dieses Kapitels wichtig, um nun auch einordnen zu können, in welcher Weise Schülerinnen und Schüler in den Blick zu nehmen sind. Es ist wohl sofort selbstverständlich, dass zwischen Lehrperson und Lerngruppe (jedenfalls idealerweise ☺) eine wechselseitige Interaktion herrscht. Sich selbst *und* die Kinder und Jugendlichen ernst zu nehmen, das verlangt eine entsprechende Gestaltung dieser Kommunikation.

Aber wie gehört das Ernstnehmen Gottes in dieses Kommunikationsgeschehen hinein? Denkbar wäre etwa, dass es die Aufgabe der „Fachkraft" wäre, Schülerinnen und Schüler über Gott sachgerecht zu informieren. Dass diese Sicht nach wie vor in vielen Köpfen verankert ist, zeigt die offenbar unausrottbare Rede von dem „Stoff", der zu „vermitteln" bzw. „rüberzubringen" sei. Graphisch ließe sich das mit einem Modell von Sender, gesendeter Mitteilung

---

31 Nachweis siehe 21, Anm. 9.
32 Dieses Grundmotiv der Theologie Luthers wird in Kap. III.1. entfaltet, vgl. 129 ff.

und Empfänger darstellen. Indes verlangt unsere Überlegung zum Zusammenhang von Selbst- und Gotteswahrnehmung, dass wir davon ausgehen, dass Kinder und Jugendliche – ebenso wie wir – ihre Situation in der Begegnung mit Gott und seinem Wort reflektieren und beides in ein Gespräch miteinander bringen. Anders gesagt: Wir finden hier eine dritte wechselseitige Kommunikation. Graphisch lässt sich dies darstellen mit einem Dreieck, in dem zwischen den Polen jeweils Wechselbeziehungen herrschen, also Doppelpfeile stehen. Um weiter deutlich zu machen, dass die einzelnen Beziehungen nicht nur voneinander unabhängig bestehen, sondern sich im Unterrichtsprozess vielfach miteinander verweben, verbinde ich die drei Pole des Dreiecks außerdem durch einen Kreis.[33] Hinter dieser vermeintlich simplen Form verbergen sich also komplexe theologische wie religionspädagogische Grundeinsichten; dies wird im Folgenden noch klarer werden.

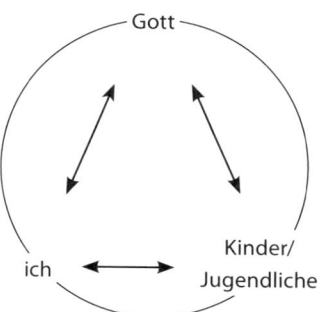

Fragen

„Nimm Kinder und Jugendliche ernst" – was diese Forderung genau bedeutet, lässt sich gut präzisieren, wenn wir uns überlegen, welche Orientierung Religionsunterricht eigentlich bieten kann. Sehen wir dafür die Fragestellungen an, auf die der Bildungsplan für Baden-Württemberg die Darstellung der Aufgaben und Ziele des Religionsunterrichts fokussiert:[34]
– Was dürfen wir hoffen?
– Wer bin ich?

33 Diese Form findet sich im Advance Organizer (vgl. 26; 208) wieder, der aber aus Gründen des Raumes und der Übersichtlichkeit auf die Wechselpfeile verzichtet und den Kreis zu einem Oval streckt.
34 Text und Nachweise finden sich in der „Vorbereitung", 45 f.

– Wie sehen wir die Welt?
– Woher kommen wir?
– Was glauben wir?
– Was ist wahr?
– Was sollen wir tun?

Wer versucht, Antworten auf diese Fragen für Schülerinnen und Schüler zu formulieren, merkt schnell: Diese Fragen können nicht ernsthaft im Sinne einer „richtigen" evangelischen Sicht (gar noch verbunden mit Denkverboten hinsichtlich „falscher" Lösungen) beantwortet werden. Gleichwohl sind die Fragen relevant und verlangen eine Stellungnahme. Wichtig ist, den Charakter entsprechender Antworten klar zu erfassen: Es sind Bekenntnisse. Bekenntnisse, die sehr wohl mehrere Menschen verbinden können und gewiss in der Meinung vorgetragen werden, dass sie nicht nur für die jeweils redende Person relevant sind. Aber eben doch Bekenntnisse, die das Wissen in sich tragen, dass „meine" Antwort auf diese Fragen im Laufe meines Lebens gewachsen ist, dass sie den derzeitigen Stand meiner Beschäftigung mit diesen Fragen dokumentiert und für zukünftige weitere Entwicklungen offen bleibt.

Wenn diese Fragen auf solche Bekenntnisse zielen, dann werden auch Kinder und Jugendliche sie nicht stellen, um die Meinung ihrer Lehrerin zu erfahren (so sehr sie an dieser interessiert sein dürften), sondern letztlich in dem Wunsch, ihre eigene Antwort zu finden – schon die Formulierung der meisten Fragen in der ersten Person macht ja klar, dass ein Einverständnis mit dem Antwortversuch nötig ist. Auf das Dreiecksmodell bzw. den Kreis bezogen lässt sich also sagen, dass die entscheidende Dimension für diese Frage das Verhältnis der Kinder und Jugendlichen zu „Gott" ist, denn das ist die Dimension, in der sie ihr eigenes Bekenntnis formulieren oder jedenfalls suchen (wie immer es dann aussieht[35]). Die Kommunikation zwischen der Lern-

---

35 Ein Konfirmand schrieb einmal als eigenes Glaubensbekenntnis: „Ich weiß, dass es Gott nicht gibt." Auch das ist Bekenntnis, ist eine Antwort auf die Fragen, vor denen ein Mensch steht – hier lautet sie eben, dass er

gruppe und der Lehrkraft ist natürlich als Diskussionsebene wichtig, doch die Energie der Frage entspringt dem Versuch, die eigene Beziehung zu Gott, Mitmensch und Welt zu klären. Wenn Schülerinnen und Schüler Fragen grundsätzlicher Art stellen, zeigen sie damit also an, was für sie relevant und interessant ist. Damit fordern sie Lehrerinnen und Lehrer auch theologisch heraus, aber nicht in dem Sinne, dass diese ihnen nun abschließende Antworten ‚vermitteln‘ sollten, sondern so, dass sie von ihnen Anregungen für ihre eigenen Überlegungen, ‚Futter‘ zum Weiterdenken, Bausteine für die Entwicklung eigener Antworten erwarten. Die Energie für diesen Prozess aber stammt aus den Fragen der Kinder und Jugendlichen. Wie intensiv sich die Energie der Fragen auch im Unterricht Bahn bricht, zeigt eindrücklich die folgende Unterrichtsgesprächssequenz aus einer Religionsstunde in einer zweiten Klasse – man beachte nur, wie viele Worte die Antworten auf die eigentliche Frage der Lehrerin (hier kursiv) umfassen und wie die Kinder bei ihrem eigenen Thema unaufgefordert in ganzen Sätzen reden:[36]

Gott hat zu Jona gesprochen und hat zu ihm gesagt, er soll nach Ninive gehen. [...] Was denkt ihr, wie fühlt er sich, wenn Gott so was zu ihm sagt? Wie fühlt man sich da, wenn man so was machen muss?
Cm   Ängstlich.
Ängstlich, genau.
Sw   Ich wusste gar nicht, dass Gott sprechen kann.
Km   Gott kann doch gar nicht sprechen, oder?
Div.   Doch, doch.
Er hat zu Jona gesprochen.
Yw   Denkst du, Gott hat keinen Mund?
Sw   Kann des sein, dass er ʼne Wolke ist? [...]

seine bisherige Gottesvorstellung so nicht mehr mit seinem Leben zusammendenken kann. Dass auch ein solcher vermeintlich abschließender Satz noch ein Satz der Suche sein kann, zeigte eindrücklich die unmittelbare Fortsetzung: „Aber vielleicht ist es ja trotzdem gut, mit ihm zu reden (beten), auch wenn ich weiß, dass ich zu Luft rede."
36 Die Szene wird berichtet von Petra Freudenberger-Lötz, Theologische Gespräche mit Kindern. Untersuchungen zur Professionalisierung Studierender und Anstöße zu forschendem Lernen im Religionsunterricht, Stuttgart 2007, 15.

Genau, des stellt sich jeder ein bisschen anders vor.
Km   Nein. Ich stell mir 'nen ganz normalen Mensch vor.
Rm   Meine Schwester stellt sich Gott als äh/wie ein Licht vor.
Wie ein Licht, mhm. – Der Jona wusste vielleicht auch nicht, dass Gott zu ihm sprechen kann, und dann spricht er plötzlich, und dann sagt er auch noch so was! Wie ist des für ihn?
R2m   Komisch […].
Hw   Merkwürdig.

Deutlich ist in dieser Szene, dass die für die Kinder spannendste Dimension des ganzen Unterrichtsgesprächs die Klärung der eigenen Gottesvorstellung ist, anders gesagt: Sie ist zwischen den Schülerinnen und Schülern und Gott angesiedelt, nicht in ihrer Beziehung zur Lehrperson. Die Kinder und Jugendlichen ernst zu nehmen, fordert von uns also nicht zuletzt, ihnen Raum und Anregungen für ihr Fragen zu geben.

„Fragen sind nicht nur die Vorstufe oder gar das Gegenteil von Antworten, sondern Ausdruck des Ringens um Erkenntnis.“[37] Auf der Basis dieser Einsicht plädiert Rainer Oberthür geradezu für eine „Religionspädagogik der Frage“[38] und untermauert dies durch eine imposante Sammlung theologischer Fragen von Grundschulkindern, die im Grunde alle relevanten Bereiche theologischen Fragens umfasst: die (eigene) Identität, Geheimnisse des Unendlichen oder Unvorstellbaren, Probleme des Zusammenlebens, Zukunftsängste, Kriege und Umweltkatastrophen, Trauer, Krankheit, Leiden, Sterben und Tod, Leben nach dem Tod, Entstehung von Sprache und, last but not least, Existenz und Wirklichkeit Gottes. Exemplarisch seien einige Fragen nach oder an Gott genannt:[39]

Warum kann man Gott nicht sehen?
Wo kommt Gott her?
Ist Gott noch auf der Welt?

---

37 Rainer Oberthür, Kinder und die großen Fragen. Ein Praxisbuch für den Religionsunterricht, unter Mitarbeit von Alois Mayer, München 1995, 16.
38 Ebd.
39 Alle Fragen aus der in die genannten Bereiche gegliederten Fragensammlung Oberthürs, ebd., 14–16.

Gibt es überhaupt Gott?
Kann Gott überhaupt sprechen?
Wieso heißt Gott Gott und nicht Mensch?
Wird Gott nie sterben?
Warum lässt Gott zu, dass man so traurig sein muss?
Wenn Gott stärker als der Tod ist, warum schafft er dann den Tod nicht ab?

Manche dieser Fragen stellen auch „erwachsene Theologie" vor ernste und gewichtige Herausforderungen. Diese Herausforderung besteht aber eben nicht darin, ‚die' Antwort auf die zitierten Fragen zu finden, um diese damit ruhig zu stellen, sondern vielmehr darin, Fragende und Gefragtes aufeinander zu beziehen – damit Vertrauen und Hoffnung begründet werden können. Religionsunterricht muss also mit der Energie der Fragen arbeiten, ja zum Fragen regelrecht ermutigen.[40] Oberthür formuliert das so: „Je mehr die Kinder Gott bzw. den Glauben an ihn als ‚der Frage würdig' erfahren, desto glaubwürdiger und tragfähiger wird ihnen der Glaube begegnen."[41] Anders gesagt: Gerade wer den Glauben der Kinder und Jugendlichen stärken möchte, wird ihr Fragen aufnehmen und stärken.

Welche Orientierung kann Religionsunterricht bieten? Zunächst diese, dass er zu einem bewussten, nachhaltigen Fragen ermutigt – in der zuversichtlichen Annahme, dass so die Glaubwürdigkeit der Rede von Gott deutlich wird.

---

40 Dies leistet auch das von Oberthür, ebd., 13, zitierte Gedicht „Kleine
   Frage" von Erich Fried:
   Glaubst du
   du bist noch zu klein
   um große
   Fragen zu stellen?
   Dann kriegen
   die Großen
   dich klein
   noch bevor du
   groß genug bist.
41 Ebd., 32.

Aneignung – zur Frage nach der Inhaltlichkeit des Religionsunterrichts

Es ist wohl deutlich geworden, dass es gute Gründe gibt, die und das Fragen der Kinder und Jugendlichen zu stärken. Doch mag sich inzwischen auch Widerstand regen. Gibt es nicht doch klare Antworten? Was ist z. B. mit der Bibel als Ur-Kunde unseres Glaubens? Wir hatten am Beispiel von Gen 22 gesehen, dass die Bibel durchaus nicht einlinige, abschließende Antworten bereit hält, sondern selber in mitunter drastischer Weise Fragen stellt.[42] Dennoch, darf sich denn Religionsunterricht einer völligen Beliebigkeit ergeben?

Zunächst: Ein von den Fragen der Schülerinnen und Schüler ausgehender Religionsunterricht wäre nach meiner Überzeugung alles andere als beliebig – diese Befürchtung verkennt völlig sowohl das Gewicht als auch die Ernsthaftigkeit dieser Fragen. Doch steckt in der Frage nach der Beliebigkeit die richtige Wahrnehmung, dass die Fragen ja noch nicht alles sein können, dass der Unterricht also die Kinder mit ihren Fragen nicht allein lassen darf. Präzisieren wir also die Frage so: Müsste nicht doch „Vermittlung" weiterhin mindestens ein wichtiger Bestandteil des Unterrichtens sein?

Mit Oberthür und anderen Vertreterinnen und Vertretern der religionspädagogischen Richtung, die unter dem Oberbegriff „Theologisieren mit Kindern" zusammengefasst werden kann, möchte ich gegenüber einem solchen Plädoyer für „Vermittlung" an der Betonung der „Aneignung" festhalten. Wir hatten gesehen, dass die Fragen der Kinder im Innersten auf eine sie selbst tragende Antwort zielen (ob sie sie erreichen oder nicht), weshalb eben ihre „Aneignung" entscheidend ist. Allerdings ist Aneignung ja immer Aneignung von etwas – die Antwortversuche der Kinder und Jugendlichen entwickeln sich natürlich in Auseinander-

---

42 Sehr schön nimmt diese Einsicht die blaue Banderole des Neuen Testaments in der Neuen Genfer Übersetzung (2009) auf: „Falls Sie hoffen, dieses Buch könne Ihnen alle Fragen beantworten, müssen wir Sie leider enttäuschen. Es fördert allenfalls noch mehr Fragen zu Tage. Wenn Sie damit klarkommen, können wir Ihnen die Lektüre durchaus empfehlen."

setzung mit Angeboten und Denkmöglichkeiten, denen sie begegnen. Richtig ist also, dass zu bedenken ist, welche Inhalte der Religionsunterricht an die Kinder und Jugendlichen heranträgt. Von „Vermittlung" würde ich hier aber nicht sprechen, sondern diese Inhalte als Impuls und Material für das eigene Denken, also für eigene „Aneignung" verstehen. Solche Inhalte gezielt und bewusst auszuwählen, ist von hoher Wichtigkeit: Welche Erfahrungen stelle ich zur Diskussion? Welche Geschichte(n) erzähle ich? Wie führe ich in ein Thema ein? Wie gestalte ich Feiern und Rituale? Alle diese Aufgaben sind nicht wirklich einfach, wenn wir deren Lösung daran messen, ob und wie es gelingt, durch die angebotenen Impulse Kindern und Jugendlichen bei der Entwicklung tragfähiger eigener Positionen zu helfen.[43]

Hierher gehört m. E. dann auch noch einmal die Frage des vorigen Abschnitts: Welche Orientierung kann Religionsunterricht bieten? Ermutigung zu eigenem Fragen war die erste Antwort, in der Hoffnung, dass dies die Glaubwürdigkeit der Rede von Gott stärkt. Diesem Fragen nun aber auch weitere Nahrung zu geben (nicht durch Antwortvorgaben, sondern) durch bewusst gewählte, theologisch verantwortete Impulse, das ist eine notwendige Ergänzung. Die Rede von Gott muss ja als solche gehört werden, in biblischen Texten, in Lebenszeugnissen, in der Frage nach unserer Weltverantwortung. Darauf können die Schülerinnen und Schüler ihre Fragen beziehen, daran können neue Fragen wachsen – und mit ihnen die Kinder und Jugendlichen.

---

43 Vergleichen möchte ich diese Aufgabe mit dem Angebot des Engels in dieser Kurzgeschichte (aus: Willi Hoffsümmer, Kurzgeschichten 1, 255 Kurzgeschichten für Gottesdienst, Schule und Gruppe, Mainz (1981) [18]1999, 113 (Nr. 199)): „Ein junger Mann betrat im Traum einen Laden. Hinter der Theke stand ein Engel. Hastig fragte er ihn: ‚Was verkaufen Sie, mein Herr?' Der Engel antwortete freundlich: ‚Alles, was Sie wollen.' Der junge Mann begann aufzuzählen: ‚Dann hätte ich gern das Ende aller Kriege in der Welt, bessere Bedingungen für die Randgruppen der Gesellschaft, Beseitigung der Elendsviertel in Lateinamerika, Arbeit für die Arbeitslosen, mehr Gemeinschaft und Liebe in der Kirche und …' Da fiel ihm der Engel ins Wort: ‚Entschuldigen Sie, junger Mann, Sie haben mich falsch verstanden. Wir verkaufen keine Früchte, wir verkaufen nur den Samen.'"

Religiöse Kompetenz

Ich will die Gedanken bündeln in einem Kommentar zur Formulierung der „Religiösen Kompetenz",[44] die nach dem Baden-
Württembergischen Bildungsplan das Zentrum aller im Religionsunterricht zu erwerbenden bzw. zu vertiefenden Kompetenzen
bildet.

Religiöse Kompetenz ist, so heißt es dort zunächst, „zu verstehen als Fähigkeit, die Vielgestaltigkeit von Wirklichkeit wahrzunehmen". In der Tat, mag jemand einwenden, das ist eine besondere Fähigkeit – haben wir nicht einfach eine Wirklichkeit? Ein
Baum ist ein Baum und ein Regentag ein Regentag? Machen wir
es an diesen Beispielen klar: Der Regentag ist für den Landwirt
nach einer trockenen Woche ein Segen, aber für die Freundinnen, die sich fürs Freibad verabredet hatten, eine Enttäuschung.
Der Baum lässt sich biologisch als Pflanze beschreiben oder theologisch als eine Gabe des Schöpfers. Die eine Wirklichkeit hat also
viele Gestalten, weil wir sie verschieden wahrnehmen. Unsere
Wahrnehmungen sind immer zugleich Deutungen – und so passt
es, wenn als zweiter Aspekt der Religiösen Kompetenz die Fähigkeit genannt wird, „christliche Deutungen mit anderen zu vergleichen". Relevant können religiöse Orientierungen ja nur sein,
wenn und soweit sie nicht nur in einem binnenreligiösen Raum
Geltung beanspruchen können. Wenn ich den Glauben, dass Gott
mein Schöpfer ist, im Biologie- und Physikunterricht nicht zulassen kann, dann trägt er mich auch nicht in meinem Leben. Es ist
darum um der theologischen Einsichten willen notwendig, andere
Sichtweisen auch im Religionsunterricht anzuschauen und miteinander zu fragen, was sich ausschließt und was sich als unterschied-
liche Perspektive auf die Wirklichkeit ergänzt. Mit dieser Denkbemühung arbeiten wir schon an der Frage nach der Wahrheit und
damit am dritten Aspekt der Religiösen Kompetenz, „die Wahrheitsfrage zu stellen und eine eigene Position zu vertreten". Wohlgemerkt und mit guten Gründen heißt es hier nicht ‚die Wahrheit

---

44 Vgl. unter „Vorbereitung", 46 (bei Anm. 24), dort auch Zitatnachweis.

zu kennen und für sie einzutreten': Wahrheit gibt es hier nicht als fertiges System, sondern nur als Gefragtes. Wir hatten gesehen, wie das Denken nach solchen Wahrheiten sucht, jede gefundene Antwort aber prüft und weiterentwickelt. So kann ich zwar anstreben, dass Schülerinnen und Schüler eine Position haben und diese begründen können, doch werde ich ebenso wie sie wissen, dass wir Wahrheit nicht in einem abschließenden Sinn erreichen, sondern Suchende sind und bleiben. Dass bei solcher Suche auch religiöse Formen helfen können, macht der letzte Aspekt der Religiösen Kompetenz klar: die Fähigkeit, „sich in Freiheit auf religiöse Ausdrucks- und Sprachformen (zum Beispiel Symbole und Rituale) einzulassen und sie mitzugestalten". Mit gutem Grund bietet der Religionsunterricht auch die Möglichkeit des gemeinsamen Betens und Singens. Glaube braucht auch Formen, in denen er sich probieren und realisieren kann. Warum es dabei wichtig ist, die Freiheit und die eigene Mitgestaltung zu betonen, bedarf wohl nach den bisherigen Überlegungen keiner eigenen Begründung mehr.

Die hier betrachtete Formulierung der Religiösen Kompetenz unterstreicht die zuvor herausgearbeitete Bedeutung der Aneignung nochmals eindrücklich. Eine andere Zusammenfassung bietet die chassidische Erzählung *Das Erlernte*:[45]

Als Levi Jizchak von seiner ersten Fahrt zu Rabbi Schmelke von Nikolsburg, die er gegen den Willen seines Schwiegervaters unternommen hatte, zu diesem heimkehrte, herrschte er ihn an: „Nun, was hast du schon bei ihm erlernt?!" „Ich habe erlernt", antwortete Levi Jizchak, „daß es einen Schöpfer der Welt gibt." Der Alte rief einen Diener herbei und fragte den: „Ist es dir bekannt, daß es einen Schöpfer der Welt gibt?" „Ja", sagte der Diener. „Freilich", rief Levi Jizchak, „alle sagen es, aber erlernen sie es auch?"

---

45 Martin Buber, Die Erzählungen der Chassidim, Zürich 1949 (div. Neuauflagen), 331 f. Ich bin der Geschichte erstmals in einem Vortrag von Rainer Oberthür begegnet, dieser lässt sich dank des RPI Loccum im Internet nachhören: Rainer Oberthür, Ich bin gefragt. Wer Kinder ermutigt, wird selber reich, 29.11.2004 (62 Minuten); http://www.rpi-loccum.de/real33.html (auf der Seite des RPI fälschlich abgelegt als „Wer Kinder fragt, wird selber reich" (86 Min.)).

Dieser Unterschied zwischen „sagen" (oder sagen wir „nachplappern") und „erlernen" ist nach meinem Urteil entscheidend für guten Religionsunterricht.[46]

Ertrag

Vokabeln

Aneignung (religions-)pädagogisch betrachtet der Gegenbegriff zu „Vermittlung" – zugleich ein unverzichtbarer Grundsatz der theologischen Denkbemühung

erlernen ist mehr und anderes als „nachplappern können"

fragwürdig jemand oder etwas ist einer Frage würdig – fast ein Adelstitel („euer Fragwürden" ☺)

Grammatik

Die bisherigen Einsichten in das Wesen unserer eigenen theologischen Sprache implizieren, dass auch Kinder und Jugendliche notwendig einen eigenen Dialekt sprechen. Um ihre Sprachentwicklung zu fördern, ist es angezeigt, mit ihnen vor allem das Fragen zu üben. Die theologische Sprache anderer lässt sich nicht erlernen, indem sie übernommen wird. Dem Fragenden aber öffnet sie sich und kann so seine eigene theologische Sprache befruchten.

---

46 Dies gilt zumal angesichts des bekannten Phänomens eines Religionsunterrichts-Ich, das dazu führt, dass Schüler/innen die erwünschte Antwort auch geben, wenn sie selber eigentlich anderer Meinung sind. Ein ebenfalls bekannter kleiner Witz illustriert das Problem treffend: „Fragt die Religionslehrerin: ‚Was ist das? Es ist braun, hat einen buschigen Schwanz und springt von Ast zu Ast.' Peinliches Schweigen. ‚Na kommt, das ist doch nicht so schwer.' Nichts. ‚Sarah, versuch du es mal, was meinst du denn?' ‚Ja, normalerweise tät ich ja denken, dass das ein Eichhörnchen ist, aber wenn Sie das fragen, wird es wohl der Herr Jesus sein.'"

II. „Gott ist kein Pinguin." Exemplarische theologische Überlegungen angeregt durch das Kinderhörspiel „An der Arche um Acht" von Ulrich Hub (2006)

Der zweite Teil des Buches entwickelt die Gedanken, die im inneren Teil des Advance Organizer (vgl. S. 26; 208) symbolisiert werden. Selbstverständlich stehen der Außenkreis und die innen dargestellte theologische Denkbemühung in Beziehung zueinander. Der Außenkreis soll uns selbst, „Gott" und die Kinder und Jugendlichen also nicht aus der Theologie heraushalten, sondern bildet den religionspädagogischen Bezugsrahmen, in dem wir diese wahrnehmen.

Die Pinguine, die wir in diesem Kapitel kennenlernen, interessieren uns als Repräsentanten möglicher Kinderfragen. Wir betrachten ihre Denkbemühung und suchen sie theologisch zu verstehen. Dafür ziehen wir auch „Erwachsenentheologie" heran und entdecken, dass deren Fragestellungen hilfreich sind, um die der Kinder zu verstehen und mit ihnen sachgemäß umzugehen. So befassen wir uns nicht nur mit Theologie, sondern machen uns zugleich bewusst, dass und wie die Beschäftigung mit ihr religionspädagogisch (Außenkreis!) notwendig ist.

Das folgende Kapitel nimmt neben den Pinguinen zunächst ihre Beschäftigung mit Gott in den Blick: Die Gedankenblase und die beiden Pfeile.

1. Gott erkennen?

Vorbereitung

Besorgen Sie sich bitte folgenden Text: Andreas Benk, Gott ist nicht gut und nicht gerecht. Zum Gottesbild der Gegenwart, Düsseldorf 2008, 23–41 (168–174 finden Sie die Anmerkungen zum ausgewählten Kapitel).[47]

1. Lesen Sie zunächst nur diese ersten drei Sätze (23):

Negative Theologie kann erst entstehen im Gegenüber zu überkommenen religiösen Vorstellungen, die sie kritisch in Frage stellt. Ziel Negativer Theologie ist dabei nicht die destruktive Eliminierung dieser Vorstellungen, sondern ihre Korrektur und Relativierung. Durch die Zurückweisung überlieferter Bilder und konventionell gewordener Vorstellungen von Gott (oder den Göttern) verneint sie nicht grundsätzlich die Möglichkeit und den Sinn einer Rede von Gott, sondern deckt die Unzulänglichkeit schon geschehener mythischer oder theologischer Rede auf.

Hier wird „Negative Theologie" beschrieben. Machen Sie sich klar, was der Begriff bedeutet. Hilfreich dafür ist, sich bewusst zu machen, was er *nicht* bedeutet. Formulieren Sie in eigenen Worten (schriftlich), was Benk in den ersten drei Sätzen sagt!

2. Jetzt lesen Sie den ganzen Abschnitt „Xenophanes". Überprüfen Sie im Rückblick Ihre erste Annäherung an den Begriff „Negative Theologie". Wenn nötig, korrigieren bzw. präzisieren Sie Ihre Formulierung.

3. Bevor Sie weiterlesen, überlegen Sie, was Sie zur nächsten Überschrift sagen würden. „Negative Theologie und Bibel": Geht das zusammen oder ist das ein Widerspruch? Benennen Sie möglichst genau die Gründe für Ihre Sichtweise!

---

47 Wer keinen Zugriff auf das Buch hat, kann jedenfalls die ersten Seiten des Textes über die Funktion „Blick ins Buch" unter http://www.amazon.de/Gott-ist-nicht-gut-gerecht/dp/3491704170 einsehen.

4. Spitzen Sie die folgenden vier Abschnitte (S. 25–35) jeweils auf eine Leitfrage zu. Können Sie auch Benks Antwort in einem Satz zusammenfassen? Machen Sie sich auf diese Weise klar, wie seine Argumentation aufgebaut ist.

5. Die letzten drei Abschnitte (S. 35–41) zeigen, dass die Einsichten im Neuen Testament genauso zutreffen. Lesen Sie dies als Abrundung der Argumentation.

6. Schließlich: Auf S. 25 redet Benk von einer „notwendige[n] und allein Gott angemessene[n] Schwebe". Machen Sie sich – gerade auch auf der Basis der Abschnitte zur Bibel – sein Anliegen nochmals klar, indem Sie in eigenen Worten formulieren, was er mit dieser „Schwebe" meint und v. a., warum sie „notwendig" bzw. „allein Gott angemessen" ist.

Theologisieren mit Kindern und die Theologie

In der Auseinandersetzung mit den Grundfragen, die in der religionspädagogischen Konzeptionsdebatte unter dem Stichwort „Theologisieren mit Kindern" erörtert werden, haben wir gesehen, dass und wie die Fragen der Kinder und Jugendlichen uns als Lehrerinnen und Lehrer nicht zuletzt theologisch fordern.[48] Von dieser Einsicht leitet sich die Grundidee für das Vorgehen in diesem zweiten Hauptteil ab. Theologische Kernfragen werden jeweils ausgehend von zwei Polen diskutiert. Zum einen begeben wir uns in ein Gespräch mit theologischen Texten, wobei die Auswahl auch die Absicht verfolgt, Sie mit verschiedenen Gattungen theologischer Literatur vertraut zu machen.[49] Zum anderen gehen wir jeweils aus von einem Kindertheaterstück bzw. -hörspiel, das in gelungener Weise Fragen artikuliert, die durchaus in dieser oder ähnlicher Weise auch im Religionsunterricht begegnen können. Damit soll deutlich werden, dass Theologie in keiner Weise eine lebensferne Notwendigkeit nur des Studiums ist und in der Schule

48 Vgl. I.3., besonders ab Fragen, 51 ff.
49 Vgl. dazu auch die Steckbriefe zu den ausgewählten Titeln im Literaturverzeichnis.

alsbald vergessen werden kann. Richtig ist: Wer sich selbst, Gott und die Kinder und Jugendlichen wirklich ernst nimmt, wird ein theologisch wacher Mensch sein und bleiben.

„An der Arche um Acht"

Unter diesem Titel hat Ulrich Hub 2006 ein Kindertheaterstück veröffentlicht,[50] das noch im selben Jahr unter Federführung des Hessischen Rundfunks als Hörspiel aufgenommen wurde;[51] beide Fassungen erhielten verschiedene Preise.[52]

Die Protagonisten sind zunächst drei Pinguine. Sie stehen am Pol und langweilen oder streiten sich – oder beides. Als ein Schmetterling vorbeiflattert, will ihn der dritte Pinguin töten. Die anderen intervenieren. Ein Auszug:[53]

---

[50] Erstveröffentlichung im Verlag der Autoren: Spielplatz 19. Fünf Theaterstücke über Gott von Rudolf Herfurtner, Ulrich Hub, Krista Šagor, Friedrich Karl Waechter, Ulrich Zaum, hg. v. Marion Victor, Frankfurt a.M. 2006, 45–91. Der Verlag der Autoren hält auch die Aufführungsrechte (die übrigens auch für evtl. Schultheater-Aufführungen einzuholen sind). Die Zitate aus dem Stück beziehen sich in den Seitenangaben auf diese Erstausgabe, übernehmen aber die kleineren Textänderungen der Hörspielfassung; für die Gewährung der Rechte für die Wiedergabe der Auszüge danke ich dem Verlag der Autoren sowie dem Patmos-Verlag (Hörspielfassung, s. u. Anm. 51). Seit 2009 ist das Stück auch in einer Veröffentlichung zusammen mit Hubs Kindertheaterstück „Nathans Kinder" verfügbar, die ebenfalls im Verlag der Autoren erschienen ist.

[51] Die CD ist im Patmos-Verlag erschienen: Ulrich Hub, An der Arche um Acht. Hörspiel ab 6 Jahren mit Stefko Hanushevsky, Chris Pichler, Lars Rudolph, Jens Harzer und Helmut Winkelmann, HR/NDR 2006, Düsseldorf 2007. Meine Zitate folgen bei Abweichungen der Textfassung des Hörspiels, auch wenn die Seitenzahlen der Theaterfassung angegeben sind.

[52] Deutscher Kindertheaterpreis 2006, Niederländisch-Deutscher Kinderdramatikerpreis 2006, Deutscher Kinderhörspielpreis 2006; die Buchfassung des Stücks (Ulrich Hub, An der Arche um Acht. Mit Illustrationen von Jörg Mühle, Düsseldorf 2007; seit 2009 auch als Taschenbuch erhältlich) hat ebenfalls bereits Auszeichnungen eingesammelt, u. a. den kinderLITERAturpreis 2008 der Linzer Buchmesse LITERA.

[53] Ulrich Hub, An der Arche um Acht (wie Anm. 50), 49 f. [angepasst an Hörspielfassung]. Wer Zugriff auf das Hörspiel hat, kann es vom Anfang der CD bis zum Ende des hier zitierten Textstücks anhören.

Erster Du sollst nicht töten.
Dritter Wer hat das gesagt?
Erster Ich.
Zweiter Nein, Gott.
Erster Stimmt.
Zweiter Gott hat gesagt, man soll nicht töten.
Dritter Wer ist das?
Zweiter Gott?
Erster Schwierige Frage.
Zweiter Erkläre du es ihm.
Erster Oh, Gott –
Zweiter Gott ist freundlich.
Erster Gott ist klug.
Zweiter Gott ist groß.
Erster Und sehr, sehr mächtig.
Zweiter Er hat nur einen kleinen Nachteil.
Dritter Und der wäre?
Zweiter Man sieht ihn nicht.
Erster Gott ist unsichtbar.
Dritter Das ist aber ein gewaltiger Nachteil. Wenn man ihn nicht sieht, dann kann man nicht mit Sicherheit wissen, ob es ihn wirklich gibt.
Zweiter Blicke dich einmal um.
Erster Was siehst du?
Dritter Eis.
Erster Weiter.
Dritter Schnee.
Erster Weiter.
Dritter Eis und Schnee und Schnee und Eis und Schnee –
Erster Und wer hat das alles gemacht?
Dritter Gott?
Zweiter Genau.
Erster Was sagst du jetzt?
Dritter Besonders viel ist ihm bei dieser Gegend ja nicht eingefallen.
Erster Sei still.
Zweiter Sonst hört er dich noch.
Erster Gott hat unheimlich gute Ohren.
Zweiter Außerdem hat er auch uns Pinguine geschaffen.
Dritter Bei uns hat er irgendwie etwas durcheinander gebracht. Wir sind Vögel und riechen nach Fisch. Wir haben Flügel, aber können nicht fliegen.

Erster   Aber wir können schwimmen.
Zweiter   Pinguine sind hervorragende Schwimmer.
Dritter   Jedenfalls hat sich Gott mit diesem Schmetterling mehr Mühe
            gegeben. Mit seinen Flügeln kann er überall hinfliegen. Vor
            allem kann er wegfliegen. Das ist ungerecht. Deshalb murkse
            ich diesen Schmetterling jetzt ab.
Erster   Dann wirst du bestraft.
Dritter   Von wem?
Erster   Von Gott.
Dritter   Da bin ich aber mal gespannt –

Die Schwierigkeit, Gott zu erkennen

Was können wir eigentlich über Gott sagen? Die Pinguine geben sich redlich Mühe: „Gott ist freundlich. Gott ist klug. Gott ist
groß. Und sehr, sehr mächtig." Aber wirklich überzeugt haben sie
den dritten Pinguin noch nicht. Ob uns die Theologie hier weiter-
hilft?

Nehmen wir Benks Buch[54] „zum Gottesbild der Gegenwart" (so
der Untertitel) zur Hand, so spricht schon der Titel eine ganz andere Sprache: „Gott ist nicht gut und nicht gerecht." Meint er das
wirklich ernst? Oder anders gefragt: Was ist sein Anliegen?

Kurz gesagt besteht es darin, die berechtigte, aber oftmals ver-
nachlässigte Grundeinsicht „Negativer Theologie" deutlich in den
Blick zu rücken. Was ist das? Schon die eingangs[55] zitierten Kern-
sätze machen klar, dass „Negative Theologie" nicht destruktive
Ziele verfolgt, also z. B. nicht mit Absicht schlecht von Gott reden
oder gar ihn schlecht machen will. Eher schon ist das Gegenteil
der Fall: Negative Theologie entsteht aus der Einsicht, dass alles
menschliche Reden von Gott stets und zwangsläufig unzulänglich ist. Wenn Negative Theologie darum jede menschliche Aussage über Gott verneint („Gott ist nicht gut und nicht gerecht"),

---

54 Andreas Benk, Gott ist nicht gut und nicht gerecht. Zum Gottesbild der
   Gegenwart, Düsseldorf 2008.
55 Vgl. 62 f.

behauptet sie damit *nicht*, dass Gott eben genau das Gegenteil sei („Gott ist schlecht und ungerecht"). Sie will vielmehr deutlich machen, dass unsere Begriffe („gut", „gerecht") Gott nie wirklich erfassen können. Wenn dabei überhaupt etwas schlecht gemacht wird, dann sind das unsere stümperhaften Versuche, von Gott zu reden, die angesichts *dieses* Erkenntnisgegenstands (?) in der Tat schlecht *sind*. Damit wird aber *Gott* gerade nicht schlecht geredet, vielmehr wird so die Überlegenheit Gottes gegenüber uns Menschen betont – auch wenn im Sinne Negativer Theologie gleich wieder auf die Unzulänglichkeit auch dieser Aussage hinzuweisen wäre: Gott ist *nicht* überlegen.

Ist also alles falsch, was die Pinguine herausgefunden haben? „Gott ist freundlich. Gott ist klug. Gott ist groß. Und sehr, sehr mächtig." Alles bloßer Irrtum? Das nicht, aber diese Sätze sind eben überschätzt, wenn wir meinen, damit wäre Gott nun begriffen, hätten wir ihn im Griff. Wir haben Gott nie im Griff, weshalb Theologie von Gott immer auch im Modus der Frage reden muss.[56] Schauen wir uns mit den Pinguinen zunächst die radikale Form der Frage nach Gott an.

„Gott gibt es überhaupt nicht"

Der Streit der Pinguine führt schließlich zu Handgreiflichkeiten und der dritte muss sich anhören, ein „ganz schlechter" Pinguin zu sein. Er singt ein Lied, in dem er diese Zuschreibung annimmt, aber die Schuld dafür ablehnt: Gott habe ihn halt so gemacht.[57] Zu

---

56 Der Glaube kann anders sprechen und etwa im Bekenntnis sein Vertrauen auf Gott ausdrücken. Bekenntnis, Lob und Dank sind aber andere Redeformen als theologische Aussagen: Jene drücken individuelle Überzeugungen aus, diese haben wissenschaftlichen Anspruch, müssen also überindividuell diskutabel sein. So kann der Satz „Gott ist gut" als Bekenntnis durchaus ein angemessener Ausdruck des Glaubens sein – er würde aber überschätzt, wenn wir meinten, hiermit eine theologische Definition Gottes gewonnen zu haben, deren Geltung wir zeigen könnten (und an die dieser Gott sich nun auch halten müsse).

57 Das Lied findet sich in II.3., 94.

dem Lied hatte er sich hingesetzt und als er wieder aufsteht, liegt an der Stelle der Schmetterling – offenbar tot. Die anderen fallen jetzt erst recht über ihn her und wollen nichts davon hören, dass es nun doch gar keine Absicht gewesen sei:[58]

Erster Das war Mord.
Zweiter Eiskalt, geplant.
Erster Mörder.
Dritter Ich habe keinen Mord begangen.
Erster Schmetterlingskiller.
Zweiter Dafür wirst du bestraft.
Erster Schrecklich bestraft.
Zweiter Gott hat das genau gesehen.
Dritter Aber vielleicht hat er gerade nicht hingeguckt.
Erster Gott sieht alles.
Zweiter Gott hat unglaublich gute Augen.
Erster Wenn du gestorben bist, wird er eine kleine Unterredung mit dir führen.
Dritter Bis dahin hat er das mit dem Schmetterling ganz bestimmt vergessen.
Zweiter Darauf würde ich mich lieber nicht verlassen.
Erster Gott besitzt nämlich ein hervorragendes Gedächtnis.
Dritter Ich glaube, Gott gibt es überhaupt nicht.
Erster Was sagst du da?
Dritter Es gibt keinen Gott!
Zweiter Nimm das sofort zurück.
Dritter Ihr wollt mir nur Angst machen. Ich brauch keinen Gott. Bisher bin ich sehr gut ohne ihn ausgekommen. Und euch brauche ich auch nicht. Ich will keine Freunde haben, die mir Angst machen. Euch will ich nie wieder sehen. Auf Wiedersehen. Auf Nimmerwiedersehen.

Nebenbei gesagt: Es ist ein wesentliches Element der Lebendigkeit von Ulrich Hubs Theaterstück, dass keine Figur jemals auf eine Position festgelegt wird. So ist auch hier mit dem Abgang des dritten Pinguins die Debatte keineswegs beendet, sondern geht gleich in die nächste Runde:[59]

---

58 Ulrich Hub, An der Arche um Acht, 52 f. Wer die CD hat: Hören Sie den Rest des ersten Stücks.
59 Ebd., 54. CD: Anfang des zweiten Stücks.

Zweiter Vielleicht hat er Recht.
Erster Halt den Schnabel.
Zweiter Ich habe Gott noch nie gesehen.
Erster Fang jetzt nicht auch noch an –
Zweiter Und ich kenne niemanden, der Gott je gesehen hat.
Erster Du weißt genau, dass es ihn gibt.
Zweiter Gelegentlich sollte Gott sich bemerkbar machen.
Erster Er beobachtet uns. Jede Sekunde. Sogar jetzt. In diesem Augenblick. Spürst du das nicht?
Zweiter Das bildest du dir nur ein.
Erster Schau mal in den Himmel.
Zweiter Sieht nach Regen aus –
Erster Hinter diesen Wolken spaziert der liebe Gott vorbei und beobachtet uns genau.
Zweiter Unsinn. Gott kann uns überhaupt nicht sehen. Die dunklen Wolken hindern ihn am Sehen, wenn er am Himmelsrand spazieren geht.

Sackgassen

„Ich glaube, Gott gibt es überhaupt nicht." Der Zweifel an der Existenz Gottes ist die radikale Form der Frage nach Gott. Aber diese Frage kann ganz verschiedene Gründe haben: Der dritte Pinguin möchte ein bestimmtes Gottesbild abwehren: „Ihr wollt mir nur Angst machen." Der zweite begründet seine Skepsis mit der Unsichtbarkeit Gottes: „Gelegentlich sollte Gott sich bemerkbar machen." Es ist theologisch alles andere als unerheblich, aus welchem Motiv die Frage nach der Existenz Gottes erwächst. Schon deshalb kann es nicht *eine* Antwort darauf geben. Zur Frage Angst machender Gottesbilder kommen wir noch an anderer Stelle,[60] hier möchte ich mich zunächst auf die Skepsis beziehen. Mit der Frage nach einem „Zeichen" Gottes beschäftigen sich sehr häufig Jugendliche, wenn sie feststellen, dass ihre bisherige Gottesvorstellung einer Überprüfung an den Realitäten ihres Lebens nicht mehr standhält. Aber schon kleine Kinder können in diesem Fall die Grundsatzfrage stellen, was jedenfalls zeigt, wie ernst sie ihre

---

60 Vgl. II.3, Schuld und Schuldgefühl, 91 ff.

Gottesvorstellungen nehmen.[61] Wenn wir solche Beobachtungen auf dem Hintergrund der Überlegungen zur „Negativen Theologie" durchdenken, so scheinen sie genau deren Denkbewegung zu vollziehen: Es wird nicht unbedingt Gott negiert, sondern eigentlich ein bestimmtes Gottesbild.

Allerdings ist eine solche Infragestellung von Gottesbildern in der Regel durch besondere Herausforderungen des Lebens bestimmt. Diese wollen gelöst werden, gesucht wird also zunächst ein Gottesbild, das dies besser leistet. „Negative Theologie" hingegen erhebt die Infragestellung zum Programm und meint gerade nicht, auf diesem Weg nun zu einem gültigen Gottesbild vordringen zu können. „Negative Theologie destruiert überlieferte und vertraut gewordene Gottesbilder und Gottesvorstellungen, um die Unverfügbarkeit und Unbegreiflichkeit Gottes nachdrücklich in Erinnerung zu rufen."[62] Aber brauchen Menschen nicht eine Vorstellung von Gott? Ist es also nicht letztlich lebensfern, jedes Gottesbild sogleich wieder zu negieren? Oder kann diese Perspektive helfen?

Nach meiner Sicht der Dinge ist „Negative Theologie" deshalb wichtig – auch für den Religionsunterricht –, weil die Suche nach einem besseren Gottesbild nie ein abschließendes Ziel erreicht. Es wird immer neue Lebenssituationen geben, die wieder fragen lassen, ob das alles so stimmen kann, wie ich das bisher dachte. Und diese Frage ist in ihrem Kern immer mit der Frage verbunden, ob es Gott überhaupt gibt – auch wenn sich Menschen mit der Zeit abgewöhnen, diese Frage so geradeheraus zu stellen wie Kinder oder Pinguine. Anders gesagt: Die Suche nach einem besseren Gottesbild zielt in letzter Perspektive oftmals auf ein richtiges, sie meint also, menschliches Denken müsse Gott erfassen können. „Negative Theologie" hingegen geht davon aus, dass eben das nicht mög-

---

61 Zur Illustration ein abendliches Gespräch mit unserem Sohn Felix; er war damals 4½ Jahre alt. Ich hatte mit ihm gebetet, dass Gott uns behüten möge und auch die Großeltern, die nach einem Besuch bei uns auf der Heimfahrt waren. Darauf Felix: „Wo wohnt denn der Gott?" – „Wie meinst du das?" – „Wohnt der in Lindach [wie wir] oder in Herrenberg [wie die Großeltern]?" – „Weißt du, Gott wohnt nicht in einem Haus so wie wir. Der kann überall sein." – „Vielleicht gibt's den Gott ja gar nicht."

62 Andreas Benk, Gott ist nicht gut und nicht gerecht, 33.

lich ist. Damit kann sie befreiend und entlastend wirken. „Negative Theologie" kann Diskussionen über die Infragestellung Gottes aus Sackgassen herausholen, indem sie zeigt, dass niemand Gott „wirklich" oder gar letztgültig beschreiben kann. Natürlich sind wir als Menschen auf Gottesbilder angewiesen – ohne sie könnten wir überhaupt nicht von Gott reden. Aber wie gehen wir angemessen mit Gottesbildern um? „Negative Theologie" macht deutlich: Gerade im Wissen um ihre Unzulänglichkeit werden sie erst richtig verstanden und verwendet.

„Oh, wie gut ich Gott verstehen kann"

Die Geschichte unserer Pinguine geht weiter mit der Ankunft einer weißen Taube bei den beiden ersten Pinguinen:[63]

Taube   Habt ihr einen Moment Zeit, um über Gott zu sprechen? Fein, hört gut zu, ich bringe eine Nachricht von Gott ... Gott hat genug von den Menschen und den Tieren, ständig streiten sie sich –

Zweiter   Dasselbe habe ich auch immer gesagt.

Taube   Allmählich hat Gott die Geduld verloren und –

Erster   An seiner Stelle hätte ich schon längst –

Taube   Gott hat gesagt, es sei ein Fehler gewesen, die Menschen gemacht zu haben und –

Erster   Oh, wie gut ich Gott verstehen kann, denn ich –

Taube   Auch die Tiere gehen Gott auf die Nerven, alles muss man ihnen dreimal sagen, jedes Tier will das Größte sein, deshalb hat Gott gesagt: Ich lasse eine gewaltige Sintflut über die Erde hereinbrechen, ... am Ende wird die ganze Erde mit Wasser überschwemmt sein. So. Fertig. Jetzt wissen alle Tiere Bescheid. Ihr seid die letzten gewesen.

Die Pinguine sind geschockt, wollen verhandeln, doch der Regen setzt schon ein, sie versprechen, sich nie wieder zu streiten usw. – bis die Taube ihnen sagt, sie sollten lieber anfangen zu packen, zwei Tickets übergibt und den beiden einschärft, pünktlich zu

---

63 Ulrich Hub, An der Arche um Acht, 54 f. CD: Zweites Stück ganz.

sein: „An der Arche um Acht". Nach dem Abflug der Taube bemühen sich die Pinguine um eine Einordnung des gerade Erlebten:[64]

Zweiter   Da haben wir noch einmal Glück gehabt.
Erster   Glück?
Zweiter   Ja, wenn wir nicht zufällig dieser Taube begegnet wären,
müssten wir ertrinken.
Erster   Das war kein Glück, sondern Gottes Wille. Wir wurden aus-
gewählt. Aus allen Pinguinen. Weil wir die Besten sind.
Zweiter   Reiner Zufall. Wenn hier zwei andere Pinguine gestanden
hätten, hätten sie eben diese Tickets bekommen.
Erster   Das ist kein Zufall. Wir waren immer brav. Vor allem ich. Wir
müssen gerettet werden. Vor allem ich. Wir, wir sind die Bes-
ten. Vor allem ich. Deshalb haben wir Tickets für die Arche
Noah bekommen.

Offenbarung?

„Negative Theologie", so haben wir gesehen, geht davon aus, dass
menschliches Denken Gott grundsätzlich nicht erfassen kann.
Aber wenn nun Gott selber sich dem Menschen erklärt? Dies ist in
der Tat auf den ersten Blick „ein nahe liegender Einwand …: Wir
können von Gott nichts wissen, es sei denn, er offenbart sich."[65]
Was ist dazu zu sagen?

Im Grunde führen die Pinguine es uns vor. Sie erhalten, nehmen wir einmal das Setting des Stücks für bare Münze, eine Botschaft von Gott. Zuerst lassen sie die Überbringerin der Botschaft
kaum ausreden, sondern geben sofort ihren Senf hinzu, dessen
Würze ganz offensichtlich aus eigenen Überlegungen stammt:
„Oh, wie gut ich Gott verstehen kann, denn ich …" Als sie dann
merken, dass Gott sich nicht nur an den anderen, sondern wohl
auch an ihnen selbst ärgert, werden sie zunächst kleinlaut, dann
reagieren sie verzweifelt angesichts der drohenden Sintflut. Die
Aushändigung der Tickets durch die Taube ist in dieser Situation

---

64 Ebd., 58. CD: Anfang des dritten Stücks.
65 Andreas Benk, Gott ist nicht gut und nicht gerecht, 25.

geradezu eine göttliche Rettungstat wie die Befreiung Israels aus Ägypten und der Durchzug durch das Schilfmeer. „Offenbarung" erfahren die Pinguine also gleich doppelt: Durch einen Einblick in Gottes Entschluss zur Sintflut und durch die Rettung aus dieser bedrohlichen Situation.

„Ich bin der HERR, dein Gott, der dich herausgeführt hat aus dem Land Ägypten, aus einem Sklavenhaus" – so beginnen die Zehn Gebote (Ex 20,2) und benennen damit eine, wenn nicht *die* Grunderfahrung des Glaubens Israels. Ist Gott damit jetzt bekannt, lässt er sich benennen? Abgesehen von der Grundsatzfrage, ob menschliche Sprache überhaupt eine Gotteserfahrung sachgerecht ausdrücken kann,[66] ist die hier formulierte Erkenntnis keineswegs abschließender Art. Das zeigt schon die aspektreiche und dynamische Auseinandersetzung innerhalb der Bibel mit dieser Grunderfahrung des Glaubens Israels. Wir können sie hier nicht im Einzelnen nachzeichnen; nur zwei Schlaglichter sollen ihre Spannweite deutlich machen: Der Prophet Hosea kündigt im 8. Jh. v.Chr. das Gericht Gottes als Rücknahme eben dieser Heilstat der Befreiung aus Ägypten an (Hos 8,13; 9,3.6), während Deuterojesaja rund 200 Jahre später geradezu einen zweiten Exodus, diesmal aus dem babylonischen Exil, erwartet (Jes 40,9–11; 55,12 f. u. ö.).

Auch das Beispiel der Pinguine zeigt, wie sehr die erfahrene „Offenbarung" für eigene Deutung offen ist. Der erste sieht sich auserwählt und meint, der Beste zu sein, der zweite redet von Glück und führt die Rettung auf reinen Zufall zurück; zwischen beiden Polen ließen sich unzählige Abstufungen denken. Aber was stimmt eigentlich? Das lässt sich nicht entscheiden! Es ‚gibt' eben nicht ‚die Offenbarung' Gottes,[67] sondern stets nur das Zeugnis davon. Und es ist faktisch unmöglich, Offenbarung und Deutung voneinander zu scheiden.

Diese Gedanken sollen nun keineswegs die Bibel völlig relativieren. Es ist mir lediglich wichtig, dass wir ihr nicht mit einer Er-

---

66 Vgl. ebd., 26.
67 Vgl. den bekannten Satz von Dietrich Bonhoeffer, Akt und Sein [1931], DBW 2, München 1988, 112: „Einen Gott, den ‚es gibt', gibt es nicht; Gott ‚ist' im Personbezug, und das Sein ist Personsein."

wartungshaltung entgegentreten, der sie gar nicht gerecht werden könnte: Wir werden auch hier keine Definition Gottes finden, auch keine Selbstdefinition in Form einer klaren „Offenbarung". Die Bibel ist nicht vom Himmel gefallenes Wort Gottes, sie ist Zeugnis. Sie zeugt davon, dass Menschen in ihrem Leben und der Welt auf Spuren Gottes zu treffen meinten und wie sie davon sprachen. Ihr Zeugnis wurde Teil der Heiligen Schrift, weil es anderen Menschen wichtig und glaubwürdig erschien – es bewährte sich sozusagen in der Gemeinschaft der Glaubenden. Christen lesen die Bibel in der Erwartung, dass der in ihr mannigfach und vielfarbig bezeugte Gott durch ihre Worte auch heute noch tröstend, rettend und wegweisend in unser Leben und unsere Welt sprechen kann.

Ertrag

Vokabeln

Definition	kommt aus dem Lateinischen und heißt „Abgrenzung"
nicht	notwendige Relativierung jeder Definition/Abgrenzung Gottes – Definitionen sind Herrschaftsakte und es kommt uns nicht zu, Gott zu beherrschen
Gottesbild	keine Definition Gottes, sondern ein notwendiger (!) menschlicher Versuch, von Gott zu reden – im Bewusstsein, dass das Bild ihn nicht definiert

Grammatik

Im Blick auf Gott erscheint es nicht nur möglich, sondern sogar geboten, scheinbare Gegensätze auszusagen: Gott ist „gut" *und* „nicht gut". Nur unter solcher ständiger Selbstrelativierung können wir Menschen von ihm reden: Gottes „Größe" und „Nicht-Größe" sperrt sich gegen jede Definition bzw. Abgrenzung. (Dass eine Bestimmung Gottes als „gut *und* nicht gut" nach menschlicher Logik auch keine Definition ergibt, sei nur der Vollständigkeit halber erwähnt.)

Zu beachten ist, dass die Sprachformen „Bekenntnis", „Dank", „Lob" usw. einer anderen Grammatik gehorchen. Hier geht es um Glauben und der hat es mit Gewissheiten oder jedenfalls Hoffnungen zu tun. Das ist von „Definitionen" weit entfernt – und das ist gut so!

2. Moralisches und ethisches Urteil

Die Pinguine fragen nicht nur nach Gott, sie stehen auch vor der Aufgabe, sich in ihrer Welt zu orientieren. Wie sollen Sie sich verhalten zu ihren Mitpinguinen? Und haben sie eine Verantwortung in ökologischer Dimension? Wie sollen sie sich in Konfliktfällen entscheiden? Vor solchen Fragen stehen sie in diesem Kapitel – im Advance Organizer (vgl. S. 26; 208) werden sie symbolisiert durch die sich fassenden Hände (der Mitmensch als Metapher für den Mitpinguin ☺) und die Weltkugel als Symbol für die Umwelt. Ihren Ort haben die Fragen, die sich hier stellen, also in der Welt – was auch heißt: Sie lassen sich mit und ohne Bezug auf „Gott" diskutieren.

Vorbereitung

1. Lesen Sie folgenden Lexikonartikel: Wilfried Härle, Art. Ethische Urteilsbildung, RGG⁴ 2, 1999, 1634.
2. Der Artikel informiert kurz und knapp in schönstem Lexikontheologendeutsch – haben Sie verstanden, worum es geht? Nun, dann lesen Sie ihn einfach noch einmal und machen sich dabei die Differenzierungen klar, mit deren Hilfe Härle sein Thema strukturiert und fokussiert:
   - Was meint er mit „e.U." „im weiten Sinne", was ist demgegenüber „die auf einzelne Problemsituationen bezogene e.U."? Könnten Sie Beispiele nennen?
   - Was genau kann/soll analytische Ethik leisten, indem sie den „vortheoretischen" „Vollzug" ethischer Urteilsbildung diskutiert? Formulieren Sie in eigenen Worten!
   - Aus der Diskussion um den Tödtschen Entwurf leitet Härle drei Fragen ab. Schauen Sie sich die dritte genau an. In ihrem Hintergrund scheint eine Grundsatzfrage auf: Wie verhält sich allgemeine Ethik zu christlicher Ethik? Versuchen Sie, eine eigene Antwort auf diese Frage zu formulieren.
   - Was bedeutet es schließlich, dass „schon die Entdeckung eines e. Problems implizit eine weltanschaulich-rel. bedingte

‚vision of life' (Herms) voraussetzt"? Finden Sie ein Beispiel, um sich diese Aussage klar zu machen.

3. Und jetzt lesen Sie den Artikel noch ein drittes Mal.
4. Eine Ebene der ethischen Urteilsbildung sieht Härle im Bezug auf „einzelne Problemsituationen". Schärfen Sie Ihre Wahrnehmung dieser Dimension unseres Themas, indem Sie eine begründete Stellungnahme zu der folgenden Dilemmageschichte formulieren:[68]

In Europa drohte eine Frau an einer besonderen Form der Krebserkrankung zu sterben. Es gab nur ein Medikament, von dem die Ärzte noch Hilfe erwarteten. Es war eine Radium-Verbindung, für die der Apotheker zehnmal mehr verlangte, als ihn die Herstellung kostete. Heinz, der Ehemann der kranken Frau, versuchte, sich bei allen Bekannten Geld zu leihen, aber er bekam nur die Hälfte der Kosten zusammen. Er sagte dem Apotheker, dass seine Frau zu sterben drohe und bat darum, das Medikament billiger zu verkaufen oder Kredit zu gewähren. Der Apotheker sagte: „Nein. Ich habe das Medikament entwickelt und ich will damit Geld verdienen." In seiner Verzweiflung drang Heinz in die Apotheke ein und stahl das Medikament. – Sollte der Ehemann dies tun? Warum?

„Dass er ertrinkt?"

Auch dem Thema dieses Kapitels wollen wir uns unter Vermittlung der Hubschen Pinguine annähern. Nach dem Empfang der Tickets haben der erste und zweite Pinguin ein naheliegendes Problem:[69]

Zweiter Was passiert jetzt mit dem dritten Pinguin?
Erster Früher oder später wird er es schon merken.
Zweiter Was?

---

68 Zit. nach Lawrence Kohlberg, Kognitive Entwicklung und moralische Erziehung, in: Gerhard Büttner/Veit-Jakobus Dieterich (Hg.): Die religiöse Entwicklung des Menschen. Ein Grundkurs, Stuttgart 2000, (50–66) 55.
69 Ebd., 58 f. CD: Hören Sie den dritten Teil bis zum Ende des Textauszugs und halten Sie dann an.

Erster   Na ja –
Zweiter Dass er ertrinkt?
Erster   Das hast *du* jetzt gesagt.
Zweiter Ich kann ihn nicht zurücklassen.
Erster   Hast du nicht gehört, was die Taube gesagt hat? Von jeder Tierart dürfen nur zwei Exemplare an Bord.
Zweiter Willst du etwa seelenruhig zusehen, wie unser Freund ertrinkt?
Erster   Nein. Ich werde nicht zusehen. Wenn er ertrinkt, sind wir nämlich schon weit weg. Auf dieser Arche Noah. Schau mich nicht so komisch an. Diese Sintflut ist nicht meine Idee. Fang lieber an zu packen.
Zweiter Wir sollten heimlich den dritten Pinguin mit an Bord nehmen – in einem Koffer.
Erster   Bist du verrückt geworden? Wenn das herauskommt, fliegen wir von der Arche Noah. Dann überlebt kein einziger Pinguin. Wir haben die Verantwortung für die gesamte Gattung Pinguin. Verstehst du?

Moralisches Urteil

Wie würden Sie entscheiden, wenn Sie in der Situation der Pinguine wären? „Heimlich den dritten Pinguin mit an Bord nehmen"? Oder ist das „verrückt" und wird der „Verantwortung für die gesamte Gattung Pinguin" nicht gerecht? Überlegen Sie sich einige Argumente für beide möglichen Entscheidungen.

Denken Sie auch nochmals an das Heinz-Dilemma aus der Vorbereitung. Haben Sie dort ähnliche Argumente erwogen? Oder könnten Sie von daher noch andersartige Argumente für die Entscheidung eines solchen Konflikts benennen?

Und in einem dritten Gedankengang überlegen Sie bitte, ob sich verschiedene der möglichen Argumente (egal für welche Entscheidungsmöglichkeit) in Gruppen zusammenfassen lassen. Gibt es gleichartige Begründungen o. ä.?

Der Entwicklungspsychologe Lawrence Kohlberg hat auf der Grundlage von Antworten auf solche Dilemmata (er hat z. B. mit dem Heinz-Dilemma gearbeitet) eine Stufentheorie des moralischen

Urteils entwickelt. Bei der Auswertung der Interviews ging es ihm dabei nicht um die konkrete Entscheidung (ja oder nein), sondern ausschließlich um die Art, wie die Entscheidung begründet wurde.

Kohlberg beschreibt auf der Grundlage seiner Forschungsarbeiten die Entwicklung des moralischen Urteils in drei Ebenen, die je zwei (von insgesamt sechs) Stufen umfassen:[70]

Ein Mensch (meist wohl ein Kind) auf der *vor-konventionellen Ebene* orientiert sich noch nicht an den Konventionen, also gesellschaftlich ,verabredeten' Verhaltensformen, sondern auf der ersten Stufe (1) an Strafe und Gehorsam, auf der zweiten (2) an Bedürfnisbefriedigung. Dies mag in gewisser Weise eine Orientierung an Konventionen implizieren, doch sind diese eben nicht als Konventionen im Blick, sondern werden z. B. in der Gestalt direkter physischer Auswirkung eines Verhaltens wahrgenommen.

Erst auf der *konventionellen Ebene* gilt es als Selbstverständlichkeit, Erwartungen zu erfüllen; mögliche Folgen haben demgegenüber ihr Gewicht verloren. Auf der dritten Stufe (3) erfolgt eine Orientierung an zwischenmenschlicher Übereinstimmung (man will als ,nett' angesehen werden), auf der vierten (4) an „Gesetz und Ordnung", d. h. die geltende Sozialordnung und die dahinterstehende Autorität wird respektiert.

Die *nach-konventionelle Ebene* greift hinter die Konventionen der Gesellschaft zurück und fragt nach allgemeingültigen Werten und Prinzipien. Die fünfte Stufe (5) orientiert sich an einem Gesellschaftsvertrag, d. h. sie geht davon aus, dass geltende Konventionen grundsätzlich diskutabel und veränderbar sind. Die sechste Stufe (6) schließlich richtet sich an universalen ethischen Prinzipien aus und sieht das Recht gerade in der individuellen Bindung an diese gewahrt.

Es ist hier nicht der Ort, die Kohlbergsche Theorie ausgiebig zu diskutieren, wobei dann etwa Carol Gilligans Kritik an der einseitigen Ausrichtung des Modells an männlicher Moralentwicklung

---

70 Ausführlicher nachlesen lässt sich das im Folgenden knapp referierte Modell bei Lawrence Kohlberg, Kognitive Entwicklung und moralische Erziehung, 51–53.

zur Sprache kommen müsste.[71] Für unseren Zusammenhang ist zunächst vor allem die Differenzierung hinsichtlich der Begründung einer Entscheidung relevant. Prüfen Sie doch einmal, in welche Kategorien Ihre Argumente zu den Dilemma-Situationen einsortiert werden könnten. Überlegen Sie dann, ob Kohlbergs Stufen nach Ihrem Urteil als überzeugende Gewichtung der so sortierten Argumente funktionieren: Sind Argumente, die sich einer höheren Stufe zuordnen lassen, gewichtiger? Oder würden Sie das nicht so sehen? Begründen Sie auch Ihre Einschätzung.

Nur am Rande sei erwähnt, dass Dilemmageschichten im Unterricht eine gute Möglichkeit darstellen, verschiedene Argumente zu entwickeln und in einer Diskussion zu vergleichen.[72] Dies bewirkt eine nachhaltige Sensibilisierung für ethische Urteile und fördert damit die ethische Kompetenz.

Norm und Situation

Bei ethischen Entscheidungen ist es fast die Regel, dass verschiedene Normen gegeneinander stehen. Solche Normenkonflikte lassen sich aber nur bedingt über einen Vergleich der jeweiligen Begründung lösen.[73] Es gibt durchaus verschiedene Begründungs-

---

71 Vgl. Gerhard Büttner/Veit-Jakobus Dieterich, in: Dies. (Hg.): Die religiöse Entwicklung des Menschen. Ein Grundkurs, Stuttgart 2000, 14.

72 Methodisch sollte eine ausgebaute Dilemmadiskussion in sinnvollen Schritten strukturiert sein, z.B. so: 1 Probeabstimmung, 2 Bildung von Meinungslagern (möglichst nach Abstimmungsergebnis), die Argumente für ihre Position sammeln, 3 Plenumsdiskussion, 4 Meinungslager schätzen die Argumente der ‚Gegenseite' ein (welches ist das stärkste?), 5 Wiederholung der Abstimmung. Vgl. dazu Axel Wiemer/Anke Edelbrock/Ingrid Käss, Basiskartei Religionsdidaktik. Grundlagen – Unterrichtsplanung – Methoden, Göttingen 2011, M 29 („Dilemmageschichten").

73 Ein Modell für eine abgestufte Gewichtung verschieden begründeter Normen unter den Bedingungen der pluralistischen Gesellschaft entwickeln Walther Ch. Zimmerli/Stefan Wolf: Die Bedeutung der empirischen Wissenschaften und der Technologie für die Ethik, in: Handbuch der christlichen Ethik, Bd. 1, Freiburg i. B. 1993, 297–316; eine tabellarische Zusammenfassung des Modells ebd., 316.

modelle, die auf einer (nach Kohlberg) hohen Stufe argumentieren und formale ethische Grundprinzipien formulieren. Sie können sich auf „den Willen Gottes" berufen, wie es etwa die Zehn Gebote oder andere, z. B. sozialethische Grundlinien der biblischen Tradition tun (insofern der „Wille Gottes" in konkreten Geboten gefasst wird, wäre dies aber eine Argumentation nicht auf Kohlbergs Stufe 6, sondern eher auf 4). Sie lassen sich aber auch auf vernünftigem Weg begründen, jedenfalls war etwa Immanuel Kant der Meinung, dies bei der Entwicklung seines kategorischen Imperativs geleistet zu haben.[74] Auch eine Begründung von einem angestrebten Ziel her, etwa dem größtmöglichen Glück für eine größtmögliche Zahl, wie es der Utilitarismus formulieren kann, wäre ein solches formales Prinzip. Die eine oder andere Überlegung dazu haben Sie sich vielleicht bereits oben in der Auseinandersetzung mit den beiden Dilemmageschichten gemacht. Deutlich ist jedoch: Es ist praktisch nicht möglich, eine Überlegenheit eines dieser Begründungsmodelle zu zeigen, sodass sich auf diesem Weg eine Einigung erzielen ließe.

Normenkonflikte wären aber selbst dann schwer zu lösen, wenn wir uns auf ein Modell festlegen könnten. Das können wir uns an der klassischen Frage des Tyrannenmords klar machen: Diesem steht zwar der Grundsatz „Du sollst nicht töten" entgegen, der sich sowohl biblisch findet als auch von Kants Kategorischem Imperativ her begründen lässt. Doch ist es (neben anderen!) nicht gerade dieses Gebot, das der Tyrann fortlaufend verletzt? Fordert also nicht vielleicht gerade das Gebot, gegen das Gebot zu handeln? Im Rahmen einer Pflichtethik[75] lässt sich dies nicht sauber auflösen, der Utilitarismus scheint es mit seiner Zielorientierung hier leichter zu haben. Aber darf ich mir denn je nach Problemstellung mal diese, mal jene Ethik aussuchen? Müsste nicht in diesem Fall das biblische bzw. vernunftmäßige Tötungsverbot zu einer kriti-

---

74 Vgl. 39, Anm. 16.
75 Als Pflichtethik oder auch deontologische Ethik werden ethische Entwürfe bezeichnet, die auf eine vernünftige Bestimmung dessen zielen, wie zu handeln sei. Andere Modelle beziehen stärker die jeweilige Situation (Situationsethik) oder die Folgen des Handelns ein (teleologische Ethik; Güterethik).

schen Reflexion einer utilitaristischen Befürwortung des Tyrannenmords führen? Und könnte nicht in anderen Fällen umgekehrt
z. B. eine vernunftgemäße Forderung gegen biblische Vorstellungen vom Willen Gottes gewendet werden?

Das Beispiel zeigt: Normenkonflikte lassen sich oft nicht allgemein auflösen, sodass auch die Beurteilung der Situation für die
ethische Urteilsfindung relevant ist. Dabei geht es praktisch nie
um ein einfaches Richtig oder Falsch, stets gibt es Argumente für
mehrere Alternativen. Wichtig ist die Einsicht, dass die Wahrnehmung der Situation Einfluss hat auf die ethische Entscheidung. So
ist es auch in Hubs Stück:

„Niemals lässt ein Pinguin einen anderen Pinguin im Regen stehen"

Kehren wir zurück zu unseren Pinguinen und verfolgen wir, wie
die Entscheidung nun tatsächlich fällt – achten Sie beim Lesen
gleich auf mögliche Motive! Zunächst entdecken die beiden den
dritten Pinguin und während sie noch überlegen, ob sie sich we-
nigstens verabschieden, sieht er sie und ruft sie her. Er fragt, ob sie
verreisen wollen, und sie tun so, als sei ihnen gar nicht bewusst
gewesen, dass sie Koffer mit sich führen. Er redet über den Regen und das schon kniehoch stehende Wasser, auch das wollen sie
noch gar nicht bemerkt haben. Steigen wir in die Szene ein:[76]

Dritter Es sieht so aus, als würde dieser Regen überhaupt nicht mehr
    aufhören.
Erster Das hört schon wieder auf.
Zweiter Davon bin ich auch überzeugt.
Dritter Kommt endlich unter meinen Schirm. Ihr holt euch noch eine
    Erkältung.
Zweiter Sehr freundlich.
Dritter Wir Pinguine müssen zusammenhalten. Wenn drei Pingu-
    ine im Regen stehen, aber nur ein Pinguin einen Regenschirm

76 Ulrich Hub, An der Arche um Acht, 60 f. (der zweite wiedergegebene Dia-
    logteil ist nur im Hörspiel enthalten, das Theaterstück setzt dies als Hand-
    lung um). CD: Dritter Teil weiter bis zum Ende.

hat, ist es selbstverständlich, dass er den beiden anderen Pinguinen einen Platz unter seinem Regenschirm anbietet.

Zweiter Das hast du aber schön gesagt –

Erster Ich muss dich unbedingt noch einmal umarmen.

Dritter Ihr habt Tränen in den Augen.

Zweiter Das sind Regentropfen.

Erster Wir wollten nur mal kurz vorbeischauen.

Zweiter Ich will ihn auch noch einmal drücken.

Dritter Ihr zerquetscht mich ja fast.

… [an dieser Stelle singen die Pinguine miteinander ein Lied darüber, dass niemals ein Pinguin einen anderen Pinguin im Regen stehen lässt und dass sie niemals auseinander gehen wollen] …

Erster *zum zweiten Pinguin* Schlag ihm auf den Kopf.

Zweiter Aber so übel singt er doch gar nicht.

Erster Wir stopfen ihn in den Koffer.

Zweiter Aber die Taube hat gesagt –

Dritter Was flüstert ihr die ganze Zeit?

Der erste Pinguin schlägt dem dritten auf den Kopf.

Ethische Urteilsfindung

Die zuvor zwischen den ersten beiden Pinguinen noch offen diskutierte Entscheidung fällt in der Situation der konkreten Begegnung mit dem dritten, der bereits den ungewöhnlich ausdauernden Regen registriert hat und überdies in einer Art Lehrsatz grundsätzlich formuliert, dass Pinguine selbstverständlich zusammenhalten und einander helfen. Der Versuch, sich unter diesen Bedingungen und im Wissen um seinen bevorstehenden Untergang von dem dritten Pinguin zu verabschieden, gelingt den beiden anderen nicht und so schlagen sie ihn k. o. und stopfen ihn in den Koffer. Gewiss ließe sich für die damit getroffene Entscheidung eine Norm benennen – etwa der erwähnte Lehrsatz. Dieser steht aber gegen eine andere Norm, nämlich gegen die Maßgabe der Taube. Ganz offenbar wirkt in der Entscheidung, den dritten Pinguin mitzunehmen, mindestens gleichrangig neben der Norm die Situation, also die intensiv empfundene Beziehung zu ihm.

Ein strukturiertes Schema für die ethische Urteilsfindung, das beides – Norm und Situation – bedenkt, hat Heinz Eduard Tödt entwickelt.[77] Wichtig ist dabei, dass die von ihm unterschiedenen sechs „Sachmomente" nicht als ein striktes Nacheinander gedacht sind, wohl aber verschiedene relevante Frageperspektiven beschreiben möchten.

Tödt fragt zunächst, was das Problem und was die Situation ist. Diese beiden ersten Fragen sind alles andere als banal.[78] Wenn wir z. B. über die Beimischung von Biosprit zu Kraftstoffen diskutieren, ist es höchst relevant, was als Teil des Problems bzw. der diskutierten Situation gilt und was nicht. Geht es in dieser Debatte nur um die Reduktion von Kohlendioxidausstoß zur Bekämpfung des Klimawandels? Oder ist auch die Verknappung landwirtschaftlicher Flächen zur Erzeugung von Lebensmitteln Thema und damit mögliche Preissteigerungen und Hunger? Definitionen, so heißt es, sind Herrschaftsakte – am Beispiel der Definition eines ethischen Problems und der ethisch relevanten Situation lässt sich die Wahrheit dieses Satzes gut studieren. Anders gesagt: Schon diese ersten Fragen fordern kritischen Scharfsinn. Am Beispiel unserer Pinguine geht es darum, ob die Situation im drohenden Untergang der Gattung Pinguin oder ‚nur' des dritten Pinguins, also des Freundes besteht. Deutlich ist jedenfalls, dass beide möglichen Problembeschreibungen in einer Konkurrenz zueinander stehen, da die Lösung je eines Problems die des anderen zumindest in Frage stellt.

Die dritte Frage Tödts gilt der Klärung der Verhaltensoptionen, die vierte prüft, welche Normen in der Entscheidung eine Rolle spielen. Die Optionen sind schnell klar – heimlich auf zur Arche oder heimlich versuchen, den dritten an Bord zu schmuggeln. Für das erste spricht die „Verantwortung für die gesamte Gattung Pinguin", für das zweite der Grundsatz „Niemals lässt

---

77 Wilfried Härle, Art. Ethische Urteilsbildung, RGG⁴ 2, 1999, 1634, bezieht sich darauf. Zum hier vorgestellten Modell vgl. ausführlich Heinz Eduard Tödt, Versuch einer ethischen Theorie sittlicher Urteilsfindung, in: Ders., Perspektiven theologischer Ethik, München 1988, 21–48.
78 Erinnern Sie sich an Ihre Überlegungen zur „Vorbereitung" (letzter Unterpunkt zu 2.)!

ein Pinguin einen anderen Pinguin im Regen stehen". Deshalb wohl auch beinhaltet jede Verhaltensoption eine „Heimlichkeit": Es wird jeweils eine Norm verletzt. Die Entscheidung zur Rettung der Gattung gibt den Freund dem Tode preis, die Entscheidung, den dritten an Bord der Arche zu schmuggeln, bringt aus Sicht der Pinguine die ganze Gattung in Gefahr. Tödt klärt hier zunächst nur die Optionen und die darin wirkenden Normen, eine Gewichtung findet hier noch nicht statt.

Näher in diese Richtung zielt die fünfte Frage, inwieweit Verhaltensoptionen überindividuelle Verbindlichkeit beanspruchen bzw. erlangen können. Tödt nimmt darin die Einsicht Kants auf, dass ethische Entscheidungen nicht in subjektiver Beliebigkeit erfolgen können. Zugleich relativiert er sie aber aufgrund der Einsicht, dass eine klare Bestimmung der jeweils geltenden Pflicht kaum möglich ist – in unserem Beispiel ist das klar. Gewiss suggeriert das Stichwort „überindividuell" zunächst ein Prae für die Erhaltung der Gattung. Aber ist das richtig? Ließe sich nicht auch argumentieren, dass Freundschaft, Treue usw. Werte sind, die überindividuell bedeutsam sind? Kant forderte: „handle nur nach derjenigen Maxime, durch die du zugleich wollen kannst, daß sie ein allgemeines Gesetz werde."[79] Ließe sich danach nicht ebenso eine „überindividuelle Verbindlichkeit" der Entscheidung für den Rettungsversuch begründen?

Aufbauend auf all diesen Überlegungen erst fragt Tödt schließlich nach der verantwortlichen Entscheidung, die letztlich vom handelnden Subjekt getroffen werden muss. Auch dies ist in unserem Beispiel völlig einleuchtend. Nicht nur, dass es an der Zeit gefehlt hätte, um erst eine Ethik-Kommission einzuberufen: Die beiden Pinguine sind es ja, die nachher mit ihrer Entscheidung und deren Konsequenzen leben müssen – sie tragen die Verantwortung.

---

79 Genauer Nachweis: 39, Anm. 16.

Verantwortung

Viele Aspekte dieses Schemas der Urteilsfindung sind von Gedanken Dietrich Bonhoeffers inspiriert und sollen von diesen her nochmals illustriert werden. Bonhoeffer war unter den Theologen zur Zeit des Nationalsozialismus einer der wenigen, die sich entschieden dem Widerstand verschrieben – und zwar nicht nur da, wo der Staat Einfluss auf die Kirche zu nehmen versuchte, sondern auch als Kritiker etwa der Judenverfolgung. Nachdem er detaillierte Kenntnisse darüber und über Kriegsverbrechen der Nationalsozialisten erlangt hatte, schloss er sich dem aktiven Widerstand an und war hier mit Kreisen verbunden, die Attentate auf Hitler planten.

Bonhoeffer hat intensiv darum gerungen, diese Entscheidungen auch ethisch zu verantworten, und sah sehr klar, dass viele bisher durchaus bewährte ethische Orientierungen angesichts der Herausforderung durch den nationalsozialistischen Staat versagten. Ein Zentralbegriff seiner ethischen Gedanken wird Verantwortung, die er als Verantwortung vor Gott, aber auch dem Mitmensch, nicht zuletzt der nachfolgenden Generation beschreibt – wir würden heute die Verantwortung für die Umwelt ergänzen. Verantwortung vor Gott erschöpft sich für Bonhoeffer dabei nicht im Versuch, nach Gottes Geboten zu leben, da dieses angesichts der politischen Situation keineswegs einfach möglich ist. Die von Bonhoeffer geforderte „freie, verantwortliche Tat" kann sich vielmehr geradezu gegen bewährte ethische Orientierung richten, sie „beruht auf einem Gott, der das freie Glaubenswagnis verantwortlicher Tat fordert und der dem, der darüber zum Sünder wird, Vergebung und Trost zuspricht."[80] Frei ist die verantwortliche Tat zwar, aber ihre Freiheit ist sich nicht selbst Gesetz, als könne und dürfe sich der freie Mensch selber aussuchen, nach welchen Normen zu leben er lustig ist. Nein, die Freiheit der verantwortlichen

---

80 Dietrich Bonhoeffer, Widerstand und Ergebung. Briefe und Aufzeichnungen aus der Haft, hg. v. Christian Gremmels u. a., DBW 8, München 1998, 24/Taschenbuchausgabe: 13 (Nach zehn Jahren, Abschnitt „Civilcourage?").

Tat ist stets ein Wagnis, „Glaubenswagnis" – Bonhoeffer weiß, dass er gegen das Gebot Gottes verstößt, wenn er Hitler töten will. Er redet das nicht schön, sondern spricht klar davon, dass der Mensch der freien, verantwortlichen Tat „zum Sünder wird". Entscheidend ist freilich, dass Bonhoeffer an einem Punkt stand, an dem es gar nicht möglich war, *nicht* zum Sünder zu werden. Damit wird in dieser Situation eine Entscheidung des Einzelnen notwendig. Seine verantwortliche Tat wagt Bonhoeffer im Glauben an den Gott, der auch Vergebung gewährt.

Christliche Ethik?

Ganz ohne Zweifel hat Dietrich Bonhoeffer seine ethische Position nicht unabhängig von seinem Glauben entwickelt, sondern weiß sich im Wagnis der freien, verantwortlichen Tat durch diesen gehalten.[81] Am Beispiel Bonhoeffers ist also leicht zu demonstrieren, dass es christliche Ethik gibt – und seine Überlegungen haben zu Recht in der christlichen Theologie beachtliches Echo gefunden.

Doch soll von hier aus abschließend auch kurz die Frage angesprochen werden, ob bzw. inwiefern christliche Ethik sich spezifisch von allgemeiner Ethik unterscheidet. Lässt sich z. B. behaupten, dass nur ein Christ in dieser Weise verantwortlich handeln könnte? Oder ist vielmehr die Wahrnehmung der Situation entscheidend für die Neugewichtung anerkannter Normen?[82] Die Frage nach der freien verantwortlichen Tat lässt sich m. E. durch-

---

81 Er erlebte zu Beginn seiner Haftzeit die Frage, „ob es wirklich die Sache Christi sei, um derentwillen ich euch allen solchen Kummer zufüge", als „Anfechtung": ebd., 187 f./TB: 72 (Brief an Eberhard Bethge vom 18.11.1943) – das heißt aber umgekehrt, dass eben diese Gewissheit ihm den nötigen Halt gab.

82 Auch für diese Betonung der Situation ließe sich übrigens ein berühmter Satz Bonhoeffers zitieren – Dietrich Bonhoeffer, Nachfolge, hg. v. Martin Kuske und Ilse Tödt, DBW 4, München 1989, 38: „daß eine Erkenntnis nicht getrennt werden kann von der Existenz, in der sie gewonnen ist."

aus auch auf der Basis etwa des Kategorischen Imperativs Kants entwickeln – auch hier stellt sich die herausfordernde Frage, ob die Norm „Du sollst nicht töten" in unbedingter Weise im Blick auf den gelten kann, der sich millionenfach über sie hinwegsetzt. Der Unterschied läge hier also nicht „auf der Ebene der Normen", sondern allenfalls „der Motive oder des Wirklichkeitsverständnisses im Ganzen".[83]

Damit wäre aber immerhin eine große Nähe allgemeiner und christlicher ethischer Modelle möglich: Wenn zwei ethische Entwürfe die gleichen Normen vertreten, werden sie durchaus als verwandt wahrgenommen – auch wenn sie sich in der Begründung der Normen, der Motivation für das ethische Handeln oder der als Hintergrund des Entwurfs erkennbaren Weltsicht unterscheiden. Jedenfalls kann es in dieser Diskussion nicht darum gehen, christliche Ethik als überlegen zu behaupten – im Gegenteil sollte die ethische Bemühung sich über Bündnispartner freuen, auch wenn sie mit anderen Argumenten für dieselbe Sache eintreten. Am Ende kommt es doch auf das konkrete Handeln an, oder wie Erich Kästner es reimte: „Es gibt nichts Gutes / außer: Man tut es."[84]

Ertrag

Vokabeln

Norm	Maßgabe für das Handeln – je nach Begründung einer Norm kann differenziert werden, z.B. zwischen „Geboten" (Gottes) oder „Maximen" (des Handelns)
Situation	passt nicht immer zu den gegebenen Normen, ist aber oftmals maßgeblich für die Entscheidung, welcher Norm zu folgen ist

83 Härle, Art. Ethische Urteilsbildung, 1634.
84 So sein Aphorismus „Moral", 1950 in der Sammlung „Kurz und bündig. Epigramme" veröffentlicht; hier zitiert nach Erich Kästner, Die Gedichte. Alle Gedichte vom ersten Band „Herz auf Taille" bis zum letzten „Die dreizehn Monate", Berlin 2010 [diese Ausgabe folgt dem 1. Band der ersten (siebenbändigen) Kästner-Gesamtausgabe 1959], 356.

| Freiheit | kann (!) eng an Verantwortung gebunden sein |
| Verantwortung | besteht vor Mitmenschen und Umwelt, aber auch vor Gott |

Grammatik

Eine Spannung zwischen verschiedenen Normen ist in einer gegebenen Situation möglich, wenn nicht gar zu erwarten. Ethisch kann eine freie, verantwortliche Entscheidung eine mögliche Lösung dieser Spannung bedeuten. „Frei" ist eine solche Entscheidung aber nicht im Sinne einer Freiheit von den Normen – aus zwei Gründen:

a. Die Geltung der Normen wird nicht suspendiert, sondern führt erst zur Notwendigkeit der Entscheidung.

b. Die „freie" Entscheidung bleibt notwendig auf die hinter den Normen stehende Verantwortung vor Gott, den Mitmenschen und der Umwelt bezogen.

Damit ist auch gesagt, dass eine solche „Lösung" eines Normenkonflikts in eigener (sei es individueller, sei es kollektiver) Verantwortung getroffen werden muss. Sie kann also nicht in dem Sinne allgemeingültig sein, dass sie selbst zu einer neuen Norm wird.

3. Schuld und Sünde

Mit und ohne Bezug auf Gott lassen sich die Fragen nach unserer Verantwortung für Mitmensch und Umwelt diskutieren, so stand es am Eingang des vorigen Kapitels. Am Beispiel Bonhoeffers sahen wir aber, dass eine ethische Besinnung, die sich auf Gott bezieht, auch offen wird für die Fragen nach Sünde und Schuld – Fragen, die sich häufig verbinden mit der Frage nach Gott. Wie ist das? Straft Gott? Vergibt er? Wie verhält sich das eine zum anderen? Mit dieser Frage werden unsere Pinguine – und dadurch wir – in diesem Kapitel konfrontiert. Ihren Ort hat die Frage in der Gottesbeziehung; im Advance Organizer (vgl. S. 26; 208) ließe sich etwa die Sünde als Trennung zwischen der ‚Gottwolke' und den fragenden Pinguinen einzeichnen und die Frage nach Strafe oder Vergebung mit dem Pfeil von oben nach unten verbinden.

Vorbereitung

1. Lesen Sie Gottfried Adam, „Schuld/Vergebung", in: Lachmann/Adam/Ritter (Hg.): Theologische Schlüsselbegriffe. Biblisch-systematisch-didaktisch, TLL 1, Göttingen ²2008, 337–347.[85] Erstellen Sie (gerne jeweils nach dem Lesen eines Teils) eine Mind-Map, die den Gedankengang des Textes abbildet.

2. Machen Sie sich klar: Warum und wie gehören Schuld und Vergebung zusammen? Welche Konsequenzen hat die Einsicht in ihren Zusammenhang für das menschliche Miteinander?

3. Beschreiben Sie das Verhältnis von Schuld und Freiheit! Sie können dafür nochmals unsere Überlegungen zu Bonhoeffer durchdenken. Oder schreiben Sie einmal diesen Satz weiter: „Wenn Menschen nicht schuldig werden könnten, …"

4. Adam zitiert Henning Schröer mit den Worten „So kann jemand, der moralisch intakt erscheint oder es auch ist, … doch sehr wohl sündig sein und auch handeln" (341). Machen Sie sich die Unterscheidung klar, die hinter dieser Aussage steht. Überlegen Sie von da aus, wie Sie die Differenz zwischen den Begriffen „Schuld" und „Sünde" fassen können.

„Es ist alles meine Schuld"

Zum Glück geht bei den Pinguinen erst einmal alles gut. Sie kommen zwar fast zu spät an der Arche an, weil der Koffer mit dem dritten Pinguin fürchterlich schwer ist, und die Taube schöpft begründeten Verdacht. Kurz bevor sie den Koffer öffnet, geht aber der Weltuntergang los und alle müssen schnell in die Arche. Die Pinguine erhalten eine enge Kammer unten, es riecht nach Teer

---

85 Wer keinen Zugriff auf das Buch hat, kann den Text jedenfalls teilweise bei Google-Books nachlesen: http://books.google.de/books?id=XZ5WlZHQ f8oC&pg=PA337&lpg=PP1.

und sie sind mit den Reisebedingungen nicht glücklich, aber immerhin alle an Bord. Als die Taube sie verlässt, öffnen sie gleich den Koffer; der dritte Pinguin ist etwas benommen, lebt aber noch. Sie erklären ihm die Lage und dass sie „auch nicht richtig kapiert" hätten, warum Gott die Sintflut letztlich geschickt habe:[86]

Dritter Ich schon. *Weint.*

Erster Was hat er denn?

Zweiter Weinst du etwa?

Dritter *weint* Es ist alles meine Schuld. Ich habe gesagt, ich glaube nicht, dass es Gott gibt, und deshalb hat er diese Sintflut geschickt. –

Zweiter Das hat er gar nicht gehört.

Dritter Doch! Gott hat unheimlich gute Ohren. Ich bin ein schlechter Pinguin. Darauf bin ich sogar stolz gewesen. Außerdem habe ich jemanden abgemurkst –

Zweiter Wen?

Dritter Einen Schmetterling –

Erster Das habe ich schon längst vergessen.

Dritter Aber Gott nicht. Gott hat nämlich ein hervorragendes Gedächtnis.

Zweiter Gott hat da gar nicht hingeguckt.

Erster Er musste nämlich gerade diese Sintflut vorbereiten und hatte alle Hände voll zu tun.

Zweiter Eine Sintflut ist selbst für jemanden wie Gott kein Klacks.

Erster Außerdem hast du dich nicht mit Absicht auf diesen Schmetterling gesetzt.

Zweiter Das war ein Versehen.

Dritter *schluchzt* Da bin ich mir nicht so sicher. Ich wollte mich nämlich setzen und habe gedacht: Da war doch was Gelbes. Dann habe ich mich gesetzt und gedacht: War das jetzt der Schmetterling? Aber dann dachte ich: Na ja, egal, jetzt sitze ich schon – und wenn das der Schmetterling gewesen ist – na ja dann hat er eben Pech gehabt – der Schmetterling –

Zweiter Beruhige dich –

Erster Außerdem ist dieser Schmetterling nicht tot, er ist gleich wieder zu sich gekommen. Wenn du nicht sofort weggelaufen

---

86 Ulrich Hub, An der Arche um Acht, 68 f. Wer die CD hat, kann den vierten Teil (Ankunft an der Arche) und den fünften Teil (mit der hier zitierten Szene) hören.

wärst, hättest du es gesehen. Er hat sich ein bisschen geschüttelt und ist weggeflogen. Sein linker Flügel war ein bisschen zerknautscht, drum ist er durch die Luft getrudelt und – *zum zweiten Pinguin:* Jetzt sag doch auch mal was.

Zweiter Genau –

Erster Siehst du?

Zweiter Genau so ist es gewesen.

Dritter Das sagt ihr nur, um mich zu trösten. Ich habe einen Schmetterling getötet und habe Unglück über die ganze Welt gebracht. Ich glaube an dich, Gott. Aber warum bestrafst du alle anderen? Ein einziger Pinguin hat dich beleidigt, aber du rächst dich an der ganzen Welt. Nennst du das Gerechtigkeit? Ich bin wütend auf dich! Sogar sehr wütend! Hörst du mich?!

Schuld und Schuldgefühle

Der Rede von Schuld hängt der Geschmack von Versagen an. Kinder entschuldigen sich nicht gerne, sondern suchen die Schuld lieber bei anderen, die „angefangen" haben usw. Und auch Erwachsene reden wenig von eigener Schuld – eher schon „tut uns etwas Leid" oder „wollten wir es nicht". Zwar ist der Begriff „Schuld" in unserer Alltagssprache noch eher geläufig als der Begriff „Sünde", Wendungen wie „ich stehe tief in deiner Schuld" oder Begriffe wie „Bringschuld" können sogar durchaus positiv empfunden werden, sie haben die Konnotation von Dankbarkeit oder Angemessenheit. Solche positive Verwendung kennen wir bei „Sünde" auch da nicht, wo wir noch von ihr sprechen – die „Umweltsünde" etwa markiert deutlich etwas Verwerfliches, die positive Verpflichtung der Sorge um die Umwelt würden wir eher wieder als „Schuldigkeit" gegenüber den nachfolgenden Generationen fassen. Dennoch: Wo der Begriff „Schuld" nicht im Sinne von „etwas schuldig sein", sondern von „schuldig werden" begegnet, also in einer eher negativen Verwendung, ist er uns ähnlich unangenehm wie der Begriff „Sünde". Das ist zunächst einmal sachlich ganz angemessen – wer „Schuld" hat, hat etwas falsch gemacht, ist mit einem Mitmenschen nicht gut umgegangen, hat ihn verletzt usw. Und da ist er dann, dieser Geschmack von Versagen. „Das ist meine

Schuld", kommt uns da nicht leicht über die Lippen,[87] eher eben: „das wollte ich nicht" – als hätten wir es nicht gerade getan.[88] Gegenüber solchen Verharmlosungen meine ich, dass die Rede von „Schuld" wichtig ist: Sie nennt Dinge beim Namen und eröffnet damit die Möglichkeit, mit ihnen umzugehen. Nur Schuld, die beim Namen genannt wird, kann auch vergeben werden.

In der Hörspielszene hingegen scheint der dritte Pinguin es zu übertreiben: Würde Gott seine Schöpfung preisgeben wegen eines Pinguins, der sich versehentlich auf einen Schmetterling gesetzt hat?[89] So groß, scheint uns, kann seine Schuld nicht sein. Damit stehen wir vor einer wichtigen begrifflichen und sachlichen Differenzierung: Schuld ist zu unterscheiden von Schuldgefühlen. Gewiss kann ein Mensch, der sich schuldig fühlt, auch schuldig sein. Aber Schuldgefühle können auch – so bedrängend sie subjektiv empfunden werden – falsch sein, z. B. wenn ein Kind meint, an der Scheidung seiner Eltern schuld zu sein. Und hier ist nun gut achtzugeben: Es ist wichtig, Schuld beim Namen zu nennen, und christlicher Glaube kann dies in der Hoffnung auf Gottes Vergebung auch tun. Wir werden uns aber davor hüten, Menschen Schuldgefühle einzureden oder sie in diesen zu bestätigen.

Schuldgefühle sollten Menschen auch deshalb nicht eingeredet werden, weil sie so schwer wieder auszureden sind. Dies zeigt sich exemplarisch im Vergleich der zuletzt zitierten Hörspielszene mit jener, in der die beiden ersten Pinguine den dritten als „Schmetterlingskiller" mit der Strafe Gottes bedroht hatten:[90] Gott werde den dritten „schrecklich" bestrafen, er sei „kein guter Pinguin"

---

87 Ich meine, diese Wendung benutzen wir am ehesten, wenn wir damit jemand anderes entschuldigen wollen, das heißt: wenn wir dadurch eine positive Rolle besetzen können (ich stelle mich vor eine/n Unschuldige/n). Das kann ich freilich nicht empirisch belegen, beobachten Sie es doch einmal selber!

88 Vgl. dazu im Abschnitt „Schuld und Sünde", 95 ff., die Überlegungen zu Röm 7,19 f.

89 Zur am Ende der zitierten Szene anklingenden Theodizee-Frage vgl. das nächste Kapitel II.4., 100 ff.

90 Ulrich Hub, An der Arche um Acht, 52 f.; dort auch die folgenden Zitate. Die Szene im Zusammenhang lässt sich II.1., 65 f., nachlesen – es lohnt sich, die beiden Szenen genau zu vergleichen!

und komme nicht „in den Himmel". Fast jede Aussage, die sie ihm dort entgegenschleuderten, nimmt er hier auf – und umgekehrt: Alle Ausflüchte, die er dort versuchte, bieten sie ihm hier als Trost an. Beide Male durchschaut der dritte Pinguin die Absicht der beiden anderen – „Ihr wollt mir nur Angst machen." bzw. „Das sagt ihr nur, um mich zu trösten." – und glaubt ihren Aussagen nicht. Dennoch wirken die Strafandrohungen offenbar nach und kommen später als Überzeugung wieder zum Vorschein. Das ist der Grund, warum die Rede von Schuld und v. a. von Strafe gefährlich sein kann, oder sagen wir: stets reflektiert geschehen muss.

Natürlich müssen wir nicht nur wirkliche Schuld, sondern auch scheinbar unbegründete Schuldgefühle ernst nehmen. Beides belastet Leben. Gottfried Adam zeigt, dass das Thema Schuld nicht nur in der Lebenswelt von Schülerinnen und Schülern begegnet, sondern auch im Unterricht in bestimmten Perspektiven behandelt werden muss: Neben dem Wissen um die Existenz und Bedeutung von Schuld geht es hier v. a. um mögliche Umgangsweisen mit Schuld und die Möglichkeit der Vergebung, alles in allem also um Überlegungen, die für das eigene Leben unmittelbar wichtig sind.[91] Nur im Zusammenhang der Rede von Schuld kann die Zusage der Vergebung als Eröffnung eines Neuanfangs thematisiert werden – von Vergebung zu reden ohne die Schuld beim Namen zu nennen, das funktioniert nicht. Denken wir nur an die Bitte des Vaterunsers: „Und vergib uns unsere Schuld" (Mt 6,12). Anders gesagt: Wir reden von Schuld, nicht weil wir das so gerne täten, sondern weil es nötig ist, um Schuld wirksam zu überwinden.

---

91 Vgl. Gottfried Adam, „Schuld/Vergebung", in: Lachmann/Adam/Ritter (Hg.): Theologische Schlüsselbegriffe. Biblisch-systematisch-didaktisch, TLL 1, Göttingen ²2008, (337–347) 341 f.

„Schwarz wie die Nacht"

Eine weitere Dimension unseres Themas finden wir in einem Lied,[92] mit dem der dritte Pinguin im Streit um seine Absicht, den Schmetterling „abzumurksen", trotzig den Vorhaltungen der beiden anderen begegnet war. Auf dieses Lied reagierten sie mit den eben erwähnten Schuldzuweisungen und Strafandrohungen, lassen also die am Ende des Liedes begegnende entschuldigende Sicht nicht gelten. Achten Sie auf die Beschreibung des Wesens des Pinguins:

Ich bin, was ich bin:
Ich war, was ich war,
Ein schlechter Pinguin,
und ganz offenbar
werd' ich immer so sein,
Hinterhältig und gemein.
Meine Gedanken sind
schwarz wie die Nacht.
Das ist nicht meine Schuld,
So hat mich Gott gemacht.

Schuld und Sünde

Deutlich ist: Es geht hier nicht um eine konkrete Schuld durch ein konkretes Tun oder Lassen, sondern um die grundsätzliche Qualität eines Pinguins: schlecht, hinterhältig und gemein ist er, das ist sein Wesen, ja, Gott hat ihn so gemacht. Diese Dimension der Thematik, also dass die wesenhafte Qualität eines Menschen „schlecht" ist, können wir nicht mehr mit dem Begriff „Schuld" fassen, der stets eine konkrete Verschuldung meint und daher nur sinnvoll ist, wenn wir eigentlich auch schuldlos handeln könnten. Genau das bestreitet der Pinguin in seinem Lied und richtet den Blick damit nicht auf sein konkretes Tun, sondern auf sein Wesen. Der biblische und theologische Begriff, mit dem diese Dimension

---

92 Ulrich Hub, An der Arche um Acht, 51. CD: Im ersten Teil.

des Problems bezeichnet wird, lautet „Sünde". Ein Verzicht auf diesen Begriff zugunsten des leichter fassbaren Schuldbegriffs[93] würde entscheidende Aspekte aus dem Blick rücken. Versuchen wir also, diesen Begriff im Gegenüber zu dem der „Schuld" zu klären.

„Sünde" kann biblisch geradezu als Macht verstanden werden, etwa in diesen vieldiskutierten Sätzen des Apostels Paulus (Röm 7,19 f.):

> Denn nicht das Gute, das ich will, tue ich, sondern das Böse, das ich nicht will, das treibe ich voran. Wenn ich aber gerade das tue, was ich selbst nicht will, dann bin nicht mehr ich es, der handelt, sondern die Sünde, die in mir wohnt.

Das ließe sich verstehen im Sinne einer entschuldigenden Aussage wie „das habe ich nicht gewollt", doch liegt die Pointe wohl tiefer: Es geht gar nicht darum, eine bestimmte Schuld von sich zu weisen, sondern die Aussage hat generellen Charakter. Paulus zeigt, wie die Sünde sich des Menschen bemächtigt.[94] Er kann gar nicht anders als schuldig werden.

„Schwarz wie die Nacht" seien seine Gedanken, singt der Pinguin. Schwarz wie die Nacht scheint vielen das Thema Sünde zu sein. Und der Argwohn meint mitunter, die Kirche lebe ja ganz gut von dem Geschäft mit der Sünde. Ist es theologisch wirklich geboten, den Menschen so negativ wie Paulus zu beschreiben, dass er unter der Macht der Sünde steht? Wird die Sünde den Menschen vielleicht nur eingeredet wie dem dritten Pinguin das

---

93 Rainer Lachmann, „Sünde", in: Lachmann/Adam/Ritter (Hg.): Theologische Schlüsselbegriffe. Biblisch-systematisch-didaktisch, TLL 1, Göttingen ²2008, (355–364) 360, problematisiert entsprechende Tendenzen in Bildungsplänen für den Religionsunterricht. (Übrigens ist es ein gewichtiger Hinweis für die Dringlichkeit der Unterscheidung der beiden Begriffe, dass dieser Artikel von Lachmann neben Adam, „Schuld/Vergebung", im selben Buch nötig erscheint.)

94 Mit den meisten Auslegern ist das „ich" der Verse wohl rhetorisch zu verstehen, will die Leser/innen also einbeziehen. Dennoch umgreift es m. E. zugleich durchaus auch die eigene Erfahrung des Paulus, der ja meinte, mit der Verfolgung der ersten Christen etwas Gutes zu tun – und vor Damaskus dann dramatisch erkennen musste, dass gerade das böse war.

drohende Gericht Gottes? Insbesondere im Zusammenhang mit theologischen Konstrukten wie der Erbsündenlehre[95] entsteht oft der Eindruck, christliche Theologie vertrete ein pessimistisches Menschenbild. Muss das so sein? Dazu ist zweierlei zu sagen:

Zum einen: Ja. Eine Theologie, die den biblischen Einsichten in das Wesen des Menschen und die Beziehung zwischen Gott und Mensch verpflichtet ist, sieht in der Geschichte des Essens vom Baum der Erkenntnis des Guten und Bösen (Gen 3) die Geschichte jedes Menschen. Seinem Wesen nach will ,der' Mensch die ihm von Gott gesetzten Grenzen nicht akzeptieren, doch irrt er in der Meinung, dass er auf diesem Weg „wie Gott sein" könnte (Gen 3,5). Luther hat das einmal so formuliert:[96]

Nicht „kann der Mensch von Natur aus wollen, dass Gott Gott ist", vielmehr will er, dass er selbst Gott ist und Gott nicht Gott ist.

Mit dieser Selbstbezüglichkeit überschätzt ,der' Mensch sich selbst und unterschätzt er Gott – und verfehlt damit die rechte Gottesbeziehung. Sünde ist also kein moralischer Begriff, Sünde bezeichnet das Getrenntsein des Menschen von Gott.[97] Dieser Trennung mag moralische Verfehlung folgen wie Gen 4 auf Gen 3 folgt: Die dort erzählte zwischenmenschliche Dimension der Schuld ,des' Menschen gereicht ihm ebenfalls – bis heute! – nicht zum Ruhm.

---

95 Diese wurde übrigens erst nachbiblisch von Augustin ,erfunden' und ist in zentralen Aspekten (historisches Verständnis der Paradiesesgeschichte, quasi substanzhafte Weitergabe der Sünde durch den von Begierde befleckten Geschlechtsakt usw.) schlicht unhaltbar; vgl. Adam, „Schuld/Vergebung", 338 f. Richtiger ist es, von „Ur-Sünde" oder „Grund-Sünde" (so Adam, 339) zu reden: Der Mythos (!) von den ersten Menschen (Gen 2 f.) erzählt an ihrem Beispiel, was von jedem Mensch gilt, er erzählt also Allmaliges als Erstmaliges (so mit einer Begrifflichkeit von Erich Zenger).

96 Eigene Übersetzung von Martin Luther, Disputatio contra scholasticam theologiam [Disputation gegen die scholastische Theologie] (1517), These 17, BoA [= Luthers Werke in Auswahl, hg. v. Otto Clemen] 5, 321,24 f: „Non ,potest homo naturaliter velle deum esse deum', Immo vellet se esse deum et deum non esse deum." Im ersten Teil der These zitiert Luther (ablehnend) Gabriel Biel.

97 Vgl. Adam, „Schuld/Vergebung", 340 f.

Wenn Theologie über diese Einsichten hinwegreden, gar auf den Begriff der Sünde ganz verzichten wollte, würde sie es an nötigem Realismus fehlen lassen.

Zum anderen: Nein. Das christliche Menschenbild ist sogar höchst optimistisch, wenn Ziel und Absicht der Rede von Sünde und Schuld mit in die Betrachtung einbezogen werden. Die meisten Exegeten sind sich einig, dass die Klarheit der paulinischen Aussagen in Röm 7 nur von der Einsicht in die Rechtfertigung des Sünders her möglich ist: Es handelt sich um „eine Analyse aus der Rückschau"[98] des Geretteten (V. 25!). Erst von Befreiung und Neuanfang her kann die Sünde in ihrer ganzen Macht erkannt werden. In der letzten Konsequenz reden Bibel und Theologie also deswegen von der Sünde, weil sie überwunden ist und überwunden werden kann – Gott hat einen Neuanfang gesetzt, der auf eine Neuschöpfung zielt, in der Gottes Wille und nicht mehr der Kampf aller gegen alle das Leben bestimmt. Der Glaubende weiß aber darum, dass dieses Ziel nicht allein durch den Menschen herbeigeführt werden kann und wird. Dies sagt er aus, indem er die Sünde als feindliche Macht benennt und den Tod als ihre Konsequenz – gerade weil er an deren Überwindung glaubt und auf sie hofft, gerade weil er sich in seinem Handeln schon an dieser Zukunft orientiert.

Vertritt christliche Theologie also ein pessimistisches oder ein optimistisches Menschenbild? Zwischen diesen wohl doch zu plakativen Alternativen sucht sie ein realistisches Menschenbild zu zeichnen: Ein Bild, das klar die Macht der Sünde in der Wirklichkeit und den Möglichkeiten des Menschen sieht, aber nicht diese, sondern die Absicht Gottes mit dem Menschen das letzte Wort über ihn sein lässt. So gibt das Menschenbild der christlichen Theologie gerade mit dieser klaren Sicht auf die wesenhafte Trennung des Menschen von Gott und seiner Bestimmung auch der Hoffnung des Glaubens und einer von dieser Hoffnung her erneuerten und beflügelten Lebenspraxis Raum.

---

98 Klaus Haacker: Der Brief des Paulus an die Römer, ThHKNT 6, Leipzig ³2006, 170.

Rechtfertigung und Vergebung

Wir haben gesehen, dass Schuld und Sünde nicht einfach dasselbe sind: Schuld ist konkret, ich habe etwas falsch gemacht, ich habe einem anderen Leid zugefügt. Sünde ist wesenhaft, sie beschreibt meine grundsätzliche Selbstbezogenheit und damit meine Trennung von Gott. Sünde ist daher anders als Schuld kein moralischer Begriff, ich kann Sünder sein, ohne Schuld auf mich geladen zu haben. Sünde kann aber geradezu als Macht erlebt werden, die mich zu schuldhaftem Verhalten führt, Schuld kann also Folge der Sünde sein.

So wichtig es ist, die beiden Begriffe klar zu differenzieren, so sehr gehören sie doch in einer theologisch entscheidenden Perspektive zusammen: Es ist ein Neuanfang möglich. Auch dieser kann in verschiedenen Begriffen beschrieben werden – „Vergebung" richtet sich dann eher auf die Schuld, „Rechtfertigung" eher auf die Sünde. In jedem Fall aber ist dieser Neuanfang sachlich der Grund und das Ziel der Rede von Schuld und Sünde. Luther geht in seiner Disputation über den Menschen noch weiter, wenn er in These 32 und 33 die Zielperspektive der Rechtfertigung geradezu als Definition des Menschen fasst:[99]

Paulus fasst in Röm.3,28: „Wir erachten, dass der Mensch durch Glauben unter Absehen von den Werken gerechtfertigt wird" in Kürze die Definition des Menschen dahin zusammen, dass der Mensch durch Glauben gerechtfertigt werde.

Wer vom Menschen sagt, er müsse gerechtfertigt werden, der behauptet gewiss, dass er Sünder und Ungerechter und deshalb vor Gott schuldig, jedoch durch Gnade zu retten sei.

---

99 Disputatio de homine (1536), WA 39/1, 176,33–37; hier zit. nach der Übersetzung von Gerhard Ebeling in: Martin Luther. Ausgewählte Schriften, hg. v. Karin Bornkamm und Gerhard Ebeling, Bd. 2: Erneuerung von Frömmigkeit und Theologie, Frankfurt/M. 1982, 296 f. Lateinisch: „32. Paulus Rom. 3: Arbitramur hominem iustificari fide absque operibus, breviter hominis definitionem colligit, dicens, Hominem iustificari fide. 33. Certe, qui iustificandum dicit peccatorum et iniustum, ac ita reum coram Deo asserit, sed per gratiam salvandum."

Diese Sätze zeigen deutlich, dass die Rede von Schuld und Sünde kein Selbstzweck ist, im Zentrum steht vielmehr das Ziel, das Gott mit seinen Menschen verfolgt. Gleichzeitig klingt an, dass es für Luther hier nicht um ein einfaches Vorher – Nachher geht, sonst könnte er formulieren, dass der Mensch ein Sünder „war": Luther sieht beides als Wahrheit über den Menschen, sein Sündersein und seine Rechtfertigung durch Gott, beides gilt nach ihm „zugleich". Dies werden wir uns noch genauer ansehen müssen,[100] hier ist zunächst nur wichtig, dass diese Denkfigur keine endgültige Überwindung von Sünde und Schuld verlangt, damit auch keinen Perfektionismus des christlichen Lebens. Die Menschenfreundlichkeit Gottes zeigt sich eben nicht nur in einer einmaligen Eröffnung eines Neuanfangs, sondern auch in seiner Geduld.

Ertrag

Vokabeln

Schuld	ein moralischer Begriff: falsch handeln, anderen Leid zufügen
Sünde	kein moralischer Begriff, sondern
	a. eine Wesensbestimmung des Menschen: er ist selbstbezüglich und verfehlt so die Beziehung zu Gott
	b. Bezeichnung einer widergöttlichen Macht: der Mensch wählt nicht die Sünde, sondern sie bestimmt ihn
Vergebung	der Grund, weshalb wir von Schuld reden können, und das Ziel, auf das hin wir von Schuld reden
Rechtfertigung	die Überwindung des Sünderseins und der Macht der Sünde durch Gottes Gnade

Grammatik

Es lässt sich hier ein eigenartiges Verhältnis von negativen und positiven Aussagen feststellen – das volle Ausmaß der Negativität des Negativen wird erst durch das Positive entdeckt. Das bedeutet für theologische Aussagen, dass eine Rede von Schuld und Sünde, die Vergebung und Rechtfertigung nicht erwähnt, keine volle Plausibilität erreichen kann.

---

100 Vgl. dazu III.1., besonders den Teil Gesetz und Gnade, 141 ff.

4.   Die Theodizeefrage

Mit dem Thema Sünde, Schuld und Vergebung haben wir bereits Aspekte der Beziehung zwischen Gott und Mensch diskutiert. Hierher gehört auch die Frage dieses Kapitels, die sich aber nun nicht auf die Seite des Menschen konzentriert, sondern auf Gott: Manche Erfahrungen unseres Lebens lassen uns daran zweifeln, ob Gott so ist, wie ihn die Bibel und die theologische und kirchliche Tradition bekennt – ein Freund des Lebens. Im Advance Organizer (vgl. S. 26; 208) lässt sich die Frage an zwei Stellen verorten: Zum einen im nach unten gerichteten Pfeil – Gottes Verhalten Mensch und Welt gegenüber –, zum anderen und vielleicht entscheidend als Frage an oder gegen Gott. Die Fragezeichen und die Fragen „gerecht?" und „nicht gut?" in der ‚Gottwolke' markieren diese grundlegende (grundstürzende?) theologische Bedeutung unserer Fragestellung.

Vorbereitung

1. Lesen Sie die Sintflutgeschichte(n), also Gen 6–9, in Ihrer Bibel. Welche grundlegenden Fragen versucht die Erzählung zu beantworten?
2. Die Sintflutgeschichte zeichnet kein einheitliches Gottesbild, sondern arbeitet mit verschiedenen Sichtweisen auf Gott. Benennen Sie diese Gottesbilder und setzen Sie sie in ein Verhältnis zueinander (graphisch). Spitzen Sie dann zu: Welche theologische Aussage macht die Erzählung eigentlich?
3. Lesen Sie nach Möglichkeit dazu Bettina Wellmann: Von einem Schöpfergott, dem alles leidtut, in: Bibel heute, Nr. 170 „Die Sintflut", 2/2007, 6–9. Vergleichen Sie deren Ausführungen mit Ihren Überlegungen.
4. Immer noch und immer wieder lässt sich die Ansicht vernehmen, ‚der Gott des Alten Testaments' achte akribisch auf die Einhaltung seines Gesetzes und strafe jede noch so kleine Übertretung, ‚der Gott des Neuen Testaments' hingegen sei ein Gott der Gnade und der Liebe. Machen Sie sich am Beispiel von Gen 6–9 klar, wie falsch diese Sichtweise ist! Wei-

terführende Frage: Inwiefern finden sich auch im Neuen Testament beide in unserem Text diskutierten Aspekte des Gottesbilds?

5. Lesen Sie Rochus Leonhardt: Grundinformation Dogmatik. Ein Lehr- und Arbeitsbuch für das Studium der Theologie, Göttingen [4]2009, 251–257, zunächst die „Problembeschreibung" (1.). Formulieren Sie ausgehend vom Gedankengang Epikurs[101] in eigenen Worten, welches Problem sich ergibt, wenn wir davon ausgehen, dass Gott allmächtig, allgütig und allwissend ist:

Gott, so sagt er [Epikur], will entweder die Übel in der Welt abschaffen und kann nicht; oder er kann und will nicht; oder er kann nicht und will nicht; oder er kann und will.

Wenn er will und nicht kann, dann ist er schwach; was auf Gott nicht zutrifft. Wenn er kann und nicht will, [dann ist er] schlecht, was ihm ebenfalls fremd ist. Wenn er nicht will und nicht kann, ist er schwach und schlecht und somit auch kein Gott. Wenn er will und kann, was allein Gott angemessen ist, woher kommen die Übel? Und warum beseitigt er sie nicht?

6. Formulieren Sie bitte einen eigenen Antwortversuch: Wie denken Sie Gott und die ‚Übel' in der Welt zusammen?

7. Lesen Sie nun Leonhardts Darstellung der Stellungnahmen von Leibniz (2.) und Luther (3.). Fassen Sie diese in Thesen zusammen und setzen Sie sie in Beziehung zu Ihrer eigenen Antwortformulierung. Welche Stärken haben die beiden Vorschläge? Wo sehen Sie Probleme und Grenzen?

8. Spitzen Sie zu: Welche Frage beschäftigt Sie im Blick auf die Theodizeeproblematik jetzt vor allem?

---

101 Nachfolgend nach Leonhardts Übersetzung (251) zitiert – Leser/innen, die keinen Zugriff auf dessen Buch haben, mögen bitte in eigener Auseinandersetzung mit dem Zitat die Problemstellung bedenken.

„Diese Sintflut ist eine Katastrophe"

Die Fahrt dauert an. Die Pinguine beklagen ihr Schicksal, der dritte will am liebsten nicht mehr leben und alle miteinander sehnen sich nach ihrer Eiswüste. Immer, wenn die Taube kommt, muss sich einer im Koffer verstecken. Doch als sich die Taube über den Lärm beschwert, den die Pinguine durch einen „Heimatabend" produzieren, sieht sie alle drei. Das merkt sie aber erst, nachdem sie kurz wieder draußen war. Sie kehrt zurück: Zwei Pinguine. Diesmal sitzt der zweite im Koffer und die beiden anderen geben sich alle Mühe, der Taube einzureden, dass nur der übergroße Stress dazu geführt habe, dass sie einen dritten Pinguin gesehen habe. Sie gehen ihr dermaßen um den Bart, dass sie sich erstmals verstanden fühlt und dies auch in einem Lied kundtut. Unter Applaus komplimentieren die Pinguine sie hinaus, da nimmt das Unheil seinen Lauf:[102]

Stimme aus dem Koffer Hättet ihr diese Taube nicht eher loswerden können? Ich bekomme allmählich keine Luft mehr.
Taube Wer hat das gesagt?
Erster Ich habe nichts gehört.
Taube Das kam aus dem Koffer.
Dritter Unmöglich.
Taube Von Anfang an kam mir dieser Koffer verdächtig vor.
Dritter Dieser Koffer ist ganz harmlos.
Taube Aufmachen. Ich möchte endlich wissen, was darin ist.
Stimme aus dem Koffer Gott.
Taube Wie bitte?
Stimme Du hast richtig gehört.
Taube Das glaube ich nicht.
Stimme Du glaubst nicht an Gott?
Taube Doch, aber –
Stimme Na, also!
Taube Ja, mir fällt es schwer zu glauben, dass sich Gott in diesem Koffer versteckt.
Stimme Gott kann überall sein.

---

102 Ulrich Hub, An der Arche um Acht, 75–77. Wer die CD hat, kann zunächst den sechsten Teil (Fahrt der Arche und Heimatabend) hören, die zitierte Stelle ist der Anfang des siebten Teils (am Ende des Zitats bitte unterbrechen).

Taube   Beweise mir, dass du Gott bist.

Stimme Du musst an mich glauben, ohne einen Beweis zu fordern.

Taube   Das ist viel verlangt.

Stimme Ich weiß. Aber das ist der Witz daran. Man muss an mich glauben, ohne einen Beweis zu verlangen. Sonst wäre es zu leicht. Nicht umsonst heißt es: An Gott glauben.

Taube   Weißt du, was ich glaube?

Stimme Jetzt bin ich aber neugierig.

Taube   Das ist ein Schwindel.

Stimme Ich bin sehr von dir enttäuscht.

Taube   Ich mache jetzt einfach diesen Koffer auf.

Stimme Wie du willst, aber dann wirst du blind.

Taube   Blind?

Stimme Wer Gott ansieht, wird blind.

Erster   *leise zum dritten* Das stimmt übrigens wirklich.

Stimme Wenn du unbedingt blind werden willst, musst du nur diesen Koffer öffnen. Aber sei vorsichtig. Die linke Schnalle klemmt ein bisschen.

Taube   Ich weiß jetzt nicht.

Stimme Du zögerst. Das ist vernünftig. Außerdem wäre es verdammt schade, wenn eine so hübsche weiße Taube ihr Augenlicht verliert.

Taube   Woher weißt du, dass ich eine weiße Taube bin?

Stimme Na, hör mal. Ich habe dich schließlich selbst gemacht. Nachdem ich alle Tiere geschaffen hatte, sagte ich mir: Zum Schluss will ich ein Geschöpf machen, das alle anderen Wesen übertrifft. Ein Geschöpf, das mir ähnlich ist. Und dabei heraus gekommen ist eine weiße Taube.

Taube   *zu den beiden Pinguinen* Ich glaube allmählich, in dieser Kiste ist wirklich Gott.

Erster   Das sagen wir doch die ganze Zeit.

Taube   Es tut mir leid, dass ich dir nicht geglaubt habe.

Stimme Schon vergessen.

Taube   Ich hätte nie gedacht, dass du so verständnisvoll bist.

Stimme Leider machen sich die meisten eine völlig falsche Vorstellung von mir.

Taube   Ehrlich gesagt, bin ich auch ein bisschen wütend auf dich gewesen.

Stimme Das ist schon in Ordnung.

Erster   Ich dachte immer, man darf auf Gott nicht wütend sein.

Stimme Unsinn. So etwas kann ich schon vertragen. Außerdem hat es

> keinen Sinn zu sagen, dass man nicht wütend ist, wenn man trotzdem wütend ist.
>
> *Taube*   Du hast recht.
>
> *Stimme* Überhaupt ist es schwer, auf jemanden wütend zu werden, der einem nichts bedeutet. Wenn du auf mich wütend gewesen bist, bin ich dir nicht gleichgültig. Warum bist du wütend auf mich gewesen?
>
> *Taube*   Diese Sintflut ist, unter uns gesagt –
>
> *Stimme* Sprich ruhig weiter.
>
> *Taube*   Eine Katastrophe!

Theodizee in der Bibel

„Eine Katastrophe." Und jetzt? Wenn Sie als Pinguin im Koffer säßen, was würden Sie jetzt sagen? Und wie könnte das Gespräch weitergehen? Spielen Sie einmal verschiedene mögliche Reaktionen durch, wenn Sie die Möglichkeit dazu haben, gerne in einem Stegreifrollenspiel zu zweit.

Und nun denken Sie sich den Satz der Taube weg. Nehmen Sie nur Ihre Antwort(en) und überlegen Sie, auf welche Frage Sie eigentlich geantwortet haben. Vermutlich werden Sie eine Frage finden, die mit „warum" beginnt oder in anderer Weise das Problem formuliert, wie denn Gott und die Sintflut zusammengedacht werden können. Kurz: In Frage steht die Rechtfertigung Gottes angesichts dieser Katastrophe. Leibniz hat hierfür den Begriff der Theodizee eingeführt,[103] die Theodizeefrage lässt sich freilich ganz verschieden ausdrücken. Gut gefällt mir eine Fassung, die Rainer Oberthür im Religionsunterricht einer vierten Klasse verwendet hat: „Wie kannst du, guter Gott, das Leiden zulassen?"[104] Diese Formulierung bleibt wie die Klageworte der Psalmen in der Anrede an

---

103 Vgl. Rochus Leonhardt: Grundinformation Dogmatik. Ein Lehr- und Arbeitsbuch für das Studium der Theologie, Göttingen [4]2009, 251.

104 Rainer Oberthür, Kinder fragen nach Leid und Gott. Lernen mit der Bibel im Religionsunterricht, unter Mitarbeit von Alois Mayer, München (1998) [3]2002, 88. Die ganze Unterrichtseinheit unter dem Titel „‚Gott, wie kannst du das zulassen?' Mit Kindern die Theodizeefrage und das Buch Hiob vergegenwärtigen und bedenken" (83–131) ist für unser Thema instruktiv und spannend zu lesen.

Gott und benennt damit die Beziehung zwischen Gott und Mensch als den Horizont, der die Frage drängend macht und innerhalb dessen eine Antwort gesucht wird. Selbstverständlich ließe sich auch hier wieder die radikale Form der Gottesfrage stellen und aufgrund des Leids die Existenz Gottes grundsätzlich in Zweifel ziehen – wer wollte über Menschen richten, die angesichts schweren Leids ihren Glauben an Gott verlieren? Das Theodizeeproblem erhält seine Wucht aber auch in diesem Fall erst aus dem Vertrauen oder jedenfalls der Hoffnung, dass Gott eigentlich „gut" ist – wäre er das nicht, müssten wir uns ja mit dieser Frage gar nicht befassen.

Ulrich Hub lässt die Taube diese Frage in einem Gespräch mit ‚Gott' über die Sintflut erörtern. Dies geschieht nach meinem Verständnis mit vollem exegetischem Recht – die Fragestellung der Theodizee wird nicht als eine der Bibel eigentlich fremde Frage an diese herangetragen, sondern wird in den biblischen Erzählungen selber gestellt und reflektiert. Dies gilt nicht nur für das Buch Hiob, das so etwas wie die klassische biblische Bearbeitung des Themas ist. Dies gilt auch eben für die Flutgeschichte: „Sie gibt Antwort auf die Frage[n]: Steht Gott auch angesichts von Scheitern und Gewalttat zu seiner Schöpfung?"[105] Die Bosheit des Menschen wird Gen 6,5–7 als Grund genannt, dass Gott seine Erschaffung bereut und ihn vertilgen will – und wenn Gott am Ende in Gen 8,21 mit einem doppelt betonten „nie ... wieder" beschließt, fortan die Erde nicht mehr um des Menschen willen zu verachten und zu schlagen, begegnet nochmals dieselbe Einsicht: „Denn das Trachten des Menschenherzens ist böse von Jugend an." Die Bosheit des Menschen und Gottes Reaktion darauf sind also das Thema der Sintflutgeschichte. Die auf den ersten Blick verwunderliche erzählerische Wiederaufnahme des Anfangs erweist sich bei genauerem Hinsehen als eine tief durchdachte Fassung des Theodizeeproblems. Der Mensch wandelt sich nicht – aber Gott.[106] Die

---

105 Bettina Wellmann: Von einem Schöpfergott, dem alles leidtut, in: Bibel heute, Nr. 170 „Die Sintflut", 2/2007, (6–9) 6.

106 Vgl. ebd., 9: Nicht der Mensch verändert sich in der Geschichte, sondern „Gott in seinem Herzen! Die Flut hat Gott verwandelt. ... Dies ist die Theologie dieser ersten Erzähllinie: Sie verkündet Gottes große Geduld angesichts der Bosheit des Menschen."

Pointe der Erzählung ist, dass Gott sich schließlich zur Treue zu seinem unvollkommenen Geschöpf entschließt. Von dieser Pointe her verstanden erzählt gerade Gen 6–9 nicht von einem strafenden Gott, sondern von einem Gott, der sich sehenden Auges trotz der wesenhaften Bosheit des Menschen zur Treue zu diesem seinem Geschöpf entschließt. Oder mit Oberthürs Formulierung des Theodizeeproblems: Gen 6–9 erzählt von dem guten Gott und davon, warum und wie dieser Bosheit und Leiden zulassen kann.

Dass wir die Fragestellung der Theodizee so schon vielfach in der Bibel finden, ist – theologisch betrachtet – nicht verwunderlich. „Das Problem der Theodizee […] ergibt sich aus dem Widerspruch zwischen dem in jeder Hinsicht vollkommenen Bild von Gott als Schöpfer und der in vieler Hinsicht höchst unvollkommenen geschöpflichen Welt."[107] Wenn und weil die Bibel Gott als Schöpfer bekennt und preist, ohne den Blick für die Realität der Welt zu verschließen, muss sie sich notwendig dieser Frage stellen.

Theodizee in der Theologie

Mit dieser Einsicht in die theologische Notwendigkeit der Theodizeefrage ist zugleich deutlich, dass sie theologischem Nachdenken bleibend aufgegeben ist. Hier ist es nun nötig, zunächst nochmals in aller Schärfe das Problem zu fixieren, wozu ein Passus des Büchner-Stücks Dantons Tod helfen kann (Payne):[108]

Man kann das Böse leugnen, aber nicht den Schmerz;
nur der Verstand kann Gott beweisen,
aber das Gefühl empört sich dagegen.
Merke es, Anaxagoras: warum leide ich?
Das ist der Fels des Atheismus.
Das leiseste Zucken des Schmerzes,
und rege es sich nur in einem Atom,
macht einen Riss in der Schöpfung von oben bis unten.

---

107 Leonhardt, Grundinformation Dogmatik, 251.
108 Georg Büchner, Dantons Tod, 3. Akt, 1. Aufzug (Payne). Vgl. auch bei Leonhardt, Grundinformation Dogmatik, 255.

Büchner setzt zwei Gedankenlinien in einen Gegensatz. Der Verstand könne Gott beweisen, aber das Gefühl empöre sich dagegen. Offenbar ist es der Schmerz, den das Gefühl als „Fels des Atheismus" dem Verstand und seinem Versuch des Gottesbeweises entgegensetzt. Der Schmerz steht im Zitat gegen die Leugnung des Bösen und den Gedanken der Schöpfung. Beides wird somit als Teil des Gottesbeweises gesehen. Diese Art an Gott zu glauben, indem zugleich die Güte seiner Schöpfung anerkannt wird, findet nach Payne in der Empfindung des Schmerzes ihr Ende – ganz ähnlich wie der Tempelgottesdienst nach Mk 15,38 angesichts des Kreuzestodes Jesu auf dem Fels Golgatha. Diese Assoziation, die die letzte zitierte Zeile anbietet, lässt immerhin fragen, ob für Büchner nicht eine der vielen biblischen Bearbeitungen der Theodizeefrage Pate steht, jene nämlich, die den Gedanken wagt, dass der Sohn Gottes selbst von Gott verlassen wird (Mk 15,34). Für unseren Gedankengang ist aber zunächst der Kontrast der beiden Grundlinien relevant: Büchners Payne diagnostiziert, dass eine Antwort auf die Theodizeefrage nur in einer Rationalität möglich ist, die zur Leugnung des faktisch existierenden Bösen bereit ist – diese Leugnung sei dann nicht mehr möglich, wo wir selber unmittelbar betroffen sind von Leid und Schmerz.

Wir können es auch anders formulieren: Eine Versöhnung des Glaubens an Gottes Allmacht, Allwissenheit und Güte mit der faktisch existierenden Welt scheint bestenfalls denkerisch möglich, nicht aber in konkreter Betroffenheit. Den Intellekt mag es befriedigen, wenn Leibniz erläutert, dass die Welt als Welt von Gott unterschieden und darum unvollkommen sein muss, und auch seine Erklärung der verschiedenen Übel mag auf den ersten Blick nachdenkenswert sein.[109] Aber dagegen stehen nicht nur „Großprobleme" wie Naturkatastrophen, Völkermord oder die meist verdrängte Zahl der Hungertoten unserer Welt. Dagegen steht am wirksamsten die unmittelbare Betroffenheit von einem einzelnen Ereignis, das unsere ‚bewährte' Sicht des Welthandelns Gottes radikal in Frage stellt – ein Unfall oder eine plötzliche Krankheit

---

109 Vgl. zu Leibniz Zitate und Interpretation bei Leonhardt, Grundinformation Dogmatik, 252–254.

reicht, um das ganze schöne System ins Wanken zu bringen. Letztlich lässt sich die Theodizeefrage daher nicht so beantworten, dass
Gottes Liebe und seine Allmacht uneingeschränkt gedacht werden können.[110]

Dies zeigen auch Antwortversuche, die Studierende im Win-
tersemester 2004/5 auf die Frage, warum Gott Leiden und Unrecht zulässt, formuliert haben. Ich zitiere einige und interpre-
tiere kurz:

„Wo Leid herrscht, siegt Satan."

Hier wird eine zweite, widergöttliche Macht gesetzt, die – wie auch
immer – Gottes Allmacht begrenzt.

„Nicht Gott, sondern die Menschen sind ungerecht. Alles, was wir um
uns herum als ungerecht empfinden, ist menschlichen Ursprungs."

Diese sicher häufiger anzutreffende Sichtweise sieht die Begren-
zung der Allmacht Gottes nicht durch eine andere Macht, sondern
in einer gewissen Selbstverantwortlichkeit des Menschen gegeben,
die mindestens den Gedanken einer Selbstbegrenzung Gottes impliziert.

„Gott lässt Unrecht zu, damit wir durch das Leiden den Weg zu ihm
finden. Er will, dass der Mensch durch das Unrecht gebessert wird."

Dieser Satz legt die Selbstbegrenzung Gottes eher auf die Seite seiner
Liebe, die aus einer pädagogischen Absicht heraus menschlichem
Leiden zusieht; die Spielarten einer solchen Sicht sind zahlreich.

„Ungerechtigkeiten könnten natürlich auch einfach als eine Strafe Gottes ausgelegt werden."

110 Theoretisch wäre als dritte Größe die Allwissenheit Gottes zu nennen,
doch ist mit dieser zugleich seine Allmacht eingeschränkt, weshalb ich
die Frage auf diese zwei Größen zuspitze. Alle drei nennt Leonhardt,
Grundinformation Dogmatik, 252, oder mit Bezug auf Gen 6–9 und als
unverdächtiger Zeuge auch Dieter Nuhr, Wer's glaubt, wird selig, Rein-
bek 2007, 31: „Ein lieber Gott lässt seine Schöpfung nicht einfach ab-
saufen, ein allwissender Gott wird nicht von der Bosheit der eigenen
Schöpfung überrascht, ein allmächtiger Gott weiß sich nicht nur mit Gewalt zu helfen."

Dieser Satz geht insofern weiter, als er fragt, ob Gottes Liebe nicht grundsätzlich begrenzt wird durch sein strafendes Handeln.

Diese Beispiele mögen hier genügen. Es wird wohl deutlich, dass jeder Antwortversuch bestimmte theologische Probleme in sich birgt. Wenn wir uns zusätzlich noch bewusst machen, dass alle diese Versuche in die Büchnersche Kategorie rationaler Bewältigung fallen und angesichts konkret erlebten Schmerzes erst ihre wirkliche Problematisierung finden, sind wir direkt auf dem Weg zu der Erkenntnis, dass es eben keine einfache Lösung des Theodizeeproblems gibt. Leonhardt exemplifiziert dies an Luthers Antwortversuch, der letztlich auf eine uns noch nicht zugängliche eschatologische Lösung des Problems verweist.[111]

Nimm mir ein dreifaches Licht an: das Licht der Natur, das Licht der Gnade, das Licht der Herrlichkeit [...] Im Licht der Natur ist es unlösbar, dass das gerecht ist, dass der Gute unglücklich gemacht wird und der Böse es gut hat. Aber das Licht der Gnade löst das auf. Im Licht der Gnade ist es unlösbar, wie Gott den verdammen kann, der mit allen seinen Kräften nichts anderes tun kann als sündigen und schuldig sein. Hier sagen das Licht der Natur wie das Licht der Gnade, die Schuld liege nicht bei dem elenden Menschen, sondern bei dem ungerechten Gott. [...] Aber das Licht der Herrlichkeit sagt etwas anderes und wird zeigen, dass Gott, dessen Urteil jetzt nur von unbegreiflicher Gerechtigkeit ist, von gerechtester und offenkundigster Gerechtigkeit ist.

Die Stärke dieser Sicht ist, dass sie anerkennt, dass wir als Menschen diese Frage nicht lösen können. Das verbindet die Theodizeefrage mit der Frage nach Gott, die wir ja ebenso wenig ‚abschließend' beantworten können. Anders gesagt: Die Frage, wie der gute Gott das Leiden zulassen kann, gehört zu den Fragen, die aus theologischen Gründen als Frage präsent bleiben müssen.

---

111 Leonhardt, Grundinformation Dogmatik, 255 f. Das folgende Zitat aus De servo arbitrio (1525), WA 18, 785,26–37 (dort lateinisch) wird wiedergegeben nach Leonhardts Übersetzung, 256.

Theodizee in der Schule

Ein dritter Gedankengang zum Thema soll sich mit dessen Bearbeitung im Religionsunterricht befassen. Eine empirische Untersuchung von Sonja Gerichhausen zeigt, dass über 80 % der befragten sechs- bis zwölfjährigen, auch schon 60 % der befragten sechs- bis siebenjährigen Kinder Theodizeefragen formulieren. Bei achtjährigen Kindern ist bereits jede zweite Frage, die sie auf den Impuls „Meine Fragen an Gott …" hin formulieren, eine Frage nach dem Leid, in der Gesamtuntersuchung haben 56 % der Fragen diesen Charakter.[112] Das Theodizeeproblem stellt also keineswegs erst Erwachsene vor eine denkerische Herausforderung, sondern es ist in der Schule – und zwar bereits in der Grundschule – zu erörtern.

Rainer Oberthür dokumentiert eine Unterrichtseinheit, in der sich eine vierte Klasse u. a. mit Hiob befasst. Zu den eindrücklichen Ergebnissen gehören Formulierungen, die die Kinder gegen Ende der Einheit im Gespräch mit der Problemfassung Epikurs finden. Ich gebe in Auswahl einige dieser Sätze unkommentiert wieder[113] – es geht mir hier nur darum, dass deutlich wird, dass und wie bereits Grundschulkinder in der Lage sind, sich mit den hier in Frage stehenden Problemen intensiv zu befassen.

Epikur dachte, es gibt vier Möglichkeiten: Entweder will Gott die Übel beseitigen und kann es nicht, oder er kann es und will es nicht, oder er kann es nicht und will es nicht, oder er kann es und will es.

Wenn Gott nun die Übel beseitigen will und nicht kann, so ist er …
♫ eine blinde Hilfe
♫ ein verlassener Erzähler
♫ nicht stärker als die Menschheit
♫ ein Gott, der die Menschen versteht

---

112 Ergebnisse werden dargestellt bei Rainer Oberthür, Kinder fragen nach Leid und Gott, 47–49.
113 Nach Oberthür, 120 f. Die voranstehenden Sätze zu Epikur und zu den vier Möglichkeiten hatte Oberthür auf einem Arbeitsblatt (vgl. ebd., 123) vorgegeben; mit jedem Pfeil beginnt eine andere Formulierung eines anderen Kinds. Das vollständige Zitat Epikurs mit seinen eigenen Folgerungen lässt sich nachlesen in der „Vorbereitung", 101 – ein interessanter Vergleich!

Wenn Gott die Übel beseitigen kann und nicht will, dann ist er …
- ein mächtiger Nichtsnutz
- nicht so lieb und nett, wie die Menschen glauben
- so wie die Menschen, die Arme und Hungrige und andere Menschen sterben lassen
- dann ist Gott gegenüber der Menschheit gemein

Wenn Gott die Übel nicht beseitigen will und nicht kann, dann ist er …
- nicht unser Gott
- schwächer als viele Menschen mit Herz
- ein kleiner Gott im Herzen
- ein anderer Gott und nicht unser guter Gott
- ein Gott, der will, dass wir mehr helfen

Wenn Gott die Übel aber beseitigen will und kann, …
- dann soll er es auch tun
- dann will er nicht, dass wir denken, alles ist selbstverständlich, dass wir aufhören zu helfen
- dann kann er verzeihen
- ist er das, was die Menschen glauben und wollen. Gott beseitigt aber nicht alle Übel – aus irgendeinem Grund, den wir nicht kennen.

Mich beeindruckt die vorwärtsdrängende Dynamik dieser Aussagen, die ahnen lassen, wie intensiv diese Kinder sich in die Fragestellung der Theodizee hineingedacht haben. Demgegenüber verwundert ein Befund, der einen Wandel im Gottesbild diagnostiziert, der die Bedeutung der Theodizee-Frage tangiert:[114]

Ein Großteil der Kinder und Jugendlichen glaubt nicht, dass Gott allmächtig, barmherzig, gütig und gnädig ist, dass er in die Welt eingreift und leidverursachende Bedingungen beseitigt.

Nun will ich nicht ausschließen, dass dieser Befund einer neueren Untersuchung (Werner H. Ritter u. a.; veröffentlicht 2006) mit Rit-

---

114 Werner H. Ritter, „Gottesverdunstung". Verabschieden sich Kinder und Jugendliche von der Theodizee?, DtPfrBl 2008, (189–192) 190. Der Artikel ist auch im Internet zugänglich; die Druckversion findet sich unter der Adresse http://pfarrerverband.medio.de/pfarrerblatt/dpb_print. php?id=2292.

ter auch (!) darauf zurückzuführen ist, dass die „Krise des Theis-
mus ... zu massiven Veränderungen in den Denkgewohnheiten
von Menschen, ihrem Verständnis vom Sinn des Lebens und ihrem Umgang ... mit Leid und Kontingenz"[115] führt. Um die auffallende Diskrepanz zu den Ergebnissen der zuvor zitierten, etwas
älteren Studie (veröffentlicht 1993) von Sonja Gerichhausen zu erklären, ist es aber m. E. unerlässlich zu sehen, dass aus entwick-
lungspsychologischer Perspektive die Vorstellung eines in die Welt
direkt eingreifenden Gottes gar nicht von einem „Großteil" der
hier untersuchten Gruppe zu erwarten gewesen wäre: Während
Gerichhausen Schülerinnen und Schüler im Alter von 6–12 Jahren
befragt hat, untersuchen Ritter u. a. solche im Alter von 10–18 Jahren und damit eine signifikant anders urteilende Altersgruppe.
Fritz Oser und Paul Gmünder haben die Entwicklung des religiösen Urteils untersucht, wobei sie methodisch ähnlich wie Kohlberg mit Dilemmageschichten gearbeitet haben. Sie fanden fünf
verschiedene Strukturen, wobei für den Religionsunterricht die
ersten vier relevant sind.[116] In einer ersten Stufe, die sie nach dem
mit dem Theateraufzug plötzlich auf der Bühne erscheinenden
Gott der griechischen Tragödie „Deus ex machina" nennen, geht
das Kind davon aus, dass Gott bzw. das Letztgültige direkt in die
Welt eingreift, worauf der Mensch nur reagieren kann. Die zweite
Stufe erlaubt ein wechselseitiges Verhältnis mit dem Letztgültigen, also auch ein Einwirken des Menschen auf dieses: „Do ut des"
nennen Oser und Gmünder diese Stufe, „ich gebe, damit du gibst".
In der Regel bestimmen diese Muster des religiösen Urteils Kinder im Grundschulalter, hier ist also erwartbar, dass Kinder in
ihrer Beschäftigung mit dem Leid in der Welt über ein direktes
Eingreifen Gottes diskutieren – wie es die Untersuchung von Gerichhausen auch klar zeigen konnte. Nach dem Ende der Grund-

---

115 Ebd., 191.
116 Vgl. zum Folgenden Fritz Oser/Paul Gmünder: Der Mensch – Stufen sei-
     ner religiösen Entwicklung, in: Büttner/Dieterich (Hg.), Die religiöse
     Entwicklung des Menschen, Stuttgart 2000, 123–152. Eine kurze Ein-
     führung findet sich bei Fritz Oser/Anton Bucher: Religiosität, Religionen
     und Glaubens- und Wertegemeinschaften, in: Oerter/Montada (Hg.),
     Entwicklungspsychologie, Weinheim u. a. ⁵2002, (940–954) 942–945.

schulzeit gewinnt nun aber mehr und mehr (wenn auch natürlich keineswegs sofort und bei allen Kindern!) die dritte Stufe, von Oser und Gmünder „Deismus" genannt, an Gewicht. Hier orientiert sich der Jugendliche an Selbstbestimmung und Eigenverantwortung des Menschen, die auch gegenüber dem Letztgültigen beansprucht wird. Sofern dieses nicht ganz bestritten wird (Atheismus), erhält es einen eigenen, vom Menschen getrennten Sektor – gerade so wie die geistesgeschichtliche Richtung des „Deismus" Gott als primäre Ursache einer dann unabhängig von seinem weiteren Eingreifen bestehenden und lebenden Welt versteht. Das zitierte Ergebnis der Untersuchung von Ritter u. a. überrascht angesichts der untersuchten Altersgruppe und dieser schon lange bekannten entwicklungspsychologischen Einsichten wenig; ob daraus ein Abschied vom theistischen Gottesbild und damit von der Theodizeeproblematik gefolgert werden darf, ist m. E. höchst fraglich. Da die vierte Stufe nach Oser und Gmünder, „Apriorität", die Freiheit des Menschen an das Letztgültige zurückkoppelt und insofern eine gewisse Versöhnung von Autonomie und Gottesgedanke sucht, mag es sein, dass die Auseinandersetzung mit dem Leid in der Welt hier schon wieder ganz anders aussieht. In jedem Fall ist deutlich, und das unterstreichen letztlich auch die Überlegungen Ritters, dass die Theodizeefrage direkt mit der Gottesfrage verbunden ist: Die Gottesfrage ist der notwendige Horizont der Theodizeefrage.

„Ich habe einen Fehler gemacht"

Nun soll aber auch noch offengelegt werden, wie der Pinguin im Koffer eigentlich geantwortet hat. Er nimmt dabei interessanterweise den oben entwickelten biblischen Gedanken einer Wandlung in Gott auf:[117]

Taube   Diese Sintflut ist unter uns gesagt –
Stimme   Sprich ruhig weiter.

---

117 Ulrich Hub, An der Arche um Acht, 77 f. CD: Den siebten Teil weiterhören (gerne bis zum Ende).

Taube Eine Katastrophe!

Stimme Auf diese Sintflut bin ich nicht besonders stolz. Da habe ich ein bisschen –

Taube Was denn?

Stimme Überreagiert.

Taube Überreagiert?

Stimme Ich habe einen Fehler gemacht.

Taube Nie im Leben hätte ich gedacht, dass es Gott zugibt, wenn er einen Fehler gemacht hat.

Erster Es reicht allerdings nicht, nur zu sagen, man habe einen Fehler gemacht.

Stimme Völlig richtig. Wenn man etwas Schlechtes getan hat, muss man ernsthaft versuchen, alles wieder in Ordnung zu bringen.

Erster Was wirst du tun, um diese Sintflut wiedergutzumachen?

Dritter Wir machen für heute besser Schluss. Gott wirkt auf mich ein bisschen erschöpft.

Ertrag

Vokabeln

Theodizee	Begriff für die Frage nach der Rechtfertigung Gottes angesichts der Übel in der Welt (geprägt von Leibniz)
Betroffenheit	zum Problem wird die Theodizee oft dann, wenn im eigenen Leben konkret Leid erfahren wird
Unlösbarkeit	alle Versuche, die Theodizeefrage rational schlüssig zu beantworten, scheitern letztlich – in diesem Leben ist kaum mehr als ein eigener Umgang mit dem Problem zu gewinnen

Grammatik

Die Frage nach der Theodizee ist in ihrem Kern eine Frage nach Gott und seinem Verhältnis zu Welt und Mensch. Sie gehört damit zu den Kernfragen einer christlichen Theologie. Die Unlösbarkeit dieser Frage muss nun allerdings keinesfalls dazu führen, die theologische Denkbemühung für vergeblich zu halten. Im Gegenteil fordert sie sie heraus und hält sie wach:

Das Theodizeeproblem schützt vor zu billigen Antworten auf die Gottesfrage.

Das Theodizeeproblem fordert die Sprache des Glaubens vielfach heraus: Das Bekenntnis und das Lob Gottes wird einem Belastungstest unterzogen; die Klage wird als elementare Sprachform des Vertrauens angesichts von Leid und Unrecht entdeckt; in der Bitte sucht der Leidende Zuflucht bei Gott. Auf diese Weise lässt sich zwar keine allgemeinverbindliche denkerische „Lösung" entwickeln, wohl aber ein Umgang mit der Herausforderung durch die Theodizeeproblematik, der in Sprachformen der Sprache des Glaubens Ausdruck finden kann.

Epilog: Dein Wille geschehe?

Im Frühjahr 2009 verloren fünf junge Frauen, die an unserer Pädagogischen Hochschule studiert hatten, auf sinnlose und grausame Weise ihr Leben. Drei von ihnen waren als Referendarinnen bzw. im ersten Berufsjahr nach dem 2. Examen an der Albertville-Realschule in Winnenden tätig und starben dort bei einem Amoklauf, zwei fielen einen knappen Monat später einem Familiendrama in Eislingen zum Opfer. Beide Geschehnisse haben Menschen tief erschüttert und nachhaltig bewegt. Auch etliche unserer Studierenden haben gute oder gar beste Freundinnen verloren oder sich aus anderen Gründen sehr nah an diesen Ereignissen gefühlt. In der Woche nach dem Winnender Amoklauf habe ich den folgenden Text geschrieben, mit dem ich dieses Kapitel abschließen möchte. Der Text will keine Antworten auf die Theodizee-Frage geben, aber kann vielleicht illustrieren, was es eigentlich heißt, dass sie ‚offen' ist und bleiben muss.

Dein Wille geschehe. Klarstellungen zum Verständnis der Vaterunserbitte
Dem Andenken von Michaela Köhler, Nina Mayer und Sabrina Schüle,
† 11.03.2009

Der Schrecken kam auf Raten näher. Amoklauf in Winnenden, nicht weit von unserer PH. Unter den drei toten Lehrerinnen eine Referendarin. Kennen wir die Kollegin? Nach und nach stellt sich heraus: Alle drei haben bei uns studiert, in den Jahren 2006, 2007 und 2008 ihr erstes Staatsexamen abgelegt. Viele Lehrende und Studierende haben noch lebendige Eindrücke vor Augen, haben Freundinnen verloren; auch ich erinnere mich noch klar an eine lebensfrohe junge Frau, die jetzt tot ist. Ich fühle neben dem Schrecken Trauer und Wut: Dafür haben wir diese jungen Menschen nicht ausgebildet, dass sie so sinnlos sterben müssen.

Im Gottesdienst dann das Vaterunser. „Dein Wille geschehe." Viele meiner Studierenden reden und schreiben gerne von einem „Plan" Gottes, in dem alles seinen Sinn habe. Auch wenn wir es manchmal nicht verstehen. Ist das gemeint? „Dein Wille geschehe" – heißt das: Was auf Erden geschieht, auch wenn wir es nicht verstehen, ist von Gott gewollt? Und das Vaterunser wäre dann unsere Einwilligung in diesen uns unverständlichen Plan?

Ein solcher Fatalismus, eine solche Schicksalsergebenheit ist eben nicht die Sache christlicher Theologie. Wenn Jesus seine Jünger beten lehrt, dass Gottes Wille geschehe, dann wird aus dem Kontext seines Lebens und Lehrens klar, was damit gemeint ist. Die Bitte um das Geschehen des Willens Gottes ist uns in der matthäischen Version des Gebets Mt 6,9–13 überliefert. Das Vaterunser ist bei Matthäus das Zentralstück der „Bergpredigt". Gegen deren Ende hören wir: „Nicht jeder, der zu mir sagt: Herr, Herr!, wird ins Himmelreich hineinkommen, sondern wer den Willen meines Vaters im Himmel tut." (7,21) Der Wille Gottes ist also offenbar etwas, das man „tun" kann – oder auch nicht! –, und er hat zu tun mit dem Reich Gottes, dessen Nähe Jesus verkündete und lebte. Wir sind weit weg von einem „Plan"! Der Wille Gottes beschreibt vielmehr ein ideales Zusammenleben der Menschen, das wir eben noch nicht selbstverständlich erleben. Gerade deshalb müssen wir darum bitten.

Es ist nämlich nicht der Wille Gottes, dass Kinder und Jugendliche ein solches Maß an Frustrationen einstecken müssen, dass sie darüber gewalttätig werden. Es ist nicht der Wille Gottes, dass Eltern und Schule in manchen Fällen Heranwachsenden offenbar nicht die Unterstützung geben können, die sie brauchen. Und es ist schon gar nicht der Wille Gottes, dass sinnlos Leben zerstört wird, dass Menschen aus der Mitte ihrer Familien und Freunde weggerissen werden.

Wenn der Wille Gottes geschieht, dann ist das vielmehr so, wie es die Seligpreisungen am Anfang der Bergpredigt verheißen: „Selig die Trauernden – sie werden getröstet werden. Selig die Gewaltlosen – sie werden das Land erben. Selig, die hungern und dürsten nach der Gerechtigkeit – sie werden gesättigt werden" (Mt 5,4–6). Und wer darum bittet, dass dieser Wille Gottes Wirklichkeit wird, wartet nicht nur auf eine bessere Zukunft, sondern sagt damit auch, dass er oder sie jetzt schon nach diesem Willen leben, ihn „tun" will. Dass unsere Welt diese Hoffnung braucht und Menschen, die in ihrem Lichte jetzt schon handeln, das ist deutlich. „Dein Wille geschehe" – gerade weil die Dinge nicht einfach nach einem ‚guten' Plan Gottes laufen, können, ja müssen wir heute so beten. Gerade wenn wir in der Schule oder ihrem Umfeld arbeiten. Gerade nach Winnenden.

5. Gottesvorstellungen

Das letzte Kapitel des zweiten Hauptteils bündelt einige Überlegungen und akzentuiert insbesondere nochmals die Frage, wie wir von Gott reden können. Die Funktion und Bedeutung, aber auch die Grenze unserer Gottesvorstellungen wird besonders diskutiert – im Advance Organizer (vgl. S. 26; 208) ließe sich dieser Aspekt insbesondere in der Gedankenblase finden: Sie macht deutlich, dass wir über Gott nur reden können aufgrund unseres Denkens über ihn. Dieses ist freilich vielfach geprägt, durch die Bibel und die theologische Tradition, durch unsere Lebenserfahrung und die Art, wie wir sie in Bezug auf Gott deuten, durch unsere Einbindung in unsere Umwelt. Insofern ist die Frage unseres Gottesbilds mit allen Aspekten der Innenzeichnung verbunden.

Vorbereitung

1. Lesen Sie Ulrike Link-Wieczorek, Schlusskapitel. Die Wahrheit in zerbrechlichen Gefäßen: Theologie als ökumenische Theologie, in: Dies. u. a. (Hg.), Nach Gott im Leben fragen. Ökumenische Einführung in das Christentum, Gütersloh/ Freiburg i. B. 2004, (313–337) 313–324.
2. Ein Bonner Professor sagte gerne: „Was man verstanden hat, kann man auf einer Postkarte zusammenfassen." Probieren Sie das mit diesem Text; nehmen Sie eine Karteikarte (Din A6) oder falten Sie ein Din A4-Blatt auf ein Viertel.

Kleine Hilfestellung: Ein zentraler Gedanke ist mit der Überschrift 1.4 (321) markiert: „Die Spannung aus Unverfügbarkeit und Offenbarung Gottes".

Machen Sie sich dazu klar,

a) welche menschlichen Perspektiven diesen Aussagen über Gott entsprechen (1.4 am Anfang!),

b welche Argumente sich für diesen oder jenen Pol der Spannung benennen lassen (1.1–3),

c) wie die 320 f. zitierten Bibeltexte die eine und/oder andere Seite zur Sprache bringen und schließlich

d) welche Wege des Umgangs mit dieser Spannung vorgestellt werden (1.4).

Auf Basis dieser Überlegungen sollten Sie das mit der „Postkarte" hinkriegen. Beginnen Sie mit der Hauptthese und setzen Sie dann knapp und konzentriert Begründung und Entfaltung hinzu.

Tipp am Rande: Exzerpte gelesener Texte im DIN A6-Format könnten eine gute Angewohnheit werden. Ich nenne vier Gründe:

1. *Sie brauchen weniger Zeit, als wenn Sie ohne Raumbegrenzung exzerpieren.*

2. *Schon die Nötigung ist hilfreich, das Gelesene auch zu verstehen, also zu durchdenken (sonst reicht die Karteikarte nämlich nicht!).*

3. *Sie können später schnell auf Hauptlinien eines Textes zugreifen (und finden ggf. durch Seitenverweise schnell die Kernstellen).*

4. *Nicht zuletzt lassen sich erarbeitete Texte so recht geschickt in einer Kartei ordnen. (Überlegen Sie sich dann, welche Infos Sie auf jeder Karte haben wollen, etwa Literaturangabe, Bibliothekssignatur oder ,Standort' einer Kopie usw.)*

„Gott ist kein Pinguin"

Wir haben schon in manchen Äußerungen der Pinguine ihr Nachdenken über die Gottesfrage greifen können. Einige Zitate aus den abschließenden Wendungen des Stücks sollen dies noch ergänzen. Achten Sie beim Lesen auf die Verschiedenartigkeit der Vorstellungen von Gott.

Ein erster Ausschnitt stammt noch aus der Kofferszene. Die Taube und der Pinguin im Koffer schaukeln sich gegenseitig immer weiter hoch, bis ‚Gott' schließlich auf die Frage der Taube, ob nicht auch sie ihm etwas Gutes tun könne, antwortet: „Ich hätte gerne einen Käsekuchen." Da wird sie nun doch misstrauisch und öffnet unter dem Gespräch vorsichtig den Koffer:[118]

Taube   Ich kenne Gott zwar nicht persönlich, aber eines weiß ich ganz genau. Das ist nicht Gott.
Erster   Na ja –
Dritter   Also so was kann man nie genau wissen.
Taube   Gott ist kein Pinguin.
Zweiter   Gott kann jede beliebige Gestalt annehmen.
Taube   Käsekuchen. So ein Blödsinn. Macht mir doch nichts vor. Ein blinder Passagier. Ihr solltet euch schämen. Eine Sekunde lang habe ich dir geglaubt. Das werde ich Noah erzählen. Eure Strafe wird fürchterlich sein.
   [nach dem Abgang der Taube:]
Erster   Käsekuchen –
Dritter   Du Blödmann.
Zweiter   Ich hatte solchen Hunger.
Dritter   Spätestens da musste sie merken, dass du nicht Gott bist.
Erster   Ich habe es übrigens schon ein bisschen früher gemerkt.
Dritter   Gemerkt?
Erster   Dass es nicht Gott ist.
Zweiter   Gemerkt?
Dritter   Hast du etwa geglaubt, dass Gott in diesem Koffer ist?
Erster   Einen Augenblick schon.
Dritter   *lacht* Du wusstest doch genau, dass einer von uns da drinnen sitzt.
Erster   Das habe ich irgendwann vergessen.
Zweiter   Ich war eben sehr überzeugend.
Dritter   Du hast Blödsinn geredet.
Erster   Das war nicht nur Blödsinn.
Zweiter   Diese Worte sind mir einfach so in den Sinn gekommen.
Dritter   Gott würde doch niemals zugeben, wenn er einen Fehler gemacht hat.

---

118 Ulrich Hub, An der Arche um Acht, 79–81. CD: Ende des siebten Teils und Anfang des achten. Wer den Text anhören will, kann die CD gleich bis zum Ende laufen lassen.

Zweiter   Da bin ich mir nicht so sicher.

Dritter   Du hast so getan, als wärst du Gott. Dafür werden wir alle schrecklich bestraft.

Erster   Das werden wir ja sehen.

Zweiter   Vielleicht ist Gott ganz anders, als wir ihn uns vorstellen.

Erster   Ich glaube, Gott ist nicht so nachtragend.

Zweiter   Er verzeiht uns sicher.

Doch in diesem Moment gibt es einen gewaltigen „Rumms" und die ganze Arche füllt sich mit Tierlärm. Die Pinguine rechnen jetzt jeden Moment mit der Strafe. Nach langen Tagen erscheint die Taube mit einem Ölzweig im Schnabel und sie erfahren, dass die Sintflut vorbei ist und alle Tiere wieder an Land können. Erst jetzt merkt die Taube, dass sie vergessen hat, einen Partner für sich mit an Bord zu nehmen. So verkleidet sich der erste Pinguin als Taubenbraut und zwei Paare kommen „die Gangway hinunter", wo sie auf Noah treffen:[119]

Noah   Es hat mich gefreut, eure Bekanntschaft gemacht zu haben.

Dritter   Hoffentlich sehen wir uns bald wieder.

Zweiter   Spätestens bei der nächsten Sintflut.

Taube   Bloß nicht –

Noah   Es wird nie wieder eine Sintflut geben.

Dritter   Ehrlich?

Noah   Das hat Gott hoch und heilig versprochen.

Erster   *mit hoher Stimme* Wir können aber nicht versprechen, immer brav zu sein.

Dritter   Jedenfalls werden wir es versuchen.

Noah   Gott weiß, dass die Menschen sich nicht verändern werden. Ebenso wenig die Tiere. Es wird immer Streit geben. Er wird sie so nehmen, wie sie sind. Und er wird niemanden mehr bestrafen.

Dritter   Woher weißt du das alles so genau?

Zweiter   Du bist Gott, oder?

Noah   Wie kommst du auf diesen Gedanken?

Taube   *gähnt* Das ist doch der Noah, ihr Trottel.

Noah   Ihr könnt euch Gott vorstellen, wie ihr wollt. Aber er ist überall. In jedem Mensch, in jedem Tier, in jeder Pflanze –

---

119 Ulrich Hub, An der Arche um Acht, 86–90 (hier wieder größere Abweichungen in der Hörspielfassung). CD: Im neunten (letzten) Teil.

Zweiter   Moment, Gott gibt also zu, dass diese Sintflut ein Fehler ge-
           wesen ist?
Noah   Blickt euch einmal um.
Erster   Ein Regenbogen?
Taube   *gähnt* So etwas Herrliches habe ich noch nie gesehen.
Noah   Dieser Regenbogen ist ein Zeichen Gottes, dass der Regen nie-
           mals mehr so endlos sein soll, dass er niemals mehr für so
           viele Tage die Sonne verdunkeln soll.
Erster   Alle Achtung.
Dritter   Was für eine noble Geste.
           Die drei Pinguine singen Es ist ungelogen:
           So einen schönen Regenbogen
           Haben wir noch nie gesehn.
           Auf lange Sicht bleiben immer
           Die schönsten Dinge bestehn
           Und am schönsten ist, schönsten ist –
           Der Pinguin.
           [die Pinguine unter sich:]
Erster   Vielleicht gibt es Gott gar nicht.
Dritter   Das sagst ausgerechnet du?
Zweiter   Und die Sintflut?
Erster   Es hat einfach nur besonders lange geregnet.
Dritter   Natürlich gibt es Gott.
Erster   Es gibt keinen Gott.
Zweiter   Hört sofort auf.
Dritter   Es gibt einen Gott.
Erster   Es gibt keinen Gott.
Zweiter   Wenn es keinen Gott gibt, warum reden wir dann pausenlos
           über ihn?
Erster   Damit wir uns nicht so allein fühlen –
Zweiter   Mir kommt gerade ein Gedanke.
Erster   Behalte ihn lieber für dich.
Zweiter   Vielleicht ist ein bisschen Gott in allen von uns.
Dritter   Hä? Das verstehe ich jetzt nicht.
Zweiter   Man muss nur tief in sich hineinhören.
Erster   Du bist wohl ein bisschen seekrank.
Zweiter   Da gibt es eine Stimme, die mir sagt, was richtig ist und was
           falsch.
Erster   Und?
Zweiter   Das ist Gott.
Dritter   Du bist einfach übermüdet.

Unverfügbarkeit und Offenbarung Gottes

Diese letzten Szenen breiten nochmals eine Fülle an Gedanken über Gott aus. Er „kann jede beliebige Gestalt annehmen", er würde Fehler „niemals zugeben" oder würde es doch tun, er „bestraft" oder „verzeiht", „vielleicht ist ein bisschen Gott in allen von uns" – und am Ende darf auch der erste Pinguin (die anderen waren ja schon früher dran) einmal den Satz sagen „Vielleicht gibt es Gott gar nicht." Nehmen Sie sich die eine oder andere Aussage vor und fragen Sie sich, inwieweit Sie diesen Positionen zustimmen oder sie eher ablehnen. Wichtig ist, dass Sie auch Gründe formulieren: Warum stimmen Sie zu? Warum sehen Sie das anders?

Gehen wir in einem weiteren Schritt auf eine Meta-Ebene. Woher bzw. wie können wir überhaupt Aussagen über Gott treffen? Sie dürften in Ihren Begründungen Anhaltspunkte dafür finden, was für Sie solche Kriterien sind. Typischerweise werden dies auf der einen Seite Kriterien subjektiver Plausibilität sein – eigene (gedeutete) Erfahrungen oder Gefühle –, auf der anderen Seite solche der gemeinsamen Tradition – nicht zuletzt der Bezug auf die Bibel, aber auch Positionen der Theologiegeschichte, die Ihnen einleuchten.

Woher bzw. wie können wir überhaupt Aussagen über Gott treffen? Ulrike Link-Wieczorek entwickelt diese Grundfrage der Theologie im Spannungsfeld zwischen „Unverfügbarkeit und Offenbarung Gottes".[120] Diese beiden Pole sind geeignet, nochmals etliche unserer bisherigen Überlegungen zusammenfassend zu beleuchten. Wie Link-Wieczorek machen wir uns zunächst klar, dass schon die biblischen Zeugnisse in der Tat beide Pole kennen. Keineswegs findet sich in der Bibel nur die Seite der Offenbarung, im Gegenteil: Wenn Ex 33,20 erklärt, dass kein Mensch Gott sehen könne, ohne sein Leben verwirkt zu haben, wenn sich Ex 3,14 Gott mit deutlich erkennbarer Reserve so ,offenbart', dass er sich

---

120 Ulrike Link-Wieczorek, Schlusskapitel. Die Wahrheit in zerbrechlichen Gefäßen: Theologie als ökumenische Theologie, in: Dies. u. a. (Hg.), Nach Gott im Leben fragen. Ökumenische Einführung in das Christentum, Gütersloh/Freiburg i. B. 2004, (313–337) 321.

eben nicht völlig zu erkennen gibt, wenn Ex 20,4 das Gottesbild
verboten wird, dann springt uns die Einsicht in die Unverfügbarkeit Gottes gerade aus der Bibel heraus in den Blick. Natürlich sieht die Bibel auch die Offenbarung Gottes, sei es in der Person Jesu Christi, sei es in Gottes Handeln in der Geschichte, sei es
in der Schöpfung. Doch nie wird hier eine Eindeutigkeit erlangt,
die jenen anderen Pol verblassen ließe: *Gerade der unverfügbare
Gott ist es, der sich hier offenbart, und als offenbarter Gott bleibt er
uns gleichwohl unverfügbar.* Er verspricht sich den Menschen und
macht sich ansprechbar, das ja, aber er begibt sich nicht in unsere
Gewalt. Gilt dies für die biblischen Zeugnisse, dann ist sofort klar,
dass individuelle Erfahrung keine höhere Erkenntniskraft für sich
reklamieren kann. Wenn wir von Gottes Spuren in unserem Leben meinen reden zu dürfen, dann sicher nicht in der Meinung,
dass wir von daher Gott nun begriffen hätten, sondern vielmehr
in der dankbaren Erkenntnis, dass dies eine uns nicht geschuldete
Gnade Gottes ist – auch der in meinem Leben wirkende Gott ist
mir unverfügbar.

Die Einsicht in die Unverfügbarkeit Gottes muss nun aber keineswegs zu einem Verzicht auf die Rede von Gott führen. Die Frage
ist vielmehr die, *wie* wir von Gott reden können. Link-Wieczorek
führt drei „Konzepte"[121] aus: Die apophatische Rede, die analoge
Rede und die metaphorische Rede. Apophatische Rede meint eben
das, was wir mit Benk „Negative Theologie" genannt hatten[122] –
das braucht hier keine weitere Ausführung. Analoge Rede meint,
dass menschlich-weltliche Erfahrungen als Bilder für Gott verwendet werden können. Menschliche Güte ist nicht göttliche Güte,
aber eine Analogie zu dieser: Eine Spur der Güte Gottes und darum
ein geeignetes Sprachbild für diese. Analogie meint also nicht eine
Gleichung, das ist eigentlich klar – und doch ist es gefährlich,
dies zu vergessen. Denn wüssten wir wirklich alles über göttliche
Güte, wenn wir menschliche Güte kennen würden? Link-Wieczorek
spricht darum vom notwendigen „apophatische[n] Rahmen der

---

121 Ebd., 321. Im Folgenden wird ihr Gedankengang 321–324 knapp refe-
     riert.
122 Vgl. dazu II.1, 62 ff.

Analogie"[123] und zitiert dazu eine Formulierung des IV. Lateran-
konzils 1215: „Denn zwischen dem Schöpfer und dem Geschöpf
kann man keine so große Ähnlichkeit feststellen, daß zwischen ihnen keine noch größere Unähnlichkeit festzustellen wäre."[124] Gott
ist also gut und gerecht, das lässt sich in Analogie zu unseren Begriffen sagen, aber die Unähnlichkeit ist immer noch größer, sodass wir mit der Negativen Theologie wiederum sagen müssen:
Gott ist nicht gut und nicht gerecht. Metaphorische Rede schließlich unterscheidet sich von analoger insbesondere darin, dass sie
keine wesenhafte Verwandtschaft der Erfahrungen und Sprach-
bilder, die wir für Gott verwenden, mit Gottes Sein annimmt. Ein
Bild wird dadurch geeignet für Gott, dass die Bibel es für ihn be-
nutzt. Die Metapher transportiert eine Aussage über Gott, ohne
selber gottförmig sein zu müssen. Die Negative Theologie ist hier
sozusagen schon in die Grundidee stärker eingebaut.

Warum dieser ganze Aufwand? Ganz einfach: Die Alternative
wäre, das Reden von und über Gott gleich ganz einzustellen. Wir
sind als Menschen nicht in der Lage, direkt von und über ihn zu reden, eben weil er uns unverfügbar ist. Die Erfahrung einer Offenbarung Gottes nötigt uns also, etwas auszusagen, was wir eigentlich gar nicht aussagen können. Wir können das auch als eine Art
Zwischenfazit in zwei Sätzen formulieren:

---

123 Link-Wieczorek, Die Wahrheit in zerbrechlichen Gefäßen, 323.
124 DH 806 (Zusammenhang ist die Zurückweisung der Irrlehre Joachims
von Fiore); lateinisch: „quia inter creatorem et creaturam non potest
tanta similitudo notari, quin inter eos maior sit dissimilitudo notanda."
[DH steht für Heinrich Denzinger, Kompendium der Glaubensbekennt-
nisse und kirchlichen Lehrentscheidungen. Verbessert, erweitert, ins
Deutsche übertragen und unter Mitarbeit von Helmut Hoping hg. v. Peter Hünermann, Freiburg u. a. [37]1991 (und neuer, zuletzt 2009). „Der
Denzinger" ist eine ‚zitierfähige' Sammlung der wichtigsten katholischen
Lehrtexte, seit Hünermanns Bearbeitung mit einer durchgängigen deutschen Übersetzung der zumeist lateinischen, z. T. auch griechischen Ori-
ginaltexte. Er ist chronologisch aufgebaut und wird sachlich durch gute
Register erschlossen. Zitiert wird er mit der Abkürzung DH für „Denzinger Hünermann" und mit der Nummer des jeweiligen Abschnitts nach
der Zählung am Seitenrand.]

Satz 1: Wir sind auf Gottesbilder angewiesen, weil wir Menschen sind. (Wir können also von Gott nur auf dem Weg der Analogie oder der Metapher reden.)

Satz 2: Unsere Gottesbilder sind unzulänglich, weil wir Menschen sind. (Apophatische Rede bzw. Negative Theologie bleibt also unverzichtbar.)

Aus dieser Spannung kommen wir nicht heraus, d. h. wir müssen sie in unserem Reden von Gott bewusst halten. Wer sich an dieser Stelle an das Barth-Zitat aus dem Einleitungskapitel erinnert fühlt,[125] hat die Sache sehr gut verstanden.

Nur am Rande sei erwähnt, dass ich in dieser Hinsicht mit dem Schluss des famosen Theaterstücks/Hörspiels von Ulrich Hub etwas unglücklich bin. Das erfreulich offene Fragen und Suchen der Pinguine wird m. E. durch die Figur des Noah gebrochen, der scheinbar genauer weiß, wie Gott ist, und dies den Pinguinen – Kindern? – nun auch sagt. „Ihr könnt euch Gott vorstellen, wie ihr wollt. Aber [!?] er ist überall. In jedem Mensch, in jedem Tier, in jeder Pflanze."[126] Mich hätte es nicht gestört, wenn auch Noah nach der Erfahrung der Sintflut fragender vor Gott stehen würde – anstatt zu ‚wissen', was „Gott weiß" und tun oder nicht tun „wird". Gott „wird niemanden mehr bestrafen"? Gewiss haben solche Aussagen zu einem guten Teil Anhalt an der biblischen Sintfluterzählung und vielleicht ist deren Aufnahme durch Noah die einzig mögliche Form, den inneren Monolog Gottes aus Gen 8,21 f. auf die Bühne zu bringen. Aber ist das überhaupt nötig? Und vor allem: Ist es angezeigt? Erzählt der Sintflutbericht mit diesem Ende denn eine über jeden Zweifel erhobene Selbstfestlegung Gottes? Ich verstehe die Schlusswendung der biblischen Erzählung eher als erzählerischen Versuch, den Schöpfer mit der Katastrophe zusammen zu denken – ein Versuch, der gewiss die Signatur der Zusage trägt, der aber ebenso gewiss immer wieder nachbuchstabiert und auf seine Belastbarkeit in konkreten Lebenssituationen geprüft werden

125 Vgl. 13 (bei Anm. 2); Link-Wieczorek, Die Wahrheit in zerbrechlichen Gefäßen, 316.
126 Alle Zitate aus dem eingangs dieses Kapitels wiedergegebenen Stück, vgl. 120.

muss. Demgegenüber entsteht mit der Figur des wissenden Noah im Stück ein Eindruck ‚abschließender' Gotteserkenntnis, der so nicht haltbar ist – nicht angesichts neuen Leidens und Unrechts, nicht angesichts der Fülle biblischer Erzählungen und der Offenheit ihrer Suche nach Gott, nicht angesichts der von ihrer jeweiligen Gegenwart stets neu akzentuierten individuellen Frage nach Gott. Da waren die Pinguine schon weiter, wenn sie selbst die scheinbar einleuchtende Erkenntnis „Gott ist kein Pinguin" problematisieren. Gott bleibt unverfügbar, auch in seiner Offenbarung.

Ertrag

Vokabeln

unverfügbar Gott können wir weder begrifflich noch anders vollständig erfassen und „begreifen"

Offenbarung die Bibel bezeugt aber, dass Gott sich selber den Menschen zeigt und zusagt – freilich ohne dadurch verfügbar zu werden

apophatisch die Redeweise der Negativen Theologie, die jedes Gottesbild negiert, um so Gottes Unverfügbarkeit anzuerkennen

Analogie eine Redeweise, die in zugänglichen Phänomenen Ähnlichkeiten zu Gott entdeckt – sie braucht einen „apophatischen Rahmen", um die Bilder nicht mit Gottes Realität zu verwechseln

Metapher eine Redeweise, die Bilder für Gott verwendet, aber keinerlei seinsmäßige Beziehung zwischen Gott und Bild sieht

Grammatik

Sätze über Gott sind Sätze eigener Art. Wenn wir nicht Sprachformen des Glaubens (Bekenntnis, Lob, Bitte, Dank, Klage), sondern der Theologie betrachten, ist im Grunde jeder Satz mit einem „aber" zu versehen: Was wir über Gott aussagen können, ist stets begrenzt durch die Einsicht, dass er uns unverfügbar ist und bleibt. Wem das zu wenig erscheint, dem ist zu sagen: Nur eine solche Gottesrede, die um die Grenze unseres Redens von Gott weiß, kann ernsthafte Gottesrede sein und beanspruchen, inhaltlich und wissenschaftlich ernst genommen zu werden. „Gott ist kein Pinguin" – oder? Weiß man's?

Richtig und Falsch – eine Überleitung

Die leitende Absicht des II. Hauptteils war es, im Gespräch mit theologischen Texten und Kinderfragen zum eigenen Fragen anzuregen und damit zu einem besseren Verständnis eigenen und fremden Denkens. Die erwünschte Einsicht war es, andere Sichtweisen als hilfreich zu erfahren und zu entdecken, dass und wie sie das eigene Denken befruchten können. Eine mögliche Aussicht wäre die Schlussfolgerung, in der Theologie gebe es kein Richtig und kein Falsch, die ich manches Mal in Klausuren zu meiner Einführung in die Theologie zu lesen bekam. Ich meine aber nicht, dieses gesagt zu haben, so sehr ich auch den Modus der Frage betone und so sehr ich auch dazu ermutige, andere Ansichten erst einmal verstehen zu wollen und darin ernst zu nehmen. Zustimmen würde ich noch der Meinung, dass es kein Richtig gebe in der Theologie – jedenfalls nicht in dem Sinne, dass eine ganz bestimmte Sicht und nur diese für sich beanspruchen dürfte, die richtige zu sein. Aber kein Falsch? Sollte wirklich alles möglich sein? Ein Christentum ohne Christus? Eine Sicht Gottes, die ihn nicht mehr als Anwalt der Gerechtigkeit erkennt? Ich meine, es müsste mindestens so etwas wie eine Grenze beschrieben werden, jenseits derer eine Aussage nicht mehr als Aussage einer christlichen Theologie gelten kann. Deshalb muss nach meinem Urteil jedenfalls die Frage nach der Wahrheit auf der theologischen Tagesordnung bleiben. Lassen sich nicht doch mindestens Elemente des theologisch „Richtigen" beschreiben?

Link-Wieczorek fragt, „wie es möglich ist, das gemeinsame christliche Bekenntnis in konfessionell unterschiedlichen Weisen zum Ausdruck zu bringen, ohne dass sich dabei die Wahrheit Gottes in die Pluralität der Perspektiven auflöst".[127] Führen wir diese Frage noch einen Schritt weiter auf individuell statt ‚nur' konfessionell verschiedene Antworten, stehen wir vor der Leitfrage für den III. Teil. Wenn ich mich dort auf Positionen beziehe, die mir für meine Theologie wichtig sind, dann nicht in der Meinung, dies sei nun die eine richtige Theologie, sondern zunächst

---

127 Link-Wieczorek, Die Wahrheit in zerbrechlichen Gefäßen, 314.

als ein Gesprächsangebot. Dieses unterbreite ich aber in der individuellen Überzeugung, dass diese Themen überindividuell bedeutsam sind, also die Auseinandersetzung mit ihnen lohnt auf dem Weg des gemeinsamen Fragens nach der Wahrheit des christlichen Glaubens.

III. Was ist Wahrheit?
Zur Frage nach den Kerneinsichten bzw. Grenzen christlicher Theologie

1. Wort und Glaube

Der dritte Teil nimmt für seine Frageperspektive drei ausgewählte Vertreter der theologischen Tradition in den Blick. Dieses erste Kapitel befasst sich mit Martin Luther. Sein Bild steht im Advance Organizer (vgl. S. 26; 208) auf der Höhe der Pfeile von Gott zum Menschen und vom Menschen zu Gott, also dort, wo es um die Beziehung zwischen beiden geht. Wir hatten schon gesehen, dass er diese Frage als Gegenstand der Theologie bestimmen kann,[128] hier werden wir uns anschauen, wie Luther diese Kommunikation beschreibt. Er redet von „Wort" (Gottes) und „Glaube" (des Menschen), dies ließe sich im Advance Organizer in den beiden Pfeilen verorten. Aber wie hängen die beiden zusammen?

Vorbereitung

Im Mittelpunkt dieses Kapitels steht die Theologie Luthers. Vergegenwärtigen Sie sich zunächst kurz, was Sie über Luther wissen. Thematisch werden wir uns besonders mit dem Glauben beschäftigen. Sie wissen: „Allein durch Glauben" wird der Mensch vor Gott gerecht, das ist eine der Kerneinsichten der Reformation. Aber was ist das eigentlich: Glaube? Lesen Sie dazu bitte Wilfried Härle, Dogmatik, Berlin/New York ³2007, 55–71.[129]

---

128 Vgl. 21 (bei Anm. 9).
129 Wer keinen Zugriff auf das Buch hat, kann den Text jedenfalls teilweise bei Google-Books nachlesen: http://books.google.de/books?id=J98Ru1TWt 5YC&pg=PA55&lpg=PP1.

Herr Härle ist ein Meister des klaren Denkens. Sollten Sie nicht alle seine Formulierungen auf Anhieb verstehen, „bohren" Sie nach: Sie werden entdecken, dass sich dabei auch Ihr eigenes Denken ordnet und viele Dinge klarer werden.

Mein Rat für die Erschließung des Textes wäre diesmal: Malen Sie! Entwickeln Sie Stück für Stück (2.2.1 – 2.2.2 – 2.2.3 – 2.2.4 – 2.2.5) eine Skizze, die Härles Gedanken visualisiert. Legen Sie Ihre Grafik großzügig an, d. h. nehmen Sie ein DIN A4-Blatt (quer?!) und zeichnen Sie in den ersten Schritten so, dass Platz für Ergänzungen aus den weiteren Teilen des Kapitels bleibt (z. B. sollte der Glaubende ein größerer Kreis o. ä. sein, um in 2.2.4 die Frage nach der Verortung des Glaubens im Menschen einzeichnen zu können). Da es nicht zuletzt um Relationen/Beziehungen geht, bietet es sich an, mit Pfeilen zu arbeiten; überlegen Sie jeweils gut, in welche Richtung diese zeigen. Natürlich können Sie auch Kernbegriffe u. ä. in Ihre Skizze integrieren, entscheidend sollen aber Übersicht und klare Strukturierung sein!

Versuchen Sie sich abschließend an einer eigenen Antwort auf diese Frage: Was meint Härle, wenn er den Glauben als „daseinsbestimmendes Vertrauen" (56 u. ö.) bezeichnet? Formulieren Sie Ihren Vorschlag aus – vielleicht findet er ja auch einen passenden Platz in Ihrer Skizze.

Bekenntnis

Der zweite Hauptteil endete mit der Bestimmung einer Frageperspektive für die weitere Arbeit. Wie können wir, so hatten wir in Anlehnung an Link-Wieczorek gefragt, angesichts unserer notwendig individuellen Perspektiven auf Gott so etwas wie ein gemeinsames christliches Bekenntnis begründen? Wie lässt sich vermeiden, dass sich „die Wahrheit Gottes in die Pluralität der Perspektiven auflöst"?[130]

---

130 Link-Wieczorek, Die Wahrheit in zerbrechlichen Gefäßen (siehe 122, Anm. 120), 314.

Dieser Frage wendet sich dieser dritte Hauptteil in drei Ge-
dankengängen zu; der erste in diesem Kapitel geht Spuren Martin Luthers nach. Diese Wahl ist nicht zufällig. Das überindividuelle Bekenntnis ist für die evangelischen Kirchen nicht zuletzt in
Gestalt von Bekenntnisschriften gegeben, die im lutherischen Bereich[131] z. T. direkt auf Luther zurückgehen – so haben Luthers
Katechismen, mit denen wir uns in diesem Kapitel befassen, auch
Geltung als Teil der lutherischen Bekenntnisschriften.[132]

Bekenntnis kann freilich, so wichtig und für eine „konfes-
sionelle"[133] Identität unverzichtbar es ist, nach evangelischem Verständnis niemals eine unhinterfragbare Autorität sein. Die Reformation fußt auf der Bibel. Die Bekenntnisse formulieren also nicht
zuletzt ein bestimmtes Verständnis der Heiligen Schrift, das dieser
nun aber nicht übergeordnet werden kann und darf, sondern stets
für Korrektur von der Schrift her bzw. auch für die Formulierung
eines neuen Bekenntnisses[134] offen bleiben muss. Das reflektieren

---

131 Auf diesen konzentriere ich mich hier; daneben gibt es im evangelischen Bereich reformierte Kirchen, unter deren Bekenntnisschriften der
Heidelberger Katechismus von 1563 die bekannteste ist, und unierte Kirchen (also Unionen zwischen Lutheranern und Reformierten, ab dem
19. Jh. aus verschiedenen Gründen entstanden), die in verschiedener
Weise Bekenntnisgrundlagen geschaffen haben.

132 Eine vollständige Übersicht von deren Umfang finden Sie im Literatur-
teil, 190 dort wird die „zitierfähige" Ausgabe BSLK vorgestellt: Die Bekenntnisschriften der evangelisch-lutherischen Kirche. Hg. im Gedenkjahr der Augsburger Konfession 1930, Göttingen (letzte neuere Auflage
2002); zur Charakteristik und Zitierweise vgl. 189 f. Als Ausgabe in mo-
dernisiertem Deutsch sei genannt: Unser Glaube: Die Bekenntnisschriften der evangelisch-lutherischen Kirche – Ausgabe für die Gemeinde,
Gütersloh (2000) ⁶2008. Auszüge finden Sie auch im Evangelischen Ge-
sangbuch oder im Internet auf den Seiten der EKD (http://www.ekd.de/
glauben/bekenntnisse/index.html).

133 Der lateinische Begriff „confessio" meint in der Tat zunächst das (Glau-
bens-) „Bekenntnis"; unser Begriff der Konfession im Sinne einer durch
ein bestimmtes Bekenntnis geprägten Spielart des christlichen Glaubens
ist davon abgeleitet.

134 Als Beispiel hierfür ließe sich die Barmer Theologische Erklärung (1934)
nennen, die unter dem Eindruck und in Abwehr des nationalsozialistischen Totalitarismus entstanden ist und heute in einigen deutschen Lan-
deskirchen als Bekenntnisschrift gilt. Die 1. Barmer These findet sich 49

die Bekenntnisschriften selber, indem sie von der Schrift als „normierender Norm" (norma normans) das Bekenntnis als von ihr abgeleitete „normierte Norm" (norma normata) unterscheiden.[135] Dies ist nicht nur angesichts mancher harschen und heute nicht mehr nachvollziehbaren Abgrenzung der Bekenntnisschriften[136] eine wichtige Einsicht: Evangelisches Bekenntnis kann nichts anderes sein wollen als Auslegung der Heiligen Schrift.

Natürlich ist jedes Bekenntnis zugleich Ausdruck eines kirchlichen Einigungsprozesses. Eine Orientierung am Bekenntnis führt also auch zu einer gewissen Kirchlichkeit – oder genauer: Konfessionalität – der Theologie. Das ist durchaus sachgemäß, da die Kirche das naheliegende Forum überindividueller Wahrheitssuche ist. Es geht also nicht um die Kirche als Formalautorität oder

(bei und in Anm. 30) zitiert; der Schriftbezug wird in der Barmer Erklärung stets durch vorangestellte Bibelzitate greifbar gemacht, vor der ersten These werden Joh 14,6 und Joh 10,1.9 zitiert.

135 Diese Begrifflichkeit systematisiert den Gedanken, den die Kurzfassung (Epitome) der Konkordienformel im einleitenden Stück „Von dem summarischen Begriff, Regel und Richtschnur, nach welcher alle Lehr geurteilet, und die eingefallene Irrungen christlich erkläret und entscheiden werden sollen" (BSLK 767,8–13) formuliert, vgl. den zusammenfassenden Schluss des Abschnitts, BSLK 769,19–35: „Solchergestalt wird der Unterschied zwischen der Heiligen Schrift Altes und Neuen Testamentes und allen andern Schriften erhalten, und bleibt allein die Heilige Schrift der einig Richter, Regel und Richtschnur [lat. 769,22 f.: sola sacra scriptura iudex, norma et regula], nach welcher als dem einigen Probierstein sollen und müssen alle Lehren erkannt und geurteilt werden, ob sie gut oder bös, recht oder unrecht sein. Die andere Symbola [= Glaubensbekenntnisse] aber und angezogene Schriften sind nicht Richter wie die Heilige Schrift, sondern allein Zeugnis und Erklärung des Glaubens, wie jederzeit die Heilige Schrift in streitigen Artikuln in der Kirchen Gottes von den damals Lebenden vorstanden und ausgeleget, und derselben widerwärtige Lehr vorworfen und vordambt worden."

136 Da das Bekenntnis eine Position in der Regel innerhalb bzw. aufgrund einer Auseinandersetzung um die richtige Sichtweise bestimmt, sind häufig Verwerfungssätze Teil der Formulierungen – deren Sprachgestus („verwerfen"/„damnare") erscheint uns Heutigen oftmals schwer erträglich, jedenfalls dann, wenn es nicht wie in der Barmer Theologischen Erklärung um eine Verteidigung der Kirche gegen staatliche Übergriffe, sondern um Abgrenzungen gegenüber anderen christlichen Richtungen geht.

gar Zensurinstanz, sondern um die Kirche als die Gemeinschaft der Glaubenden oder – um wiederum mit den Bekenntnisschriften zu reden – „die heiligen Gläubigen und ‚die Schäflin, die ihres Hirten Stimme hören'".[137] In dieser Gemeinschaft und in dieser Orientierung am Wort Gottes kann sinnvoll nach überindividueller Wahrheit gefragt werden.

Gewissheit

Für Martin Luther wird die Orientierung am Wort Gottes geradezu die entscheidende Grundlage seines Wahrheitsanspruchs:[138]

Unsere Theologie ist gewiss, weil sie uns außerhalb unserer selbst versetzt: ich muss mich nicht auf mein Gewissen, die sinnliche Person, das Werk stützen, sondern auf die göttliche Verheißung und Wahrheit, welche nicht täuschen kann.

Dieser Satz lohnt ein genaues Lesen. „Gewissheit" beansprucht Luther für seine Theologie, terminologisch unterscheidet er dies sehr bewusst von „Sicherheit".[139] Der Anspruch wäre also nicht, er könne eine über allen Zweifel erhabene Theologie jedermann als wahr demonstrieren – im Gegenteil, für Luther „reimt" sich Gewissheit durchaus auf Anfechtung, da er sich gerade nie sicher war. Die Kernfrage der Theologie Luthers erschließt sich von hierher: Was gibt dem angefochtenen Glauben Grund?[140]

---

137 Martin Luther, Schmalkaldische Artikel (1537), III 12, BSLK (459,17–460,5) 459,21 f.; zitiert ist Joh 10,3.

138 Martin Luther, Galatervorlesung (1531/35), WA 40/1, 589,8–10, dort lateinisch: „Nostra theologia est certa, quia ponit nos extra nos: non debeo niti in conscientia mea, sensuali persona, opere, sed in promissione divina, veritate, quae non potest fallere." Übersetzung nach Karl-Heinz zur Mühlen, Art. Luther II. Theologie, TRE 21, 1991, (530–567) 547,33–36.

139 Vgl. Wilfried Härle, Dogmatik, Berlin/New York ³2007, 62 f. (2.2.2 b); zur Mühlen, Art. Luther II., 547,36–39 (mit Nennung mehrerer Belegstellen).

140 Das von zur Mühlen mit „versetzt" wiedergegebene lateinische „ponit" (unser Wort „Position" kommt von diesem Verb) ließe sich auch mit „(auf)stellen" oder etwas frei mit „gründen" übersetzen; dieser Aspekt wird auch durch das im Fortgang gewählte Verb „niti"/„sich stützen (auf)" akzentuiert.

Und hier antwortet er nun so, dass er eben nicht auf den Glaubenden weist, nicht auf sein Gewissen, seine Person, sein Gefühl, seine Glaubenserfahrung oder ähnliches. Dort, also in uns, ist nach Luther Gewissheit eben nicht zu finden. Dies ist nur „außerhalb unserer selbst" (extra nos) möglich – in einem Sich-Gründen auf die göttliche Verheißung (promissio). Verheißung meint dabei nicht nur ein konkretes Versprechen wie etwa die Landverheißung an Abraham o. ä., vielmehr charakterisiert der Begriff das Wort Gottes als ein solches, in dem er sich selbst und seine Gnade uns *zusagt*. Solche Verheißung lässt sich z. B. in dem Absolutionswort der Beichte hören: Deine Sünden sind dir vergeben. Das ist Zusage Gottes, promissio, formuliert in einer direkten Anrede an den Menschen vor Gott.

Wie aber verhält sich das zum „Glauben"? Durch Glauben allein, so kann die Reformation ja sagen, sei der Mensch vor Gott gerecht. Halten Sie doch an dieser Stelle kurz inne und vergegenwärtigen Sie sich den Satz, den Sie in der Vorbereitung aufgrund der Überlegungen von Härle formuliert haben. Was meint er damit, dass Glaube „daseinsbestimmendes Vertrauen"[141] ist? Und wie ließe sich das Verhältnis dieses Glaubens zur Verheißung (promissio) Gottes denken? Wir können an dieser Stelle weiterkommen, wenn wir einen Abschnitt aus Luthers Kleinem Katechismus zu Rate ziehen. Zur Taufe führt Luther dort aus:[142]

Was gibt oder nützt die Taufe?
Sie wirkt Vergebung der Sünden, erlöst vom Tod und Teufel und gibt die ewige Seligkeit allen, die es glauben, wie die Worte und Verheißungen Gottes lauten.

Welches sind solche Worte und Verheißungen Gottes?
Da unser Herr Jesus Christus spricht Markus am letzten [Mk 16,16]: „Wer da glaubt und getauft wird, der wird selig. Wer aber nicht glaubt, der wird verdammt."

---

141 Härle, Dogmatik, 56 u. ö.
142 BSLK 515,35–516,21, sprachlich behutsam modernisiert und unter Weglassung der Fragenzählung (es handelt sich um die zweite und dritte Frage zur Taufe) sowie jeweils des Stichworts „Antwort".

Wie kann Wasser solch große Dinge tun?

Wasser tut's freilich nicht, sondern das Wort Gottes, das mit und bei dem Wasser ist, und der Glaube, der solchem Worte Gottes im Wasser traut. Denn ohne Gottes Wort ist das Wasser schlicht Wasser und keine Taufe; aber mit dem Wort Gottes ist's eine Taufe, das ist ein gnadenreiches Wasser des Lebens und ein ‚Bad der neuen Geburt im Heiligen Geist‘ …

Zweierlei wird für unsere Frage in der letzten Antwort deutlich. Zum einen die genaue Beziehung zwischen Wort und Glaube: Der Glaube „traut" dem Wort Gottes, wir könnten in heutigerem Deutsch auch „vertraut" sagen. Hier stehen wir also vor der Bestimmung des Glaubens als Vertrauen. Das Wort ist für Luther der Grund, das Fundament dieses Vertrauens. Diese sachliche Vorordnung des Worts vor den Glauben wird besonders auch im letzten Satz deutlich, der ‚nur‘ mit dem grundlegenden Wort argumentiert – um keinen Preis hätte Luther in dieser Formulierung „Wort" durch „Glaube" ersetzt.[143]

Luther gründet die Gewissheit also auf Gottes Wort, das heißt auch: nicht direkt und umstandslos auf Gott. Das Wort nämlich ist die Art, wie Gott dem Menschen begegnet[144] – im Wort wird Gott

143 Dies zeigt eine Formulierung des Großen Katechismus, in der Luther sich mit der Frage nach der Gültigkeit der Säuglingstaufe befasst. Hier spitzt er wie folgt zu; BSLK 701,30–42: „Darnach sagen wir weiter, daß uns nicht die größte Macht daran liegt, ob, der da getauft wird, gläube oder nicht gläube; denn darümb wird die Taufe nicht unrecht, sondern an Gottes Wort und Gebot liegt es alles. Das ist nu wohl ein wenig scharf, stehet aber gar darauf, daß ich gesagt habe, daß die Taufe nichts anders ist denn Wasser und Gottes Wort bei und miteinander, das ist, wenn das Wort bei dem Wasser ist, so ist die Taufe recht, obschön der Glaube nicht dazu kömmpt; denn mein Glaube machet nicht die Taufe, sondern empfähet die Taufe."

144 Es greift m. E. nicht zu weit, wenn wir darin den *theologischen* Grund sehen, weshalb der Prolog des Johannesevangeliums Jesus als das „Wort" Gottes vorstellt (Joh 1,1–18). Selbstverständlich wirken sich hier *historisch* traditionsgeschichtliche Motive aus, insbesondere Einflüsse alttestamentlicher Theologie und griechischer Philosophie. Es ist aber *theologisch* wohl kein Zufall, dass eben das Wort „Wort" eine solche Karriere machen konnte.

vernehmbar, sagt er sich dem Menschen zu. Ohne solches Wort Gottes könnte der Mensch Gott nicht vertrauen.

Gott und Glaube

Dass der Glaube auf das Wort Gottes angewiesen ist, zeigt auch Luthers Auslegung des Ersten Gebots im Großen Katechismus, ein Text, der dann auch deutlich macht, inwiefern solches Vertrauen ‚daseinsbestimmend' ist:[145]

Das erste Gebot.
Du sollst nicht andere Götter haben.

Das ist, du sollst mich alleine für deinen Gott halten. Was bedeutet das und wie versteht man's? Was heißt ‚einen Gott haben' oder was ist Gott? Antwort: Ein Gott heißt das, von dem man sich alles Gute erwarten und zu dem man Zuflucht haben soll in allen Nöten. Also dass ‚einen Gott haben' nichts anderes ist, als ihm von Herzen zu trauen und zu glauben, wie ich oft gesagt habe, dass alleine das Trauen und Glauben des Herzens beide macht, Gott und Abgott. Ist der Glaube und das Vertrauen recht, so ist auch dein Gott recht, und umgekehrt: wo das Vertrauen falsch und unrecht ist, da ist auch der rechte Gott nicht. Denn die zwei gehören zusammen, Glaube und Gott. Worauf du nun (sage ich) dein Herz hängst und verlässt, das ist eigentlich dein Gott.

Darum ist es nun die Meinung dieses Gebots, dass es rechten Glauben und Zuversicht des Herzens fordert, die sich auf den rechten einzigen Gott richten und an ihm allein hängen. Und es will so viel gesagt haben: Sieh zu und lass mich alleine deinen Gott sein und suche zu keiner Zeit einen anderen! Das ist: Was dir an Gutem mangelt, das erwarte von mir und suche es bei mir und, wo du Unglück und Not leidest, kriech und halte dich zu mir. ICH, ich will dir genug geben und aus aller Not helfen, lass nur dein Herz an keinem anderen hängen noch ruhen.

Beim ersten Lesen könnte man meinen, hier wäre ja nun nicht vom Wort die Rede, Glaube und Gott würden vielmehr direkt in Beziehung gesetzt – eine Beziehung gar, die den Glauben als Grund

---

145 GrKat, Erklärung des ersten Gebots, BSLK 560,4–42 (sprachlich behutsam modernisiert).

Gottes zu benennen scheint: Der Glaube „macht" Gott, kann Luther sagen (und Ludwig Feuerbach scheint zu grüßen).

Schauen wir aber wieder genauer hin. Luther redet nicht einfach von „Glauben", sondern vom „Glauben des Herzens". Mit dem Herz als dem Personzentrum wird die Ausrichtung des ganzen Menschen genannt: Das Herz hängt an etwas oder jemand – und dieses oder diese/r wird dadurch zu „Gott", genauer zu „meinem" Gott. „Das ist eigentlich dein Gott", sagt Luther – und meint damit nicht, dass ich durch meinen Glauben Gott erschaffen hätte, sondern dass dieses Etwas oder dieser Jemand für mich Gott ist im Sinne der vorangestellten Definition: „das, von dem man sich alles Gute erwarten und zu dem man Zuflucht haben soll in allen Nöten." Es ist für Luther eine andere Frage, ob dieser Gott, an dem ich hänge, diese Erwartung auch erfüllt, ob also mein Glaube ein rechter Glaube und mein Gott der (im Sinne Luthers muss hier der bestimmte Artikel stehen!) rechte Gott ist – oder ein Abgott. Dies wird im Fortgang seiner Erklärung[146] schön deutlich: Luther nennt Beispiele für Abgötter, wobei er an erster Stelle das Geld (den Mammon) erwähnt, dann andere Begabungen oder wichtige Beziehungen, die Verehrung von Heiligen oder Bündnisse mit dem Teufel. Es ist deutlich, dass Luther die Orientierung an diesen keineswegs als gelungene Ausrichtung des menschlichen Herzens begreift, aber wer seine Hoffnung z. B. auf das Geld setzt, hat es damit eben zu seinem (Ab-)Gott gemacht. Wie aber könnte ein Mensch es schaffen, sich diesem schon zu Luthers (und Jesu: Mt 6,24!) Zeiten offenbar attraktivsten Abgott[147] zu entziehen, und sich stattdessen auf den wahren Gott auszurichten?

Hier kommt nun das Wort Gottes ins Spiel. Luther lässt in seiner Auslegung Gott zum Menschen sprechen, ja um ihn werben: „ICH, ich will dir genug geben und aus aller Not helfen, lass nur dein Herz an keinem anderen hängen noch ruhen." Ist das ernstlich noch Auslegung des ersten Gebots? Ja, wenn wir das ganze Gebot nach dem biblischen Text zur Kenntnis nehmen, das mit einer Selbstvorstellung Gottes als des Befreiers beginnt (Ex 20,2): „Ich

---

146 Vgl. BSLK 561,7–562,38.
147 Vgl. BSLK 561,16 f.: „welchs auch der allergemeinest Abgott ist auf Erden".

bin der HERR, dein Gott, der dich herausgeführt hat aus dem Land Ägypten, aus einem Sklavenhaus. Du sollst keine anderen Götter haben neben mir." Erst das Wort, erst die Zusage – die promissio – eröffnet dem Menschen überhaupt die Möglichkeit, diesem Gott zu trauen, an ihn zu glauben, das Herz an ihn zu hängen.

Glauben können

Wie ist das genau zu verstehen: Erst das Wort ermöglicht Glauben? Viele werden hier eine Wahlmöglichkeit sehen. Der Mensch sieht das Angebot des Abgotts Geld und das des rechten Gottes und trifft nun seine Entscheidung. Für Luther geht die Angewiesenheit auf das Wort aber noch weiter: Er meint, dass der Mensch eine solche Entscheidung nicht selber treffen kann – die Theologie spricht an dieser (!) Stelle vom unfreien Willen.[148] Das Wort Gottes macht nicht einfach ein Angebot, das der Mensch dann ,annehmen' könnte oder auch nicht. Das Wort Gottes schafft den Glauben im Menschen, nicht weniger. Das machen wir uns klar an Luthers Auslegung des dritten Artikels des Glaubensbekenntnisses im Kleinen Katechismus:[149]

Ich gläube, daß ich nicht aus eigener Vernunft noch Kraft an Jesum Christ, meinen Herrn, gläuben oder zu ihm kommen kann, sondern der heilige Geist hat mich durchs Evangelion berufen, mit seinen Gaben erleuchtet, im rechten Glauben geheiliget und erhalten, gleichwie er die ganze Christenheit auf Erden berüft, sammlet, erleucht, heiliget und bei Jesu Christo erhält im rechten einigen Glauben, in welcher Christenheit er mir und allen Gläubigen täglich alle Sünde reichlich vergibt und am jüngsten Tage mich und alle Toten auferwecken wird und mir sampt allen Gläubigen in Christo ein ewiges Leben geben wird; das ist gewißlich wahr.

Isolieren wir in den ersten anderthalb Zeilen nur die Kernaussage, kommen wir zu der überraschenden Formulierung „Ich glaube, dass ich nicht ... glauben ... kann". Das ist nun keine Variante

---

148 Vgl. zu dieser Frage den Schluss dieses Abschnitts.
149 BSLK 511,46–512,13.

des bekannten Sokrates-Diktums „Ich weiß, dass ich nichts weiß", sondern wir haben es mit zwei verschiedenen Verwendungsweisen des Verbs glauben zu tun: „glauben, dass" meint etwas anderes als „glauben an". „Glauben, dass" betont den Bekenntnischarakter des Glaubensbekenntnisses; mit der altprotestantischen Differenzierung des Glaubensbegriffs[150] können wir sagen, dass hier Kenntnis und Anerkenntnis (notitia und assensus) akzentuiert werden. „Glauben an" hingegen bezeichnet das Vertrauen (fiducia), das also, was in den bisherigen Ausführungen als die entscheidende Dimension des Glaubens erkennbar wurde. Die gleiche Unterscheidung lässt sich auch in anderen begrifflichen Differenzierungen fassen, etwa der zwischen fides quae creditur (Glaube, der geglaubt wird) und fides qua creditur (Glaube, durch den geglaubt wird) oder der zwischen Glauben „von" und „an" Gott.[151]

„Ich glaube, dass ich nicht glauben kann" wäre also die Formulierung der Anerkenntnis, dass die Erlangung eines ‚daseinsbestimmenden Vertrauens' auf Gott nicht einfach eine Möglichkeit des Menschen darstellt. Der Mensch kann sich nicht zum

---

150 Vgl. dazu Härle, Dogmatik, 60.
151 Letztere trifft Luther in einer Vorform des Katechismus: Martin Luther, Ein kurze Form der Zehn Gebote, eine kurze Form des Glaubens, eine kurze Form des Vaterunsers (1520), BoA [= Luthers Werke in Auswahl, hg. v. Otto Clemen] 2, 47,28–48,9 (sprachlich behutsam modernisiert): „Hier ist nun zu merken, dass auf zweierlei Weise geglaubt wird: Zum ersten *von* Gott, das ist, wenn ich glaube, dass es wahr ist, was man von Gott sagt, genauso wie wenn ich glaube, dass es wahr ist, was man vom Türken, Teufel oder der Hölle sagt. Dieser Glaube ist mehr eine Wissenschaft oder Beachtung als ein Glaube. Zum anderen wird *an* Gott geglaubt, das ist, wenn ich nicht allein glaube, dass es wahr ist, was von Gott gesagt wird, sondern setze mein Vertrauen auf ihn ... und glaube ohne allen Zweifel, er werde zu mir genauso sein und tun, wie man es von ihm sagt (auf welche Weise ich nicht glauben würde dem Türken oder Menschen, wie hoch man sein Lob auch preisen würde, denn ich glaube gerne, dass ein Mensch fromm ist, ich wage es darum aber noch nicht, auf ihn zu bauen). Solcher Glaube, der es wagt auf Gott, wie von ihm gesagt wird, es sei im Leben oder Sterben, der macht allein einen Christenmenschen und erlangt von Gott alles, was er will, den kann kein böses falsches Herz haben, denn das ist ein lebendiger Glaube ... Und diesen Glauben soll man niemandem geben als allein Gott."

Glauben entscheiden. Luthers Katechismustext macht vielmehr deutlich, dass dies ganz das Werk Gottes ist, genauer des Heiligen Geistes als der Form, in der Gottes Kraft im Menschen zur Wirkung gelangt. Gott ist aktiv, der Mensch ist passiv – er empfängt. Der Glaube ist ganz Geschenk. Nicht einmal in einem „Annehmen" dieses Geschenks kann nach Luther ein möglicher Beitrag des Menschen liegen, alles geschieht durch das Wort. Durch das „Evangelium", also die gute Botschaft, das Wort, „beruft" der Geist den Glaubenden: Die Wahl des Verbs berufen unterstreicht die dynamische Wirkung des Gottesworts. Und es geht weiter, alles ist Werk Gottes durch sein Wort: Der Mensch wird (Passiv!) erleuchtet, geheiligt, im Glauben erhalten. In der für die reformatorische Theologie unaufgebbaren Verbindung von Wort und Geist zeigt sich so eindrücklich Gott als derjenige, der allein den Glauben in uns schafft.

Eine Frage bleibt offen. Wenn Gott alles wirkt, warum gibt es dann Menschen, die Abgöttern trauen? Dieser Anstoß ließe sich doch elegant aus dem Weg räumen, wenn wir das Wort Gottes eben doch als Angebot verstehen, das der Mensch annehmen oder auch ablehnen kann. Luther sagt hier ein klares Nein, er lehnt jegliche Mitwirkung des Menschen beim Rechtfertigungsgeschehen ab – er hat selber erfahren, dass selbst übermäßige Selbstkasteiung ihm keine Gewissheit geben konnte, sondern erst die Zusage Gottes, und er war fest überzeugt, dass die Verderbtheit des Menschen so tief geht, dass wir alle hoffnungslos verloren wären, wenn wir auch nur einen minimalen Beitrag zu unserer Rettung leisten müssten.[152] Andererseits hat auch Luther natürlich den Anstoß empfunden, der durch diese Lehre von der Unfreiheit des menschlichen Willens entsteht.[153] Sein Umgang damit war so, dass er einschärft, auf keinen Fall die Fragen der Theologie von hierher aufzurollen – zuerst solle der Mensch sich um das offenbare Wort Gottes kümmern, seine Sünde und Gottes Gnade erkennen.[154]

152 Vgl. dazu die Überlegungen zu Schuld und Sünde in II.3., 94 ff.
153 Vgl. den Auszug aus De servo arbitrio, den wir zur Theodizeefrage betrachtet hatten: 109 (bei Anm. 111).
154 In diesem Sinne formuliert er in der Vorrede zum Römerbrief (1522) zu Kapitel 9–11 folgende Sätze; zit. nach Luthers Vorreden zur Bibel, hg. v.

Gesetz und Gnade

Diesen Gedanken können wir uns abschließend in Gestalt eines Bildes aus der Werkstatt von Lucas Cranach dem Älteren vor Augen stellen. Nehmen Sie sich, bevor Sie weiterlesen, zunächst Zeit zu einer eigenen Betrachtung des Bildes (S. 142 f.).

Cranach war nicht nur einer der großen Maler seiner Zeit, er arbeitete auch sozusagen als Werbegrafiker der Wittenberger Reformation – er verstand es meisterlich, die Theologie Luthers ins Bild zu setzen. Gehen wir also auf eine theologische Entdeckungsreise in dem Kunstwerk.

Auf den ersten Blick fällt die Zweiteilung des Bildes auf und fordert zur Interpretation heraus. Nötig für diese ist nicht nur die Wahrnehmung der dürren und grünen Äste des bildteilenden Baumes, sondern vor allem die Einsicht in das mehrfache Vorkommen verschiedener Personen: Der auf der linken Seite von Tod und Teufel zur Hölle gejagte Mensch steht rechts unter dem Kreuz, die ihn dort jagten, liegen hier vom Auferstandenen besiegt am Boden. Zwei Situationen also eines Menschen: Ist ein Vorher – Nachher gemalt? Für die ebenfalls im Bild gemalte Jesusgeschichte lässt sich durchaus eine Entwicklung beschreiben, sein ganzer Weg nach dem Glaubensbekenntnis findet sich wieder: Wir sehen ihn „empfangen durch den Heiligen Geist" im Bauch der „Jungfrau Maria", „gekreuzigt", „auferstanden", „aufgefahren in den Himmel"

Heinrich Bornkamm, Göttingen [4]2005, 193: „Aber hier ist den frevlen und hochfahrenden Geistern ein Mal zu stecken, die ihren Verstand zuerst hierher führen und oben anheben, zuvor den Abgrund göttlicher Versehung zu erforschen, und vergeblich damit sich bekümmern, ob sie zuvor versehen sind. Die müssen sich dann selbst stürzen, daß sie entweder verzagen oder sich in die freie Schanze schlagen. Du aber folge dieser Epistel in ihrer Ordnung, bekümmere dich zuvor mit Christo und dem Evangelio, dass du deine Sünde und seine Gnade erkennest, darnach mit der Sünde streitest, wie hier das 1., 2., 3., 4., 5., 6., 7., 8. Kapitel gelehret haben. Darnach, wenn du in das achte kommen bist, unter das Kreuz und Leben, das wird dich recht lehren die Versehung im 9., 10., 11. Kapitel, wie tröstlich sie sei. Denn ohne Leiden, Kreuz und Todesnöte kann man die Versehung nicht ohne Schaden und heimlichen Zorn wider Gott handeln."

Lucas Cranach der Ältere, Gesetz und Gnade, 1535; Nürnberg, Germanisches Nationalmuseum. Wer das Bild in Farbe betrachten möchte, findet es in zwei Teilen unter: http://www.kunst-fuer-alle.de/deutsch/kunst/kuenstler/kunstdruck/lucas-cranach-der-aeltere/1234/138/index.htm und …/1234/139/index.htm.

(rechts oben), von wo er kommen wird „zu richten die Lebenden und die Toten" (links oben). Für den Menschen aber lässt sich
eine solche Entwicklung, also etwa ein Übergang von links nach
rechts, nicht aus dem Bild erschließen. Deutlich ist jedenfalls nicht
die Unterscheidung Altes und Neues Testament gemeint, was der
richtende Christus auf der linken Seite und die alttestamentliche Erzählung von der ehernen Schlange (Num 21,4–9; vgl. Joh
3,14 f.) auf der rechten zeigen. Es ist auch nicht gemeint, dass wir
den Menschen links unter dem Papsttum und rechts in der Reformation sehen (so sehr das Bild für Luthers Rechtfertigungslehre
wirbt) oder ganz einfach links den ungläubigen und rechts den
gläubigen Menschen. Gäbe es ein solches Vorher–Nachher, dann
wäre der Mensch – erinnern wir uns an den Anfang des Kapitels –
seiner Rettung ‚sicher' und kennte keine Anfechtung mehr. Dass
aber nicht dies, sondern eine Gleichzeitigkeit beider Situationen
gemeint ist, zeigt die Blickrichtung des Menschen: Rechts schaut
er auf den Gekreuzigten und links – auch!

Diese Gleichzeitigkeit der Situation des verzweifelnden Menschen, der von Tod, Teufel, Gesetz (die Tafeln mit den Zehn Geboten!), Sünde (die Szene aus Gen 3), Gericht (der richtende Christus) und Hölle (linker Bildrand) geängstigt wird, mit der gewissen
(nicht: sicheren) Haltung des Glaubenden ist für Luthers Verständnis des Menschen zentral. Der Mensch ist „simul iustus et
peccator",[155] Gerechter und Sünder zugleich. Darum bezeichnen
„Gesetz und Gnade", wie das Bild heißt, oder wie Luther auch
sagen kann: „Gesetz und Evangelium" kein Nacheinander, so als
gelte das Gesetz nur dem noch ungläubigen Menschen, das Evangelium aber würde es sozusagen ablösen. Vielmehr ist für Luther
beides Wort Gottes: Das Gesetz zeigt dem Menschen, dass er dem
Willen Gottes nicht genügt, das Evangelium spricht ihn frei und
gerecht. So steht das Gesetz gegen jede Sicherheit des Menschen:
Die linke Seite des Bildes zeigt Anfechtung, wie sie für Luther
durchaus zum Glauben gehört. Gegen das richtende Wort des Ge-

---

155 Diese Einsicht formuliert Luther in verschiedenen Variationen seit
1515/6, vgl. die differenzierte Darbietung der Belege bei zur Mühlen,
Art. Luther II., 545,27–546,12.

setzes hilft nur die beständige Flucht zum Zuspruch des Evangeliums, der Blick auf den Gekreuzigten.

Wie wichtig die Begegnung Gottes durch sein Wort für Luther ist, zeigt auch Cranachs Bild, das vielfach „Wort" malt: Links die Gesetzestafeln mit den Zehn *Geboten* („Worte", sagt Ex 20,1) und den richtenden, also auch das *Urteil* sprechenden Christus, rechts den Engel, der Maria und den Hirten das *Evangelium* verkündet – „Euch wurde heute der Retter geboren" (Lk 2,11) –, und neben dem Menschen Johannes der Täufer, dessen beide Hände den Gekreuzigten deuten mit dem Täufer*wort* aus Joh 1,29: „Seht, das Lamm Gottes, das die Sünde der Welt hinwegnimmt". Eine für Luther sehr wichtige Gestalt des Wortes begegnet auch in den Hinweisen auf die *Sakramente*: Aus der Seitenwunde Jesu fließt Blut und Wasser (Joh 19,34), was sich auf Abendmahl (Blut) und Taufe (Wasser – hier dargestellt durch die Taube, in deren Gestalt nach der Erzählung von der Taufe Jesu durch Johannes der Geist auf Jesus kommt) deuten lässt. Diese sind sozusagen die leibliche, sinnlich wahrnehmbare Gestalt des Zuspruchs Gottes – am Beispiel der Taufe hatten wir deren ‚Bestimmung' durch das Wort gesehen –, die dem Menschen direkt begegnen bzw. mit Cranachs Bild gesprochen: sein Herz berühren. Was aber hier schon gilt – Tod und Teufel sind besiegt – kann im nächsten Augenblick schon wieder ganz anders aussehen (linke Bildseite!). So ist die Anfechtung, in der der Mensch zwischen dem Wort des Gesetzes und dem des Evangeliums hin- und hergerissen ist, zugleich ein Ausdruck der Spannung zwischen der gegenwärtigen Verheißung des Wortes und seiner noch ausstehenden Erfüllung. Sicherheit ist hier nicht im Angebot, allenfalls Gewissheit – außer dem Zuspruch Gottes, der promissio in ihrer vielfachen Gestalt bietet das Bild keinen Hinweis, was sonst den Glauben des Menschen unter dem Kreuz hervorrufen, gründen und erhalten könnte.

Und heute?

Mit einem gewissen Recht wird heute gefragt, inwieweit Luthers
wirkmächtige Theologie vor allem eine Antwort auf die Fragen ihrer Zeit formulierte. Ist die Erfahrung der Anfechtung – die Luther
mit vielen seiner Zeitgenossen teilte – heute überhaupt noch in
dieser Weise vorhanden? Zugespitzt: Ist möglicherweise durch die
Wirkungsgeschichte der Reformation die Fragestellung der Refor-
matoren erledigt worden? Und überhaupt: Ist nicht die Frage nach
einem guten Zusammenleben in der Welt für uns drängender als
die nach dem jenseitigen Heil?

Ja und Nein. Natürlich ist es richtig, dass Luthers Theologie auf
Fragen antwortet, die im 16. Jh. drängend und bedrängend waren und die so nicht mehr unsere Fragen sind; natürlich ist es richtig, dass heutige Theologie auf heutige Fragen Antworten suchen
und anbieten muss. Dennoch gehört das Wissen um die Rechtfertigung des Menschen, um seine gnädige Annahme durch Gott
auch in dieser Perspektive zu den m.E. unveräußerlichen Erb-
stücken der Reformation. Das heißt nun nicht, dass wir aufgerufen wären, durch geeignete Maßnahmen Anfechtung hervor-
zurufen, damit die Menschen nach dem Wort des Evangeliums
verlangen – das wäre ein übles Missverständnis des Zusammen-
hangs von Gesetz und Evangelium. Aber es ist auch heute wichtig, zu wissen und begründet sagen zu können, dass es vor Gott
nicht auf Leistung ankommt – gerade in unserer Zeit, die dem
Menschen Wert zunehmend nach seiner Leistung oder Leistungs-
fähigkeit zuerkennt. Es ist auch heute zu bedenken, wie wir das
Wort von der Gnade Gottes sagen können und wie die Einsicht in
das Rechtfertigungsgeschehen unser Verhältnis zu unseren Mitmenschen und unsere Beziehungen zu Kindern und Jugendlichen
in Schule und Gemeinde prägen kann. Und ich meine, dass gerade
angesichts drängender Zukunftsfragen die Zusage Gottes die Basis
bleibt, die uns Vertrauen und Hoffnung, Perspektive und Tatkraft
geben kann.

Ertrag

Vokabeln

Wort	die Basis des Glaubens: Zusage/promissio
Glauben	Vertrauen, ein Sich-Verlassen auf Gott und sein Wort
Gewissheit	gründet auf Vertrauen – Luther sieht dieses und damit die Gewissheit in dem Wort, der Zusage Gottes gegründet
Sicherheit	möchte hingegen das Fundament des Lebens selber in der Hand halten – was nach Luther ein Selbstbetrug wäre

Grammatik

Für Luther ist die Einsicht zentral, dass die Worte Mensch und Glaube nicht ohne eine entscheidende Aktivität Gottes verbunden werden können. Diese Aktivität erfolgt durch die Wirkung seines Wortes, genauer seiner Zusage (promissio). Darauf und nicht auf irgendeine Qualität des Menschen gründet Luther die Rechtfertigung und die ganze Theologie. Der Mensch ist im Geschehen der Rechtfertigung passiv, er kann nicht einmal den durch das Wort geschenkten Glauben „annehmen". Luther betont, dass nur so Gewissheit erlangt werden kann – müsste der Mensch etwas beitragen, könnte, ja müsste er daran scheitern.

2.   Beten und Tun des Gerechten

Als zweiten Zeugen der theologischen Tradition befragen wir in diesem Kapitel Dietrich Bonhoeffer. Sein Bild steht im Advance Organizer (vgl. S. 26; 208) relativ weit unten in der Nähe zu den Fragen nach Mitmensch und Welt. Damit soll reflektiert werden, dass er in besonderer Weise nach unserer Verantwortung für unser Tun und Lassen fragte. Freilich zeigt das Kapitel auch, dass Bonhoeffer dies tief mit seinem Fragen nach Gott verbunden hat.

Dietrich Bonhoeffer

Das Ende des letzten Kapitels hat die Frage angemeldet, ob heute nicht neben Luthers Betonung der Passivität des Menschen im

Rechtfertigungsgeschehen die Frage nach seiner Verantwortung für Welt und Mitmensch akzentuiert werden muss. Dies ist eine der Fragen, der sich Dietrich Bonhoeffer intensiv und entschlossen gestellt hat. Bonhoeffer ist uns bereits begegnet, als wir am Beispiel der Frage nach dem Tyrannenmord über Situationsethik nachgedacht haben.[156] Dies war für ihn eine höchst konkrete Frage: Seinen Einsatz im Widerstand gegen das nationalsozialistische Regime bezahlte Bonhoeffer kurz vor dem Ende des Zweiten Weltkriegs mit dem Leben, er wurde nicht einmal 40 Jahre alt. Und doch ist er einer der einflussreichsten deutschen Theologen des 20. Jahrhunderts geworden – nicht zuletzt durch ein Buch, das gar nicht als Buch geplant war: Unter dem Titel „Widerstand und Ergebung" hat sein Freund Eberhard Bethge Briefe gesammelt, die Bonhoeffer aus der Haft – er wurde im April 1943 verhaftet und kam bis zu seiner Hinrichtung am 9. April 1945 nicht mehr frei – an ihn und andere Freunde sowie an seine Familie geschrieben hat.[157] Er kann in den Briefen recht offen reden, da viele von ihnen geschmuggelt wurden und nicht durch die Zensur liefen. Die Veröffentlichung dieser Briefe hat eine immense Wirkung entfaltet – allein die deutschsprachige Ausgabe wurde in mehr als 350.000 Exemplaren verkauft, dazu kommen Übersetzungen in 19 Sprachen.[158]

Bonhoeffer denkt in seiner „Gefängnistheologie" u. a. darüber nach, was Christsein ausmacht. Dabei geht er zunehmend auf Distanz zu einer Interpretation des Christentums als Erlösungsreligion. Es gehe nicht in erster Linie um das Jenseits, das Diesseits ist der Ort, wo der Christ verantwortlich leben soll. Mit diesem Ge-

---

156 Vgl. in Kapitel II.2., 85 ff.
157 Die detaillierteste Ausgabe (auch mit gutem Erklärungsapparat) ist: Dietrich Bonhoeffer, Widerstand und Ergebung. Briefe und Aufzeichnungen aus der Haft, hg. v. Christian Gremmels u. a., DBW 8, Gütersloh 1998. Nach dieser Ausgabe wird im Folgenden zitiert, wobei ich aber auch jeweils die Seiten der aktuellen Taschenbuchausgabe (ab [17]2002 auf der Grundlage von DBW 8 überarbeitet) angebe. Wer in einer anderen Ausgabe nachlesen will, findet die Texte über die jeweils angegebene Datierung.
158 Angaben nach dem Nachwort von Christian Gremmels zur Taschenbuchausgabe, [17]2002, 231.

danken der „Diesseitigkeit" des Glaubens wollen wir uns in diesem Kapitel genauer befassen.

Da Bonhoeffers theologisches Denken tief mit seinem Leben verbunden ist, ist es aber nötig, zunächst einen kurzen Überblick darüber zu geben.[159] Bonhoeffer wurde am 4. Februar 1906 geboren und war bereits mit 25 Jahren Privatdozent für Theologie. Zu seinen großen Themen gehörte die Gestalt bzw. die Gestaltwerdung der Kirche (wozu er auch seine Dissertation angefertigt hatte) und im Zusammenhang damit die ökumenische Bewegung. Dieser ist er verbunden über die Weltbundarbeit, aber auch durch Tätigkeiten in Barcelona (Auslandsvikariat), New York (Studienaufenthalt) und London (Auslandspfarramt); er entdeckt dabei zunehmend die Aufgabe der Christen in der Welt. 1933, kurz nach der Machtergreifung der Nationalsozialisten, sorgt Bonhoeffer mit einem Vortrag über „Die Kirche vor der Judenfrage" für Aufsehen. Diese Frage – zu der sich die Kirche Deutschlands während des Nationalsozialismus praktisch gar nicht äußerte; sie kämpfte allenfalls für „getaufte Juden", also etwa Pfarrer mit jüdischen Vorfahren, die durch die Rassenpolitik der Nationalsozialisten bedroht wurden – hat Bonhoeffer später auch in konspirativen Aktionen zur Rettung von Juden beschäftigt. Er hat nicht nur hier früher klarer gesehen als viele andere in der sich 1934 formierenden Bekennenden Kirche, er ist auch radikaler als deren Mehrheit zu einer Neubestimmung des Verhältnisses von Kirche und Staat bereit. Dies zeigt sich etwa in seiner „Friedenspredigt", mit der er sich auf einer Ökumene-Versammlung 1934 in Fanö zum Pazifismus bekennt. 1935 gibt Bonhoeffer die sichere Distanz des Londoner Auslandspfarramts auf und wird Leiter des Predigerseminars der Bekennenden Kirche. Nach dessen Verbot und nach der Beendigung einer illegalen Weiterexistenz der Ausbildung boten ihm seine amerikanischen Freunde 1939 eine Gastdozentur in den USA an, durchaus in der Absicht, ihn längerfristig dorthin

---

159 Wer sich ausführlicher mit der spannenden Biographie Bonhoeffers und deren Verflechtung mit seiner Theologie beschäftigen will, findet einen guten Einstieg mit Renate Wind, Dem Rad in die Speichen fallen. Die Lebensgeschichte des Dietrich Bonhoeffer, Gütersloh ⁶2006.

und damit aus der Schusslinie zu holen. Bereits nach einem Monat kehrt Bonhoeffer aber zurück: Er sieht seinen Platz in Deutschland, fühlt sich zur Solidarität verpflichtet mit den Mitstreitern der Bekennenden Kirche, etwa den von ihm ausgebildeten Vikaren, aber wohl auch zur Solidarität mit seinem Volk. 1940 schließt er sich (wie zuvor schon sein Schwager Hans von Dohnanyi) dem konspirativen Widerstand an und übernimmt eine Tätigkeit in der „Abwehr", dem militärischen Auslandsgeheimdienst – offiziell soll er seine ökumenischen Kontakte zur Feindspionage nutzen, inoffiziell bei den Alliierten die Friedensbedingungen sondieren. 1943 verlobt sich Dietrich Bonhoeffer mit Maria von Wedemeyer – und wird noch vor der offiziellen Feier der Verlobung verhaftet. Nach der Entdeckung seiner Verbindung mit den Verschwörern des 20. Juli 1944 verschärfen sich die Haftbedingungen deutlich und es wird absehbar, dass er nicht auf Freilassung hoffen kann – am 9. April 1945 wird Bonhoeffer hingerichtet.

Vorbereitung

In der Darstellung und Diskussion von Bonhoeffers Gedanken konzentrieren wir uns auf vier Texte aus „Widerstand und Ergebung". Es lohnt sich, diese Texte zunächst gründlich und mehrmals zu lesen. Ziehen Sie Linien zwischen den Texten, aber auch zur Situation Deutschlands (Nationalsozialismus; Krieg) und Bonhoeffers (Haft). Achten Sie auf Bonhoeffers Deutung dieser Situation und seine Folgerungen daraus. Die ausgewählten Texte sind:

1. Der Schlussteil von Bonhoeffers „Gedanken zum Tauftag von Dietrich Wilhelm Rüdiger Bethge" (Ende Mai 1944), DBW 8, 435 f./TB: 157 f.[160] Zum Hintergrund: Bonhoeffer ist trotz seiner Haft Taufpate des Sohnes seines Freundes Eberhard Bethge geworden – aus seiner Zelle schreibt er einen längeren Text zu dessen Tauftag, der seine Wünsche für das

160 Zur Zitationsweise vgl. Anm. 157!

Kind mit einer Analyse der gegenwärtigen kirchlichen und gesellschaftlichen Situation verbindet.

2. Das Gedicht „Christen und Heiden", mit dem Brief vom 8.7.1944 an Bethge gesandt, DBW 8, 515 f./TB: 189.

3. Der Brief an Eberhard Bethge vom 18. Juli 1944, DBW 8, 535–538/TB: 193 f.

4. Der Brief an Eberhard Bethge vom 21. Juli 1944, DBW 8, 541–543/TB: 195 f. Dieser Brief setzt einerseits die Gedanken des vorigen Briefs unmittelbar fort, zeigt andererseits aber auch in manchen Anspielungen, dass er am Tag nach dem gescheiterten Hitler-Attentat durch Stauffenberg – in dessen konspirative Vorbereitung auch Bethge und Bonhoeffer eingeweiht waren – geschrieben wurde.

Eine neue Sprache

Beginnen wir mit dem Text zum Tauftag seines Patenkinds, so fällt unserem auf „Theologie als Sprache" schon geschulten Blick die Erwartung Bonhoeffers auf, dass das Wort Gottes in einer „neuen Sprache" laut werden wird, „vielleicht ganz unreligiös, aber befreiend und erlösend, wie die Sprache Jesu ..., die Sprache einer neuen Gerechtigkeit und Wahrheit, die Sprache, die den Frieden Gottes mit den Menschen und das Nahen seines Reiches verkündigt".[161]

Deutlich klingen die Akzente heraus: Es geht um Befreiung und Erlösung, aber nicht in einem religiösen Sinn. Das Stichwort „Religion" verwendet Bonhoeffer in seiner Kritik an einer v. a. auf eine jenseitige Erlösung ausgerichteten Interpretation des Christentums,[162] und setzt dagegen eine Berufung auf Jesu Verkündigung des hier und jetzt nahen Reiches Gottes – Gerechtigkeit und Wahrheit sind die Themen, die ihn interessieren. Er vermittelt aber nicht den Eindruck, als sei ihm diese neue Sprache

---

161 Dietrich Bonhoeffer, Widerstand und Ergebung, DBW 8, 436/TB: 157 f.
162 Vgl. zu diesem Verständnis von „Religion" den Abschnitt Menschsein, 155 ff.

schon bekannt; seine aktuelle Aufgabe beschreibt er eher als die Suche danach und im Zusammenhang damit als Kritik der bisherigen kirchlichen Sprache. Bonhoeffer sieht vor allem ein Versagen der Kirche an ihrer eigentlichen Aufgabe, „Träger des versöhnenden und erlösenden Wortes für die Menschen und für die Welt zu sein" – dieses als „Schuld" beschriebene Versagen verstellt den klaren Blick auf das in den „alten großen Worte[n]" wie „Versöhnung und Erlösung, … Wiedergeburt und Heiliger Geist, Feindesliebe, Kreuz und Auferstehung, … Leben in Christus und Nachfolge Christi" nur erst geahnte „ganz Neue[] und Umwälzende[]".[163] Diese Schuld fokussiert Bonhoeffer auf eine Selbstbezüglichkeit der Kirche,[164] in der sie eben ihre eigentliche Aufgabe aus dem Blick verloren habe. Hier werden wir z. B. an die „Barmer Theologische Erklärung" von 1934 denken dürfen, die zwar eine wichtige, deutliche Position gegenüber der staatlichen Einmischung in kirchliche Belange bezogen hat, es aber eben daran fehlen ließ, auch für andere – etwa die Juden – Partei zu ergreifen.[165]

Die Fähigkeit, ihre eigentliche Aufgabe an Menschheit und Welt zu erfüllen, muss die Kirche nach Bonhoeffers Überzeugung erst wieder gewinnen. Für diese Phase der Neubesinnung gilt sein Satz: „unser Christsein wird heute nur in zweierlei bestehen: im Beten und im Tun des Gerechten unter den Menschen. Alles Denken, Reden und Organisieren in den Dingen des Christentums muß neugeboren werden aus diesem Beten und diesem Tun."[166] Diese Formulierung klingt wohl nicht zufällig an das bekannte Motto des klösterlichen Lebens „ora et labora" an: Nicht nur waren die Klöster mit ihrer Frömmigkeit und ihrem konkreten Tun immer wieder eine Quelle für die Erneuerung der Kirche geworden, Bonhoeffer hatte selbst einen ähnlichen Weg auch in seinem Predigerseminar beschritten, in dem er einen festen Tagesablauf

---

163 Dietrich Bonhoeffer, DBW 8, 435/TB: 157.
164 Ebd.: „Unsere Kirche, die in diesen Jahren nur um ihre Selbsterhaltung gekämpft hat, als wäre sie ein Selbstzweck".
165 Vgl. z. B. 49 bei und in Anm. 30 das Zitat der ersten These und des dazugehörigen Verwerfungssatzes.
166 Dietrich Bonhoeffer, Widerstand und Ergebung, DBW 8, 435 f./TB: 157.

mit gemeinsamen Andachts- und Gebetszeiten etabliert hatte.[167]
Er sah offenbar gerade darin eine nötige Zurüstung auch für die –
von ihm stets klar anvisierte – politische Aufgabe der Kirche und
keineswegs einen Widerspruch zu dieser. So klingt zwar mit dem
„Tun des Gerechten unter den Menschen" das an, was Bonhoeffer auch die freie, verantwortliche Tat nennen kann, d. h. es darf
hier auch an die Verschwörung zum Tyrannenmord gedacht werden. Ein solches Tun aber, das bewusst auch gegen das Gebot verstößt, ist für Bonhoeffer nur denkbar in der Ausrichtung auf Gott
und sein Wort, in der Hoffnung auch auf seine Vergebung – und
also untrennbar mit dem Gebet verbunden. Die „neue Sprache" ist
also gegenüber den „früheren Worten" nicht einfach ein Ersetzen
der empfangenden Passivität des Glaubenden durch eine gesell-
schaftliche Aktivität, nicht eine Gegensprache gegen Luthers Einsicht in die Rechtfertigung allein aus Glauben, wohl aber fragt sie
neu nach der Entsprechung der erfahrenen Annahme im verantwortlichen Tun.

Kontemplation und Aktion

Mit dem Gedicht „Christen und Heiden" können wir diese Frage
genauer akzentuieren: Wie verhalten sich „Beten" und „Tun des
Gerechten" zueinander? Die erste Strophe des Gedichts sieht alle
„Menschen … in ihrer Not" zu Gott gehen und ihn um Hilfe bitten, „alle, Christen und Heiden".[168] Die zweite Strophe beginnt
ähnlich – die Menschen gehen zu Gott, diesmal aber in dessen
Not, die in auffallender Parallelität zu der Not der Menschen geschildert wird. Die letzte Zeile dieser Strophe formuliert dann aber
anders als die erste Strophe eine Differenz zwischen „Menschen"
und „Christen":[169]

---

167 Bonhoeffer beschreibt diese Regeln nach der Auflösung des Prediger-
    seminars 1939 in seiner Schrift „Gemeinsames Leben", die für viele
    christliche Kommunitäten anregend wurde.
168 Dietrich Bonhoeffer, Widerstand und Ergebung, DBW 8, 515/TB: 189.
169 Ebd.

2. Menschen gehen zu Gott in Seiner Not,
finden ihn arm, geschmäht, ohne Obdach und Brot,
sehn ihn verschlungen von Sünde, Schwachheit und Tod.
Christen stehen bei Gott in Seinen Leiden.

Gott, verschlungen von Tod? Man wird hier an das Kreuzesleiden
Christi denken, das in der dritten Strophe benannt wird, aber die
Interpretation angesichts der Entsprechung zur Beschreibung der
Not der Menschen in der ersten Strophe nicht darauf engführen
dürfen. Ganz offenbar ist der Gedanke der, dass in der Not der
Menschen die Not Gottes sichtbar wird: Gott wird von Bonhoeffer in einer tiefen Solidarität mit den Leiden der Menschen als
ein leidender Gott verstanden. Biblisch könnte Bonhoeffer sich
mit diesem Gedanken etwa auf Mt 25,31–46 berufen: Der richtende Christus lobt oder tadelt das Verhalten zu ihm in seiner Not,
die nach diesem Text eben in der Not der Mitmenschen sichtbar
wird. Die Wendung gegen eine Interpretation des Christentums
als eine auf jenseitige Erlösung ausgerichtete Religion findet in
diesem Gottesverständnis Bonhoeffers ein entscheidendes Motiv
und Argument.

Aber was heißt nun, „Christen stehen bei Gott in Seinen Leiden"? Wieder werden wir zunächst an die Kreuzigung und die in
Joh 19,25 beschriebene Szene denken dürfen, im Zusammenhang
der Passion auch an die synoptische Gethsemane-Szene mit Jesu
Bitte „bleibt hier und wacht mit mir" (Mt 26,38) – wieder aber auch
an Mt 25, etwa Vers 40: „Was ihr einem dieser meiner geringsten
Brüder getan habt, das habt ihr mir getan." Wird hier nun nicht
die Aktion, der Einsatz gegen Not und Leid entscheidend? Gott
wird ohnmächtig und leidend geschildert und die Christen helfen
ihm auf? Lesen wir die dritte Strophe:[170]

3. Gott geht zu allen Menschen in ihrer Not,
sättigt den Leib und die Seele mit Seinem Brot,
stirbt für Christen und Heiden den Kreuzestod,
und vergibt ihnen beiden.

---

170 Ebd., DBW 8, 516/TB: 189.

Hier wird nun deutlich, dass Bonhoeffer durchaus mit Luther die Basis teilt, dass wir Menschen vor Gott Angewiesene sind und das Entscheidende nur passiv empfangen können – und zwar für „Leib und ... Seele", also in Bezug auf das diesseitige ebenso wie das jenseitige Leben. Das Tun des Gerechten sieht Bonhoeffer also gerade nicht als Grund für irdische Anerkennung oder gar als aktiven Beitrag des Christen zu seiner Annahme durch Gott. Diese geschieht allein durch Gottes Hingehen, Gottes Sättigen, Gottes Leiden und Gottes Vergeben.

Dass Bonhoeffer hier nun ausdrücklich keinen Unterschied zwischen Christen und Heiden sieht, und zwar nicht nur in Bezug auf eine theoretische Tragweite des Kreuzestodes, sondern deutlich im Sinne einer erfolgten Vergebung (Indikativ!), verdeutlicht, wie tief Bonhoeffers Einsicht begründet ist, dass die Kirche an die ganze Welt gewiesen wäre. Zugespitzt: Wo die Kirche sich angesichts der Herausforderung durch den Nationalsozialismus ihrer Selbsterhaltung gewidmet hat, hat sie den Platz neben ihrem leidenden Gott verlassen. „Christen stehen bei Gott in Seinen Leiden",[171] diese Schlusszeile der zweiten Strophe ist dann nicht nur kein Grund zum Selbstruhm (als eine stolze Aussage über die eigene Leistung oder gar Überlegenheit über die ‚Heiden'), sie ist vielmehr im Gegenteil Selbstkritik: Die Kirche Bonhoeffers stand nicht da, wo der Platz der Christen gewesen wäre. „Christen stehen bei Gott in Seinen Leiden", das ist nicht Beschreibung, das ist Auftrag.

Menschsein

Diese Pointe unterstreicht der Brief an Eberhard Bethge vom 18. Juli 1944, der zugleich eine ausführlichere Darlegung von Bonhoeffers Kritik des ‚Religiösen' bietet. Kurz und knapp: „Christsein heißt nicht in einer bestimmten Weise religiös sein".[172] Das ist uns angesichts des heutigen Normalbegriffs von Religion nicht

---

171 Ebd., DBW 8, 515/TB: 189.
172 Ebd., DBW 8, 535/TB: 193.

leicht eingängig. Um diesen Satz zu verstehen, müssen wir erheben, was Bonhoeffer als „religiös" beschreibt. Das ist nach diesem Brief offenbar irgendeine Form der Erlösung aus der Gottlosigkeit der Welt: Durch einen „religiösen Akt" oder eine bestimmte „Methodik" richtet sich der Mensch auf Gott aus und erhofft sich dadurch die Kraft, die Gottlosigkeit der Welt bis zu seiner Rettung aus derselben zu ertragen. Religiös sein, das heißt also etwa: aus der Welt in die Gemeinschaft mit Gott fliehen.

Wenn Jesus in Gethsemane seine Jünger bittet, mit ihm zu wachen, dann ist das daher „die Umkehrung von allem, was der religiöse Mensch von Gott erwartet. Der Mensch wird aufgerufen, das Leiden Gottes an der gottlosen Welt mitzuleiden. Er muß also wirklich in der gottlosen Welt leben".[173] Nicht Rettung aus der gottlosen Welt, sondern Einweisung in eine kompromisslose Solidarität mit ihr, das ist es, was Christus bringt. Und darum geht der Satz so weiter: „Christsein heißt nicht in einer bestimmten Weise religiös sein …, sondern es heißt Menschsein, nicht einen Menschentypus", also etwa einen bekehrten Sünder o. ä., „sondern den Menschen schafft Christus in uns."[174] Auch dieser Satz lässt es wieder angezeigt erscheinen, die Goldwaage herauszuholen. Entwirft Bonhoeffer Christsein ganz von der Ethik, von einer bestimmten Sicht der Weltverantwortung her? Nein, auch hier kommt er wieder vom Empfangen, von der Passivität des Menschen her, und zwar in ihrer höchsten Form: Christus „schafft" den Menschen in uns. Er ist der Schöpfer, wir das Geschöpf – eine klarere Vorordnung der Passivität vor jede Aktivität lässt sich nicht denken. Offenbar ‚spielt' Bonhoeffer hier auch mit dem theologischen Motiv der „Menschwerdung", überträgt es von Christus auf die Christen und weitet es so aus.[175] Menschwerdung des Menschen als Auswirkung der Neuschöpfung durch Christus: Das ließe sich etwa

173 Ebd.
174 Ebd., DBW 8, 535/TB: 193.
175 Vgl. dazu ebd., DBW 8, 416/TB: 144 f. (Brief an Eberhard Bethge vom 5.5.1944): „Ich denke augenblicklich darüber nach, wie die Begriffe Buße, Glaube, Rechtfertigung, Wiedergeburt, Heiligung ‚weltlich' – im alttestamentlichen Sinne und im Sinne von Joh 1,14 [!] – umzuinterpretieren sind."

denken als ein Ankommen des Menschen in einer schöpfungs-
gemäßen Bestimmung, in einer Solidarität mit der Welt und damit in einer Christusförmigkeit. Allerdings ist solche Menschwerdung des Menschen nun deutlich nicht etwas, was in seiner
eigenen Macht steht, sondern sie geschieht an ihm. Das ist im Blick
zu behalten, wenn der nächste Satz sagt, dass „das Teilnehmen am
Leiden Gottes im weltlichen Leben" den Christen „macht".[176] Die
Vorordnung der Passivität hebt Bonhoeffer damit nicht auf, im
Gegenteil unterstreicht er im Folgenden mehrfach, dass der Aktivität des Christen Gottes Handeln zugrunde liegt. So redet er von
einem „Hineingerissenwerden"[177] (Passiv!) in das Leiden Gottes,
das beispielsweise durch den „Ruf der Jünger in die Nachfolge" erfolgt (wir denken an Luthers Betonung des Wortes!), und schildert
verschiedene Situationen des Neuen Testaments, wo Menschen in
die Sache Christi mit hineingerissen werden, um zu zeigen, dass
hier nicht ein bestimmtes Muster erkennbar ist im Sinne einer ‚religiösen Methodik' – verbunden sind diese ganz verschiedenen
Menschen vielmehr allein durch „das Teilhaben am Leiden Gottes in Christus. Das ist ihr ‚Glaube'. Nichts von religiöser Methodik, der ‚religiöse Akt' ist immer etwas Partielles, der ‚Glaube' ist
etwas Ganzes, ein Lebensakt. Jesus ruft nicht zu einer neuen Religion auf, sondern zum Leben. Wie sieht nun aber dieses Leben
aus? Dieses Leben der Teilnahme an der Ohnmacht Gottes in der
Welt? Davon schreibe ich das nächste Mal, hoffentlich."[178]

Diesseitigkeit

Dieser nächste Brief ist einer der dichtesten aus „Widerstand und
Ergebung". Geschrieben am 21. Juli 1944 blickt er auf das Scheitern des Attentats gegen Hitler zurück. Er hat v. a. in den Rahmen-
partien einen stark persönlichen Ton und trägt durchaus Züge

---

176 Ebd., DBW 8, 535/TB: 193.
177 Ebd., DBW 8, 536/TB: 194. Vgl. DBW 8, 535: „sich in den Weg Jesu mit-
hineinreißen lassen" (TB 193 hier mit abweichendem Text: „sich in den
Weg Jesu Christi mithinreißen lassen").
178 Ebd., DBW 8, 537/TB: 194.

eines Rückblicks: „Ich bin dankbar, daß ich das habe erkennen dürfen und ich weiß, daß ich es nur auf dem Wege habe erkennen können, den ich nun einmal gegangen bin. Darum denke ich dankbar und friedlich an Vergangenes und Gegenwärtiges."[179] Bonhoeffer wirkt hier auffallend gefasst und abgeklärt, er wird nicht vom Eindruck des gescheiterten Attentats in die Verzweiflung getrieben und reagiert auch nicht mit panischer Angst auf die Möglichkeit, dass nun auch seine Verstrickung in die konspirativen Umsturzpläne erkannt werden könnte, sondern ermahnt im Gegenteil Bethge, die Hoffnung auf ein Wiedersehen nicht fallen zu lassen. Etwas nach Abschied klingt zwar dieser Satz: „Gott führe uns freundlich durch diese Zeiten; aber vor allem führe er uns zu sich."[180] Ähnlich ließe sich die Aussage über die schlichte Freude an den (Herrnhuter) Losungen verstehen.[181] Aber wer nun meinte, Bonhoeffer gehe hier schließlich doch zu der Fraktion über, die Rettung aus der Welt dem Leiden in der Welt vorzieht, hätte den Brief nicht gelesen. Das wollen wir nun in einem längeren Auszug tun:[182]

Ich habe in den letzten Jahren mehr und mehr die tiefe Diesseitigkeit des Christentums kennen und verstehen gelernt; nicht ein homo religiosus[183], sondern ein Mensch schlechthin ist der Christ, wie Jesus – im Unterschied wohl zu Johannes dem Täufer – Mensch war. Nicht die platte und banale Diesseitigkeit der Aufgeklärten, der Betriebsamen, der Bequemen oder der Lasziven, sondern die tiefe Diesseitigkeit, die voller Zucht ist, und in der die Erkenntnis des Todes und der Auferstehung immer gegenwärtig ist, meine ich. Ich glaube, daß Luther in

---

179 Ebd., DBW 8, 542/TB: 196.
180 Ebd., DBW 8, 543/TB: 196.
181 Vgl. ebd., DBW 8, 541/TB: 195. Nach DBW 8, 541, Anm. 3+4, waren die Losungen des 20. Juli Ps 20,8: „Diese setzen Wagen [gemeint: Streitwagen] und jene auf Rosse [Kavallerie], wir aber rufen an den Namen des HERRN, unseres Gottes." und Röm 8,31: „Wenn Gott für uns ist, wer kann wider uns sein?", die des 21. Juli Ps 23,1: „Der HERR ist mein Hirt, mir mangelt nichts" und Joh 10,14: „Ich bin der gute Hirt und kenne die Meinen, und die Meinen kennen mich".
182 Ebd., DBW 8, 541 f./TB: 195 f. Zitate aus diesem Abschnitt weise ich in der folgenden Interpretation nicht nochmals nach.
183 Lateinisch: Religiöser Mensch.

dieser Diesseitigkeit gelebt hat. Ich erinnere mich eines Gespräches, das ich vor 13 Jahren in Amerika mit einem französischen jungen Pfarrer[184] hatte. Wir hatten uns ganz einfach die Frage gestellt, was wir mit unserem Leben eigentlich wollten. Da sagte er: ich möchte ein Heiliger werden (– und ich halte für möglich, daß er es geworden ist –); das beeindruckte mich damals sehr. Trotzdem widersprach ich ihm und sagte ungefähr: ich möchte glauben lernen. Lange Zeit habe ich die Tiefe dieses Gegensatzes nicht verstanden. Ich dachte, ich könnte glauben lernen, indem ich selbst so etwas wie ein heiliges Leben zu führen versuchte. … Später erfuhr ich und ich erfahre es bis zur Stunde, daß man erst in der vollen Diesseitigkeit des Lebens glauben lernt. Wenn man völlig darauf verzichtet hat, aus sich selbst etwas zu machen – sei es einen Heiligen oder einen bekehrten Sünder oder einen Kirchenmann (eine sogenannte priesterliche Gestalt!), einen Gerechten oder einen Ungerechten, einen Kranken oder einen Gesunden – und dies nenne ich Diesseitigkeit, nämlich in der Fülle der Aufgaben, Fragen, Erfolge und Mißerfolge, Erfahrungen und Ratlosigkeiten leben, – dann wirft man sich Gott ganz in die Arme, dann nimmt man nicht mehr die eigenen Leiden, sondern das Leiden Gottes in der Welt ernst, dann wacht man mit Christus in Gethsemane, und ich denke, das ist Glaube, das ist μετάνοια[185]; und so wird man ein Mensch, ein Christ. (Vgl. Jerem. 45!). Wie sollte man bei Erfolgen übermütig oder an Mißerfolgen irre werden, wenn man im diesseitigen Leben Gottes Leiden mitleidet? Du verstehst, was ich meine, auch wenn ich es so kurz sage.

In diesem dichten Text bündeln sich die Linien, die wir bisher schon verfolgt haben: Die Kritik an der Religion als Methode (etwas aus sich machen), die Einsicht, dass Christsein eigentlich Menschsein ist, die Interpretation dieses Ausdrucks vom Leiden Christi her und von seiner Aufforderung, in diesem Leiden mit ihm zu wachen. „Glauben lernen" ist, so Bonhoeffer, ein tiefer Gegensatz dazu, ein Heiliger zu werden. Der Begriff des „Heiligen" ist geradezu durch seine Trennung vom Profanen, also vom Welt-

---

184 Es handelt sich um Jean Lasserre, den Bonhoeffer in New York kennengelernt hatte und der ihm entscheidende Impulse für die Hinwendung zum Pazifismus gab.

185 Sprich metánoia; griechisch bzw. neutestamentlich für „Umkehr", „Buße".

lichen definiert – glauben lernen hingegen heißt für Bonhoeffer Menschwerdung, heißt Solidarisierung mit der Welt nach dem Vorbild Jesu und Gottes.[186] Es wird deutlich, wie sehr diese Haltung Bonhoeffer trägt – in den Bedingungen seiner Haft, in dem Eindruck auch von „Mißerfolgen" wie dem gescheiterten Attentat. Und dieses Getragenwerden im Glauben ist es, das Bonhoeffer in „fromm" klingenden Sätzen formulieren kann, die bei ihm aber eben nicht ‚religiös' gemeint sind. Bonhoeffer selber wird so ein gutes Beispiel dafür, dass Glaube ein „Lebensakt"[187] ist.

Alle diese Linien schießen nun zusammen im Begriff der „Diesseitigkeit". Was meint Bonhoeffer damit? Jedenfalls meint er keine Leugnung eines Jenseits, dagegen spricht der eingangs dieses Abschnitts zitierte Satz ebenso wie der Hinweis, dass in der Diesseitigkeit „die Erkenntnis des Todes und der Auferstehung immer gegenwärtig ist". Es geht also nicht darum, sich möglichst gemütlich in der Welt einzurichten oder aus dem Leben möglichst viel herauszuholen. Bonhoeffer versteht Diesseitigkeit vielmehr ganz vom Eingehen Gottes in diese Welt her. Gott geht dahin, wo Leiden ist – ja, Gott selbst leidet. Und genau das ist der Ort der Diesseitigkeit: „Christen stehen bei Gott in Seinen Leiden."[188] Das, dieses Menschsein, sagt Bonhoeffer, „das ist Glaube, das ist μετάνοια".

Damit schließt sich der Kreis zu unserem ersten Bonhoeffer-Text. Auf den ersten Blick passt das zwar nicht zusammen: Das „Leiden" und das „Tun des Gerechten". Doch das Leiden kommt für Bonhoeffer ja eben vom Begriff des Lebens in den Blick und

---

186 Dass sich dieses Leiden in der Welt nicht „nur" von Jesus Christus, sondern auch von Gott aussagen lässt, zeigt Bonhoeffer mit dem Hinweis auf Jer 45: Hier lässt Gott den klagenden und leidenden Propheten in sein Herz schauen. Deutlich wird: Die Ablehnung und Anfeindung, die der Prophetenjünger Baruch erfährt, und sein Schmerz über das Gericht Gottes in der Zerstörung Jerusalems durch die Babylonier sind gering im Vergleich zu dem Leiden Gottes, der hier doch seine Stadt, seine Pflanzung vernichtet: „dies mein ganzes Land" (Jer 45,4) hatte Bonhoeffer in seiner Lutherbibel unterstrichen.

187 Ebd., DBW 8, 537/TB: 195 (Brief vom 18.7.1944).

188 Ebd., DBW 8, 515/TB: 189 (Gedicht „Christen und Heiden").

Leben ist aktives Tun.[189] Wenn Bonhoeffer dankbar auf seinen Weg verweist, dann ist das der Weg, der ihn auch in den konspirativen Widerstand gegen Hitler geführt hat. Die freie, verantwortliche Tat steht nicht im Gegensatz zur Teilnahme am Leiden Gottes in der Welt, die Bereitschaft zu ihr wird im Gegenteil genau hier geboren. Diesseitigkeit heißt eben nicht nur, „in der Fülle der Aufgaben, Fragen, Erfolge und Mißerfolge, Erfahrungen und Ratlosigkeiten leben [!]", Diesseitigkeit heißt damit auch, „nicht mehr die eigenen Leiden, sondern das Leiden Gottes in der Welt ernst" zu nehmen. Es scheint mir deutlich, dass diese Entscheidung, nicht das eigene Leiden für wichtiger zu nehmen als das Leiden Gottes, eine wichtige Voraussetzung dafür war, dass Bonhoeffer den gefährlichen Weg der Konspiration eingeschlagen hat.

Auch in einer anderen Perspektive lässt sich ein Bogen schlagen von den „Gedanken zum Tauftag" zum Brief vom 21. Juli 1944: Bonhoeffer suchte dort nach jener neuen Sprache, die „die alten großen Worte der christlichen Verkündigung" neu und umwälzend zu sagen weiß.[190] Damit meint er wohl ziemlich genau das, was er hier am Begriff der μετάνοια – Umkehr bzw. Buße – vorführt: Er entwindet diesen Begriff einer ‚religiösen Methodik‘, die fordert, der Mensch müsse erst ein zerknirschter Sünder sein, um dann in einer Hinwendung zu Gott errettet zu werden. Bonhoeffer interpretiert den Begriff neu als eine Umkehr von selbstsüchtiger Weltflucht hin in eine bewusste, in Tat und Leiden bewährte Solidarität mit dem Leiden der Welt. Die von Bonhoeffer gesuchte „Sprache einer neuen Gerechtigkeit und Wahrheit"[191] ist keine Sprache der Selbstgerechtigkeit und der Macht, sondern eine Sprache der Solidarität mit der Ohnmacht.

---

189 Vgl. dazu ebd., DBW 8, 549/TB: 198f. (Brief an Eberhard Bethge vom 28.7.1944): „nicht nur die Tat, sondern auch das Leiden ist ein Weg zur Freiheit ... Ob die menschliche Tat eine Sache des Glaubens ist oder nicht, entscheidet sich darin, ob der Mensch sein Leiden als eine Fortsetzung seiner Tat, als eine Vollendung seiner Freiheit versteht oder nicht. Das finde ich sehr wichtig und sehr tröstlich."

190 Ebd., DBW 8, 435/TB: 157 (Gedanken zum Tauftag von D. W. R. Bethge).

191 Ebd., DBW 8, 436/TB: 157.

Und heute?

Wie bei Luther werden wir auch bei Bonhoeffer fragen müssen, inwieweit seine Theologie ein Kind ihrer Zeit ist. Sie scheint in ihrer Radikalität der radikalen Herausforderung durch den Nationalsozialismus und das vielfratzige Unrecht jener Zeit zu begegnen. Doch sollten wir vorsichtig sein mit einer vorschnellen Relativierung von Bonhoeffers Impulsen. Geschieht in unserer Weltwirtschaftsordnung nicht strukturelles Unrecht in Dimensionen, die eine nicht minder radikale Herausforderung darstellt? Ist die zunehmende soziale Kälte unserer deutschen Gesellschaft nicht eine Gestalt des Leidens Gottes in der Welt? Sind wir nicht zu verantwortlichem Tun aufgerufen angesichts der Frage der Bildungsgerechtigkeit? So lassen sich größere und kleinere Probleme nennen, die auch heute den Glauben als ein Leben in der Diesseitigkeit fordern.

Evangelische Theologie sollte dabei m. E. Bonhoeffers Impulse nicht ohne seine Einsicht in die grundlegende Passivität des Menschen vor Gott übernehmen. Gewiss ergänzt er mit seiner Betonung der Verantwortung für Mitmensch und Welt Aspekte, die in Luthers Rechtfertigungslehre nicht zentral sind. Er setzt dies aber nicht an die Stelle eines Glaubens, der sich ganz Gott verdankt, sondern er entwickelt dies als dessen Auswirkung. Das ist in gewissem Sinne eine neue Sprache und Wahrheit, es ist aber keine gänzlich andere. Wir werden Luthers *und* Bonhoeffers Sprache heute in unserem Reden von Gott verantwortlich aufzunehmen haben.

Ertrag

Vokabeln

Diesseits	die Welt, in die Gott solidarisch eingegangen ist
Umkehr	sich mit hineinreißen lassen in die Solidarität Gottes zur Welt
religiös	mitunter nicht das, was Gott, sondern was der Mensch sucht
Mensch	das, was Jesus wurde, und was wir werden können und sollen

Grammatik

Bonhoeffers Aufforderung, die großen alten Worte der christlichen Verkündigung neu zu interpretieren, zielt sozusagen auf eine Revision bewährter Sprachregeln. Er möchte damit nicht die Vokabeln austauschen, sondern fragt neu nach ihrer Verknüpfung untereinander und mit Begriffen wie Welt, Christ, Heide, Mensch. So entsteht aus den alten Worten eine neue Sprache. Es mag Zeiten geben, die – wie die Zeit Bonhoeffers – in besonders dringender Weise an diese Aufgabe der Suche nach einer neuen Sprache gewiesen waren. Doch ist jede Zeit aufgerufen, die Angemessenheit ihrer Sprache und ihrer Verwendung der großen alten Worte zu prüfen und ggf. wieder zu gewinnen. Auch unsere.

3.   Wahrheit und Pluralismus

Unser dritter und letzter Gesprächspartner aus der theologischen Tradition ist mit Christoph Schwöbel ein Theologe der Gegenwart. Er verdankt seinen Platz in unserer „Ahnengalerie" der Frage, mit der er sich im Text zum Kapitel befasst – wie können/sollen wir unter den Bedingungen des Pluralismus von einer christlichen Wahrheit reden? Schwöbels Bild steht im Advance Organizer (vgl. S. 26; 208) relativ weit oben, weil er mit der Frage nach Wahrheit und Pluralismus eine wichtige Dimension der heutigen Gestalt der Gottesfrage beleuchtet. Dass wir diese Frage natürlich nur an unserem Ort (also „unten") bedenken können und dass sie nicht zuletzt für die Gestaltung unserer Beziehungen zu anderen und anders nach Gott fragenden Menschen wichtig ist, ist gleichwohl klar.

Vorbereitung

Das Thema Wahrheit und Pluralismus möchten wir in Auseinandersetzung mit Thesen aus einem Aufsatz des Tübinger Systematischen Theologen Christoph Schwöbel angehen: Die Wahrheit des Glaubens im religiös-weltanschaulichen Pluralismus, in: Ders., Christlicher Glaube im Pluralismus. Studien zu

einer Theologie der Kultur, Tübingen 2003, 25–60.[192] Da dieser
Text recht lang und denkerisch anspruchsvoll ist, wird das folgende Kapitel – anders als sonst – nicht nur Impulse aus dem
Text aufnehmen, sondern die Linie seiner Gedankenführung
nachzeichnen. Dennoch ist es natürlich sinnvoll, den Text vorher zu lesen. Mein Rat ist, dass Sie sich zunächst ein eigenes Verständnis der Thesen erarbeiten. Zu diesem Zweck werden die
Thesen im Folgenden vollständig zitiert. Lesen Sie sie gründlich,
bis Sie sie in eigenen Worten wiedergeben, also eine Paraphrase
erstellen können. Bitte notieren Sie sich Ihre Paraphrasen und
schauen Sie sie dann jeweils nach der Lektüre der entsprechenden Abschnitte des Aufsatzes (oder, wenn Sie es sehr eilig haben:
des folgenden Kapitels) nochmals an. Wenn sich Ihr Verständnis
der Thesen gewandelt/vertieft hat, überarbeiten Sie bitte Ihre eigenen Formulierungen entsprechend. Zunächst also die Thesen:[193]

These 1: *Die gegenwärtige Situation der Gesellschaft kann als reli-
giös-weltanschaulicher Pluralismus charakterisiert werden, d. h. als
ein Zustand, in dem weltanschauliche Basisorientierungen, die beanspruchen, die Situation des Menschen in der Welt umfassend zu deuten und so zu ihrer Gestaltung anzuleiten, sich in einem Verhältnis der
Koexistenz und Konkurrenz befinden. Sie ist das Ergebnis geschicht-
licher Pluralisierungsprozesse, in die das evangelische Christentum
seit der Reformation tief verwickelt ist, und stellt für die evangelische
Theologie die Aufgabe, diese Situation theologisch zu begreifen.*

These 2: *Den weltanschaulich-religiösen Pluralismus theologisch zu
begreifen, bedeutet, die von ihm gestellten Fragestellungen aus der
Perspektive des christlichen Glaubens aufzunehmen und zu bearbeiten. Das ist die Voraussetzung dafür, Identität und Wahrheitsanspruch des christlichen Glaubens in der pluralistischen Situation angemessen zu vertreten.*

192 Wer keinen Zugriff auf das Buch hat, kann den Text jedenfalls teilweise
bei Google-Books nachlesen: http://books.google.de/books?id=clcRqp
mxVzEC&pg=PA25&lpg=PP1.
193 Christoph Schwöbel: Die Wahrheit des Glaubens im religiös-weltanschaulichen Pluralismus, in: Ders., Christlicher Glaube im Pluralismus.
Studien zu einer Theologie der Kultur, Tübingen 2003, (25–60) 27, 33, 38,
43, 47 und 57 (= Seitenzahlen zu den Thesen 1–6).

These 3: *Christlicher Glaube kann als Beziehung unbedingten daseinsbestimmenden Vertrauens auf Gott als den Grund, Sinn und Ziel des Seins der Welt und des menschlichen Lebens in ihr verstanden werden. Die Gottesbeziehung des Glaubens bestimmt so die Selbstbeziehung und die Weltbeziehung der Glaubenden.*

These 4: *Als unbedingtes existenzbestimmendes Vertrauen auf Gott schließt der christliche Glaube ein umfassendes Wirklichkeitsverständnis ein, das im Bekenntnis des Glaubens formuliert wird. Dieses Wirklichkeitsverständnis, das theologisch als Gottes-, Selbst- und Weltverständnis entfaltet werden muß, ist ein Implikat des Gottes-, Selbst- und Weltverhältnisses des christlichen Glaubens. Das Glaubensbekenntnis formuliert den Inhalt des Glaubens, der den Akt des Glaubens ermöglicht und fordert und in Aussagen formuliert werden kann und muß, die einen Wahrheitsanspruch erheben. Die Beziehung auf diesen Inhalt ermöglicht es den Glaubenden, ihren stets nur in personaler Gewißheit lebendigen Glauben im gemeinsamen Bekenntnis zu formulieren und in ihrer stets partikularen und pluralen Glaubensgewißheit den in seinem Inhalt begründeten universalen Wahrheitsanspruch des christlichen Glaubens zu bezeugen.*

These 5: *In den philosophischen Debatten des 20. Jh. wird die Frage nach der Wahrheit in den Theorien der Wahrheit behandelt. Neben der Erklärung, was unter „wahr" zu verstehen sei, bemühen sie sich darum, Kriterien der Wahrheit anzugeben, Verfahren der Wahrheitsfindung zu beschreiben und den Stellenwert der Wahrheit im Zusammenhang der Lebenspraxis bzw. einer ihrer Bereiche, z. B. der Wissenschaft, zu erfassen. Welche Positionen hinsichtlich der Grundfragen der Wahrheitstheorie eingenommen werden, entscheidet sich an der Art des Wirklichkeitsverständnisses, in dessen Rahmen die Wahrheitsfrage behandelt wird. Im Wirklichkeitsverständnis des christlichen Glaubens wird die Wahrheitsfrage der Lebensform des christlichen Glaubens zugeordnet, wodurch die Beziehung ihrer unterschiedlichen Aspekte aus dem Charakter des Glaubens einsichtig gemacht werden kann.*

These 6: *Die Vertretung der Wahrheit des christlichen Glaubens in der Situation des weltanschaulich-religiösen Pluralismus muß sich an den Strukturen des Wahrheitsbewußtseins des christlichen Glaubens orientieren. Die Formen der Vertretung der Wahrheit des Glaubens sind Zeugnis, Dialog und verantwortliche Lebensgestaltung in der Gemeinschaft des Glaubens und in Kooperation mit anderen Glaubens-*

*und Weltanschauungsgemeinschaften. Die Konkurrenz des Wahr-
heitsbewußtseins der Religionen und Weltanschauungen schließt aus
der Sicht des christlichen Glaubens Koexistenz und Kooperation nicht
aus, sondern ein, sofern sie aus dem Wahrheitsbewußtsein des christlichen Glaubens begründet werden können und nicht dessen Suspen-
dierung voraussetzen. Grund und Grenze der Vertretung der Wahrheit des christlichen Glaubens findet in der Überzeugung Ausdruck,
daß Gott der Ort der Einheit der Wahrheit ist. Bis zum Erscheinen der
Einheit der Wahrheit in der* visio beatifica in patria *[= seligmachende
(Gottes-)Schau im Vaterland] ist der Pluralismus des Wahrheitsbewußtseins* in via *[= auf dem Weg] aus der Perspektive des Glaubens
zu ertragen (Toleranz) und zu gestalten.*

Pluralismus als vorgegebener Horizont

Nach überindivdueller Wahrheit wollen wir fragen in diesem letzten Hauptteil. Kerneinsichten der Theologie Luthers und Überlegungen Bonhoeffers haben uns angeleitet, nach unverzichtbaren
Einsichten zu suchen. Aber machen wir es uns nicht zu einfach, wenn
wir von vornherein auf dem Boden der (evangelischen) Theologie
argumentieren? Müsste ein Wahrheitsanspruch, der sich im Gespräch bewähren soll, angesichts der heutigen gesellschaftlichen
Situation nicht noch ganz anders begründet werden? Dieser notwendigen Frage stellt sich der Aufsatz von Christoph Schwöbel.

Wer eine Wahrheit behauptet, muss sie auch vertreten können.
Daher ist zunächst einmal zu fragen, was überhaupt als „Wahrheit"
gelten kann – und dies ist abhängig auch von der jeweiligen geis-
tesgeschichtlichen Situation. Gegenwärtig, so sagt es Schwöbels
erste These, gehört dazu die Wahrnehmung, dass sich verschiedene „weltanschauliche Basisorientierungen ... in einem Verhältnis der Koexistenz und Konkurrenz befinden".[194] Dieser Zustand
des Pluralismus ist geschichtlich betrachtet durch die Säkularisierung entstanden, aber nicht mit dieser identisch. Religiös-weltan-
schaulicher Pluralismus meint nämlich nicht, dass Religion in den
Bereich des Privaten gehört – wie es die Säkularisierung vertrat –,

---

194 Ebd., 27 (1. These; zitiert 164).

sondern stellt den Streit um religiöse Wahrheit im Gegenteil in das Licht der Öffentlichkeit. So gesehen ist nicht nur die Säkularisierung als Wegbereiterin des Pluralismus zu sehen, sondern auch historische Entwicklungen wie die Auflösung der kirchlichen Einheit durch die Reformation. Pluralismus ist dann aber nicht einfach etwas, das der Theologie von außen als Herausforderung entgegentritt, sondern wurde und wird von ihr selber gefördert.

Schwöbel folgert daraus, dass Theologie den religiös-weltanschaulichen Pluralismus theologisch begreifen muss. Das bedeutet, so seine zweite These, „die von ihm gestellten Fragestellungen aus der Perspektive des christlichen Glaubens aufzunehmen und zu bearbeiten.“[195] Alles andere würde letztlich darauf hinauslaufen, dass sich Theologie und Kirche – sofern sie sich innerhalb der religiös pluralistischen Situation begreifen wollen – das Deutemuster für ihr Selbstverständnis von außen vorgeben lassen müssten. Zu dem geforderten theologischen Begreifen hilft die Einsicht, dass die Kirche selber von ihren Anfängen her plurale Gestalt hat. Schwöbel begründet dies im Gespräch mit Ebeling[196] unter Verweis auf den Zusammenhang von Wort und Glauben, den wir uns in der Beschäftigung mit Luthers Theologie verdeutlicht hatten:[197]

---

195 Ebd., 33 (2. These; zitiert: 164).
196 Zur Verdeutlichung des Gedankens hier der von Schwöbel, ebd., 34–36, in drei Abschnitten zitierte Text: Gerhard Ebeling, Art. Theologie I. Begriffsgeschichtlich, RGG³ 6, 1962, (754–769) 760: „Die auffallende Tatsache, daß schon ... am Anfang das Christentum vielgestaltig in Erscheinung tritt, ist paradoxerweise Symptom des Konstitutiven. Diese Vielgestaltigkeit ist keineswegs als solche im Widerspruch zu dem einen für das Christentum Spezifischen, vielmehr entspricht sie, recht verstanden, diesem so sehr, daß das Konstitutive nicht jenseits von ihr, sondern nur in ihr als Grund der Einheit geltend gemacht werden kann, so daß sich der Grund der Einheit als Grund der Vielgestaltigkeit zur Geltung bringt. ... Das für das Christentum Konstitutive stellt sich nicht ein als *Fixierung* des Konstitutiven (wie die Niederschrift eines Gesetzes, die Formulierung eines Mythos, die Festsetzung einer Lehre), dessen Weise konstitutiv zu sein sich darin erfüllte, fixiert zu sein. ... Vielmehr tritt das für das Christentum Konstitutive als *Verkündigung* des Konstitutiven auf, so daß das Konstitutivsein sich erfüllt im antwortenden und verantwortenden Glauben.“
197 Vgl. dazu III.1., 129 ff.

Konstitutiv für das Christentum ist das verkündigte Wort, dem der Glaube antwortet. Der Glaube ist aber notwendig individuell geprägt, womit der tiefste Sachgrund für die plurale Gestalt des Christentums gerade seine Beziehung auf den einheitlichen Grund des Wortes ist. In Schwöbels Worten: „Die Tatsache, daß Gott die Wahrheit des Evangeliums ganz bestimmten Menschen in der konkreten Vielheit ihres persönlichen, sozialen und kulturellen Lebens gewiß macht, beinhaltet, daß Glaube immer nur in einer Pluralität von miteinander nicht ohne weiteres zu vereinbarenden Glaubensgestalten bezeugt wird."[198] Dies zeigt bereits das Neue Testament, das eine „pluralistische Bibliothek von Glaubenszeugnissen"[199] darstellt. Die Einheit dieser Glaubensgestalten kommt nur und erst „im Verweis auf den sie ermöglichenden Grund des Glaubens im Gewißheit schaffenden Handeln Gottes"[200] in den Blick.

Dieser letzte Gedanke besagt aber neben der Einheit der Glaubensgestalten auch eine Selbstbegrenzung des Glaubens: Er weiß, dass er sich nicht selbst begründen kann. Solange diese Voraussetzung gegeben ist, dass religiöse Gewissheit sich selbst als „unverfügbar begründet"[201] versteht, kann Schwöbel sich daher auch vorstellen, den Gedanken einer in einem einheitlichen Grund gegebenen Einheit verschiedener Glaubensgestalten auch auf andere Religionen auszudehnen. Wir kommen auf diese Überlegung noch zurück.

---

198 Schwöbel, Die Wahrheit des Glaubens im religiös-weltanschaulichen Pluralismus, 37.
199 Ebd. Dass die Bibel ein vielstimmiges Zeugnis bildet, hatten wir schon gesehen, vgl. 19 f., und II.5., Unverfügbarkeit und Offenbarung Gottes, 122 ff. Sehr bekannt wurde die diesbezügliche These des Neutestamentlers Ernst Käsemann, Begründet der neutestamentliche Kanon die Einheit der Kirche?, in: Ders., Exegetische Versuche und Besinnungen 1, Göttingen 1960, (214–223) 221: „Der nt.liche Kanon begründet als solcher nicht die Einheit der Kirche. Er begründet als solcher, d. h. in seiner dem Historiker zugänglichen Vorfindlichkeit dagegen die Vielzahl der Konfessionen."
200 Schwöbel, Die Wahrheit des Glaubens im religiös-weltanschaulichen Pluralismus, 37.
201 Ebd., 38.

Das Selbstverständnis des christlichen Glaubens

In den letzten Überlegungen ist bereits Entscheidendes grundgelegt, wenn wir ein Selbstverständnis des christlichen Glaubens beschreiben wollen. So ist nochmals deutlich geworden, dass der Glaube auf einem Fundament ruht, das ihm nicht verfügbar ist: Die entscheidende Relation des Glaubens ist die Gottesbeziehung. In Schwöbels dritter These begegnet uns die Bestimmung des Glaubens als „daseinsbestimmendes Vertrauen" wieder, die wir bereits bei Härle gefunden und diskutiert haben.[202] Schwöbel betont das Worauf dieses Vertrauens und befasst sich dafür in der Darlegung seiner These mit Luthers Erklärung zum Ersten Gebot im Großen Katechismus. Wie wir gesehen hatten,[203] geht Luther hier davon aus, dass jeder Mensch ‚glaubt', nur eben nicht unbedingt richtig – wer sein Herz nicht an den rechten Gott hängt, hängt es an den falschen. Glaube begreift Luther dabei – so oder so – als eine „Grundorientierung des Lebens …, die die Gestaltung des *ganzen* Lebens bestimmt"[204]: Glaube als solches *daseinsbestimmendes* Vertrauen wäre also „eine anthropologische Konstante",[205] das heißt er müsste sich bei jedem Menschen finden lassen.

Mit der Einsicht, dass der Grund des Glaubens diesem selbst unverfügbar ist und bleibt, liegt nun auf der Hand, dass der Glaube angefochten ist. Erinnern Sie sich dazu an das doppelte Vorkommen des Menschen in dem Cranach-Bild „Gesetz und Gnade":[206] Er wird von Teufel, Tod und Sünde gehetzt und zugleich (!) steht er ruhig unter dem Kreuz Jesu. Das liegt eben daran, dass die Wahrheit des Glaubens sich nicht in der menschlich zugänglichen „Alltagserfahrung" zeigt, sondern allein in „Gottes Wahrhaftigkeit" gründet: „Die Wahrheit des Glaubens wird … also nicht

---

202 Ebd., 38 (3. These; zitiert: 165). Vgl. zu diesem Begriff Wilfried Härle, Dogmatik, Berlin/New York ³2007, 56 u. ö. und dazu die Erörterungen in III.1., 129 ff.
203 Zu diesem Text vgl. III.1., Gott und Glaube, 136 ff.
204 Schwöbel, Die Wahrheit des Glaubens im religiös-weltanschaulichen Pluralismus, 41.
205 Ebd., 39.
206 Vgl. 142 f.

außerhalb der Glaubensbeziehung zu Gott angesiedelt, sondern in ihr.[207] Deshalb muss das Gebot des Vertrauens auch theologisch notwendig gegründet werden auf die Zusage und Gabe Gottes.[208]

Mit dieser Denkfigur ist freilich noch mehr gegeben. Dass die Wahrheit des Glaubens innerhalb der Gottesbeziehung angesiedelt ist, bedeutet auch, dass sie nicht „neutral" dargestellt und diskutiert werden kann. Der Glaube ruht auf der Gabe und Vorgabe des Worts, das er sich gesagt sein lassen muss. Dieses Wort sagt nicht nur etwas aus über Gott, sondern indem es im Menschen Glauben weckt, bestimmt es auch sein Selbstverständnis und weist ihm einen bestimmten Platz in der Welt an. Mit Schwöbels vierter These gesagt: Der christliche Glaube impliziert notwendig ein „umfassendes Wirklichkeitsverständnis".[209] Dieses Wirklichkeitsverständnis sieht „Grund, Sinn und Ziel der Wirklichkeit durch den Verweis auf Gottes Handeln bestimmt."[210] Als Beispiel für den Zusammenhang von Gottes-, Selbst- und Welterkenntnis wählt Schwöbel das Bekenntnis zu Gott als Schöpfer: „Aussagen über das Schöpfersein Gottes entsprechen ... Aussagen über die Verfassung der Welt als Schöpfung und über die Bestimmung des Menschen zur Geschöpflichkeit, die in ihrem Zusammenhang das Wirklichkeitsverständnis des Glaubens zum Ausdruck bringen."[211]

---

207 Schwöbel, Die Wahrheit des Glaubens im religiös-weltanschaulichen Pluralismus, 41.
208 Ebd., 42 f., macht Schwöbel dies in einem Hinweis auf die Gesamtstruktur des Katechismus und entsprechende Formulierungen Luthers an den Scharnierstellen deutlich. Wir hatten den Gedanken auch in der an die Einleitung der Zehn Gebote in Ex 20,2 angelehnten Zusage, BSLK 560,40–42 (behutsam modernisiert), gefunden: „ICH, ich will dir genug geben und aus aller Not helfen, lass nur dein Herz an keinem anderen hängen noch ruhen." Vgl. dazu 137 f.
209 Schwöbel, Die Wahrheit des Glaubens im religiös-weltanschaulichen Pluralismus, 43 (4. These; zitiert: 131). Diese These ist übrigens sachlich verwandt mit der Überlegung, die hinter dem Aufbau der Dogmatik von Wilfried Härle steht, vgl. dazu 195 f.
210 Schwöbel, Die Wahrheit des Glaubens im religiös-weltanschaulichen Pluralismus, 45.
211 Ebd.

Es stellt sich aber nun sofort die Frage, die wir als Leitfrage für diesen III. Teil akzentuiert hatten: Kann es denn so etwas wie „das" Wirklichkeitsverständnis „des" Glaubens überhaupt geben? Hatte nicht Schwöbel selber aus der Einsicht in die individuelle Prägung des Glaubens die Pluralität von Glaubensgestalten gefolgert?[212] Dazu steht er in der Tat auch hier und er redet deshalb nicht von der universalen christlichen Wahrheit, sondern – und das ist ein gewichtiger Unterschied! – von dem „universalen Wahrheitsanspruch des christlichen Glaubens".[213] Weil dieser Glaube einem Wort vertraut, das zum Beispiel eben Gott als Schöpfer bekennt, kann er den Wahrheitsanspruch dieses Wortes nicht als reine Privatsache sehen. Vertraut Glaube wirklich dem wahren Gott, so geht dieser wahre Gott alle an.

Zugleich aber weiß der Glaube um seine individuelle Gestalt. Gott ist nicht sichtbar, oder genauer: noch nicht. Eine jedermann einsichtige universale Wahrheit erwartet der Glaube daher erst von der eschatologischen[214] Vollendung. Eben diese Erwartung zeigt aber wiederum den universalen Wahrheitsanspruch des Glaubens. Dieser Wahrheitsanspruch ist offenbar mit dem Wort gesetzt, das den Glauben begründet, ist also nicht im Glauben selbst, wohl aber in seinem Inhalt begründet. Da dieser Inhalt, dieses Wort, aber die Glaubenden verbindet, können sie unter Bezug darauf auch ein gemeinsames Bekenntnis formulieren. Dieses Bekenntnis können sie zwar nur „in ihrer stets partikularen und pluralen Glaubensgewißheit bezeugen",[215] was auch bedeutet, dass das Bekenntnis nicht schon der universalen Wahrheit entsprechen kann.[216] Be-

---

212 Vgl. 168 (bei Anm. 198).
213 Schwöbel, Die Wahrheit des Glaubens im religiös-weltanschaulichen Pluralismus, 43 (4. These; zitiert: 165).
214 Aus dem Griechischen: eschaton (sprich „es-chaton"; die beiden griechischen Buchstaben „s" und „ch" verbinden sich nicht zu einem deutschen „sch") meint „das letzte". Eschatologie ist also die Lehre von den „letzten Dingen". Unter diesem Begriff fasst die christliche Theologie etwa die Fragestellungen von Tod und Auferstehung, Weltgericht und Neuschöpfung bzw. Vollendung der Welt.
215 Schwöbel, Die Wahrheit des Glaubens im religiös-weltanschaulichen Pluralismus, 43 (4. These; zitiert: 165).
216 Vgl. dazu III.1., Bekenntnis, 130 ff.

zeugt wird damit aber, dass der Inhalt des christlichen Glaubens, also das Wort, dem der Glaube vertraut, einen universalen Wahrheitsanspruch hat.

Was ist Wahrheit?

Halten wir kurz inne. Wir haben gesehen: Pluralismus ist ein nötiger Horizont jeder christlich-theologischen Rede. Und: Christlicher Glaube impliziert ein Gottes-, Selbst- und Weltverständnis, das einen universalen Wahrheitsanspruch erhebt. Wie passt das zusammen? Lässt sich ein solcher Wahrheitsanspruch überhaupt unter den Bedingungen des Pluralismus vertreten? Diese Fragestellung erfordert ein Gespräch mit verschiedenen Wahrheitsbegriffen. Was kann überhaupt als Wahrheit beschrieben werden? Schwöbels fünfte These handelt zunächst von philosophischen Wahrheitstheorien, die er in seiner Ausführung in vier Haupttypen vorstellt.

Als erstes nennt er die *Korrespondenztheorie*,[217] deren Wurzeln bis auf Aristoteles zurückreichen. Thomas von Aquin definierte: „veritas est adaequatio rei et intellectus – Wahrheit ist die Übereinstimmung zwischen Sein und Denken".[218] Dies leuchtet auf den ersten Blick schon deswegen ein, weil es dem umgangssprachlichen Wahrheitsbegriff nahe kommt: Eine Aussage ist ‚wahr', wenn sie einen Tatbestand zutreffend wiedergibt. Diese Auffassung von Wahrheit setzt eine Ebene von Zeichen, also etwa sprachlichen Bezeichnungen, und eine Ebene des Bezeichneten, also eine Sachebene, in Beziehung (Korrespondenz) zueinander – Wahrheit ist dabei „eine ‚stimmige' Beziehung zwischen Zeichen und dem so Bezeichneten".[219] Dieses Wahrheitsverständnis findet sich z. B. im Bereich der Naturwissenschaften, wo wissenschaftlicher Fortschritt oft „als zunehmende Annäherung daran, wie die Dinge wirklich sind, verstanden" wird.[220]

---

217 Vgl. Schwöbel, Die Wahrheit des Glaubens im religiös-weltanschaulichen Pluralismus, 47–49.
218 Ebd., 48.
219 Ebd.
220 Ebd., 49.

Einen anderen Wahrheitsbegriff vertritt die *Kohärenztheorie*.[221] Sie versteht „Wahrheit als logisch bestimmbare Relation zwischen Zeichen bzw. Zeichenmengen (das klassische Beispiel sind Urteile) … Eine Aussage ist dann und nur dann wahr, wenn sie mit anderen wahren Aussagen in einem logisch kohärenten Verhältnis steht."[222] Als Beispiel nennt Schwöbel mathematische Systeme, in denen die Ableitbarkeit von Aussagen aus den Axiomen[223] des Systems über ihre Wahrheit entscheidet. Allerdings kann diese Theorie nicht die Frage beantworten, „ob das System als ganzes wahr ist. Diese Frage ist durch den Verweis auf Kohärenz nicht zu beantworten, denn die reine Mathematik kennt durchaus verschiedene jeweils intern kohärente, aber einander ausschließende Systeme."[224]

Als drittes Modell stellt Schwöbel *pragmatische Wahrheitstheorien* vor.[225] Diese wollen die Anbindung an die Wirklichkeit stärken und bestimmen daher „den Erfolg von Aussagen, Annahmen und Überzeugungen im Zusammenhang einer Lebenspraxis als Kriterium ihrer Wahrheit".[226] Wenn ein Experiment dazu führt, dass sich Forscher eine übereinstimmende Meinung bilden, dann lässt sich diese als wahr bezeichnen. Umstritten ist unter den Vertretern des Pragmatismus allerdings, wie weit sich ein solcher Wahrheitsbegriff in die individuelle Lebenspraxis als Entdeckungsort für Wahrheit zurückverlegen lässt. Kann mit William James gelten: Wahr ist, was „‚funktioniert' – it's true if it works"?[227]

---

221 Vgl. ebd., 49 f. „Kohärenz" bedeutet etwa „Zusammenhang"; kohärent ist, was sich stimmig verbindet.

222 Ebd., 49.

223 Ein „Axiom" ist eine Grundannahme, auf der dann weiteres folgernd aufgebaut wird – es kann aber selber als Grundsatz nicht bewiesen werden.

224 Ebd., 50.

225 Vgl. ebd., 50 f. Der Begriff kommt vom griechischen „pragma"/„Handlung" – eine an Handlungen ausgerichtete Theorie, die das gelten lässt, was sich für praktische Fragen als tauglich erweist.

226 Ebd., 50.

227 Ebd., 51; vgl. dort auch Anm. 43 zu den „überraschende[n] theologische[n] Konsequenzen: ‚On pragmatic principles, if the hypothesis of God works satisfactorily in the widest sense of the word, it is ‚true'.' [zitiert: William James, Pragmatism, 1907, 299]".

In der von Jürgen Habermas und anderen ausgearbeiteten *Konsenstheorie* schließlich „wird Wahrheit als diskursiv einlösbarer Geltungsanspruch verstanden, insofern der unter genau spezifizierten idealen Kommunikationsbedingungen im argumentativen Diskurs sich einstellende begründete Konsens als Kriterium der Wahrheit verstanden wird."[228] Eine Stärke dieser Theorie sieht Schwöbel in der Rückbindung der Wahrheitsfrage „an die sozialen Kommunikationsbedingungen …, die für die rationale Vertretung und Überprüfung von Geltungsansprüchen erforderlich sind."[229]

Die kurze Vorstellung der vier Modelle macht bereits deutlich, dass sie erhebliche Unterschiede aufweisen. Die Korrespondenztheorie geht davon aus, dass sich Wahrheit an der Wirklichkeit überprüfen lässt, die Kohärenztheorie sieht diese Möglichkeit faktisch nicht vor. Eine radikal gedachte pragmatische Wahrheitstheorie kann auf eine Pluralität individueller Wahrheiten hinauslaufen, die Konsenstheorie setzt im Gegenteil auf eine soziale ‚Vereinbarung' der Wahrheit. Diese Unterschiede rühren daher, dass die verschiedenen Theorien verschiedene Fragen akzentuieren:[230]

Jede der Wahrheitstheorien scheint von einem anderen Aspekt der Wahrheitsproblematik her konzipiert zu sein. … Die Korrespondenztheorie der Wahrheit ist unverzichtbar für die Frage nach der Bedeutung des Begriffs der Wahrheit, der in genauer zu bestimmender Weise die Übereinstimmung von Zeichen und Bezeichnetem zum Inhalt hat. Die Kohärenztheorie trägt nichts zur Bedeutungsfrage bei, formuliert aber ein fundamentales Wahrheitskriterium. … Die pragmatische Wahrheitstheorie hat den großen Vorzug, daß sie die Frage nach der Wahrheit einbindet in den Gesamtzusammenhang der Lebenspraxis und insofern die Funktion von Wahrheitsansprüchen erläutert … Demgegenüber ist die Konsenstheorie der Wahrheit eher ein

---

228 Ebd., 51 f.
229 Ebd., 52. Vielleicht darf man hinzufügen: Genau diese Frage bleibt offen in einem mit James (vgl. Anm. 227) radikal bestimmten pragmatischen Wahrheitsbegriff.
230 Ebd., 52 f.

Verifikationsverfahren, das sich mit solchen Geltungsansprüchen beschäftigt, die in bestimmten Kommunikationssituationen diskursiv eingelöst werden können.

Auf der Basis dieser Einsicht in die verschiedenen Fragestellungen ließe sich eine gewisse Kompatibilität der verschiedenen Wahrheitstheorien sehen – dennoch dürfte es kaum gelingen, sozusagen durch Addition der Modelle ‚den' umfassenden Wahrheitsbegriff zu gewinnen. Faktisch gibt es nämlich Auseinandersetzungen zwischen den Vertretern der verschiedenen Richtungen, was Schwöbel darauf zurückführt, dass hinter und in den Theorien verschiedene Auffassungen davon wirken, was denn Wirklichkeit ist.

Wahrheitsbegriff und Wirklichkeitsverständnis

Dieser Fragestellung wendet sich Schwöbel nun zu und betont im zweiten Teil seiner fünften These, dass das Wirklichkeitsverständnis entscheidend ist für den Wahrheitsbegriff.[231] Machen wir uns das zunächst an einem Beispiel klar:[232]

‚Tell me one last thing,' said Harry. ‚Is this real? Or has this been happening inside my head?' Dumbledore beamed at him, and his voice sounded loud and strong in Harry's ears even though the bright mist was descending again, obscuring his figure. ‚Of course it is happening inside your head, Harry, but why on earth should that mean it is not real?'

Ist (nur) physisch Beschreibbares wirklich? Oder können auch Dinge „happening inside my head" Wirklichkeit haben? Diese Frage, die Harry Potter hier in einer Art Nahtoderlebnis mit seinem verstorbenen Lehrer Dumbledore erörtert, hat natürlich Konsequenzen für die Frage nach einem angemessenen Wahrheitsbegriff oder umgekehrt: Sie wird je nach Wahrheitsbegriff verschieden beant-

---

231 Vgl. ebd., 47 (zitiert: 165).
232 Joanne K. Rowling, Harry Potter and the Deathly Hallows, London 2007, 579.

wortet werden. Ist Wirklichkeit objektiv beschreibbar? Oder ist sie nur subjektiv zugänglich, sodass die Wahrheit von Aussagen lediglich am Kriterium der Widerspruchsfreiheit gemessen werden kann? Oder ist, was wirklich ‚ist' bzw. als wirklich gilt, Ergebnis einer individuellen oder sozialen Konstruktion? Die Relevanz dieser Fragen für die Frage nach der Wahrheit liegt auf der Hand – mit Schwöbel ist daraus zu folgern, „daß das Wahrheitsverständnis nur im Rahmen eines bestimmten Wirklichkeitsverständnisses präzisiert werden kann".[233]

Nun hatten wir schon gesehen, dass der christliche Glaube ein Wirklichkeitsverständnis impliziert, das die Wirklichkeit „als von einem menschlichen Handeln unverfügbaren Grund gehalten sieht".[234] Es ließe sich fragen, ob dies nicht am angemessensten in einem eigenen Wahrheitsbegriff zu fassen wäre, der vor allem deutlich nicht auf Satzwahrheiten fokussiert ist. Dies leistet die Interpretation von Wahrheit auf der Basis des entsprechenden hebräischen Begriffs *emet* (אמת), der von der Grundbedeutung der Wurzel her „‚Festigkeit', ‚Beständigkeit' oder ‚unverbrüchliche Treue'" meint.[235] Schwöbel sieht bei einem solchen Verfahren aber die Gefahr einer „Immunisierung des theologischen Wahrheitsverständnisses":[236] Mit einer solchen eigenen Definition würde die Theologie sich aus der philosophischen Bemühung um das Wahrheitsverständnis verabschieden und so den eigenen Wahrheitsanspruch nicht mehr im Gespräch vertreten können. Schwöbel plädiert daher dafür, nicht einen eigenen theologischen Wahrheitsbegriff zu suchen, sondern am anderen Pol des Problems anzusetzen – er entfaltet das Wirklichkeitsverständnis

---

233 Schwöbel, Die Wahrheit des Glaubens im religiös-weltanschaulichen Pluralismus, 53.

234 Ebd., 53 f.

235 Ebd., 55. Die hebräische Wurzel אמן (sprich: *aman*) bildet folgende Verbbedeutungen: Im *niph'al* „sich als fest, zuverlässig erweisen; treu sein; Bestand haben", im *hiph'il* „sich sicher wissen; glauben". Beide Bedeutung treten z. B. in Jes 7,9 nebeneinander: „Glaubt ihr nicht [אמן *hiph'il*], so bleibt ihr nicht [אמן *niph'al*]." אמת, „Wahrheit", wäre also das Zuverlässige, das, was sich als tragfähig erweist – also etwa die Zusage des Wortes, weniger die ‚Wahrheit' einer Satzaussage.

236 Ebd., 55.

des christlichen Glaubens in Bezug auf die bereits dargestellten Wahrheitstheorien. Dieser Passus sei hier zitiert:[237]

Charakteristisch für das Verständnis von Wahrheit im christlichen Glauben ist also nicht ein anderer Wahrheitsbegriff – der Begriff der Korrespondenz von Aussage und Wirklichkeit ist für die Aussagen des christlichen Glaubens ganz zureichend –, sondern vielmehr das Verständnis von Wirklichkeit, das im Glauben als unbedingtem existenzbestimmenden Vertrauen auf Gott beinhaltet ist. … Entscheidend für dieses Wirklichkeitsverständnis ist es, daß es die Konstitution des Glaubens durch Gottes gewißheitsstiftendes Handeln miteinschließt. … Dabei ist zu beachten, daß im christlichen Glauben Wahrheit zuerst als aufdeckende und zugesagte Wahrheit begegnet, d. h. im Modus personaler Anrede in Gesetz und Evangelium. Diese zugesagte Wahrheit ist die Basis für das Bekenntnis des Glaubens als Ausdruck des existenzbestimmenden Vertrauens (ich glaube an), dessen Grund in Aussagen formuliert werden kann (ich glaube, daß). …

Das Wahrheitskriterium der Kohärenz ist für das Wirklichkeitsverständnis des christlichen Glaubens insofern von zentraler Bedeutung, als es das Handeln Gottes als Grund, Sinn und Ziel des Ganzen der Wirklichkeit versteht. Die theologische Bedeutung dieses Kriteriums zeigt sich dort, wo es darum geht, die Einheit Gottes als Grund der Einheit der Wirklichkeit in ihren unterschiedlichen Dimensionen zu begreifen. … Das Ergebnis dieser Denkbemühung des Glaubens ist das trinitarische Glaubensbekenntnis.

Die Bemühung um Kohärenz der Glaubensaussagen ist nicht zu trennen von der durch das Wirklichkeitsverständnis des Glaubens eröffneten und geforderten Aufgabe der Wirklichkeitsgestaltung. … Insofern hat die Frage nach der Wahrheit des Glaubens ihren Ort immer im Kontext einer Lebenspraxis, und darum sind die Wahrheitsansprüche des Glaubens immer der Bewährungsprobe in der Lebensgestaltung des Glaubens ausgesetzt. …

Die Wahrheitsansprüche des christlichen Glaubens sind immer wieder im Konsens der Glaubenden zu formulieren. Es ist der Inhalt der stets personalen Glaubensgewißheit, der Glaubensgemeinschaft schafft und so die Formulierung des gemeinsamen Glaubensbekenntnisses ermöglicht und fordert. … Daß dieser Konsens nicht von den Glaubenden hergestellt, sondern den Glaubenden in je personaler Gewißheit erschlossen wird, zeigt sich daran, daß er als Bekenntnis des Glaubens

---

237 Ebd., 55–57.

an den dreieinigen Gott formuliert wird, Grund und Gegenstand des
Glaubens somit als Grund und Gegenstand des Glaubenskonsenses bekannt wird.

Wenn Sie sich mit den sehr dichten Formulierungen beim ersten
Lesen schwer tun, lesen Sie doch das Zitat ein weiteres Mal und
machen sich dabei Linien klar, die sie zu theologischen Fragen, die
wir schon bedacht haben, ziehen könnten:

Der Abschnitt zur Korrespondenztheorie arbeitet mit Einsichten, die wir uns in den Überlegungen zum Verhältnis von Wort
und Glaube verdeutlicht haben.[238]

Zur Kohärenztheorie argumentiert Schwöbel mit einer Fragestellung, die verwandt ist mit der Problemstellung der Theodizee.[239]

In der Überlegungen zur Wirklichkeitsgestaltung (also im Gespräch mit den pragmatischen Wahrheitstheorien) formuliert
Schwöbel allgemein, was Bonhoeffer unter dem Stichwort „Diesseitigkeit" an seinem Ort konkret durchdacht hat.[240]

Und zur Konsenstheorie begegnet uns eine Argumentation,
die unser Nachdenken über das Bekenntnis aufnimmt und fort-
setzt.[241]

Der kurze Durchgang zeigt also, dass in der Tat die vier Wahrheitstheorien geeignet sind, bestimmte Aspekte des christlich-
theologischen Wahrheitsanspruches zu erläutern, anders gesagt:
Sie bieten eine Basis dafür, die Wahrheit des christlichen Glaubens
unter den Bedingungen des Pluralismus zu vertreten.

Zeugnis, Dialog und verantwortliche Lebensgestaltung

Dieser Frage wendet sich Schwöbel mit seiner sechsten und letzten These zu. Es ist sofort klar, dass die Vertretung des eigenen
Wahrheitsanspruches im Pluralismus nicht dazu führen kann,

238 Vgl. III.1., v. a. 136 ff.
239 Vgl. II.4., 100 ff.
240 Vgl. III.2., v. a. 153 ff.
241 Vgl. III.1., 130 f.

dass eine einheitliche, alle Beteiligten verbindende Wahrheitserkenntnis entsteht – diese erwartet Schwöbel, so das Ende seiner
These, erst mit der eschatologischen Vollendung, das heißt mit
der Gottesschau oder anders gesagt dem „Erscheinen der Einheit
der Wahrheit".[242] Weil es aber Teil des christlichen Wahrheitsanspruchs auch jetzt schon ist, dass eben Gott diese Einheit der
Wahrheit und auch Grund der Einheit der Wirklichkeit ist, ist dieser Wahrheitsanspruch schon jetzt zu vertreten. Schwöbel nennt
dafür drei Formen, die wichtigste Form ist das *Zeugnis*:[243]

> Nur im Verständnis des Glaubens als Zeugnis läßt sich begründen,
> daß die vom Glauben vertretene Wahrheit bezeugte Wahrheit ist, eine
> Wahrheit, die dem Glauben selbst erschlossen und nicht von ihm her-
> vorgebracht ist. Das Zeugnis des Glaubens weist von sich weg auf Gott,
> der als Grund, Sinn und Ziel der Wirklichkeit auch der Urheber des
> Glaubens ist. … Das Bewußtsein, daß nur Gott allein Glauben schaffen
> kann, definiert den Grund und die Grenze des Zeugnisses.

Um Zeugnis geht es also vor allem deshalb, weil das, worüber hier
zu reden ist, mir widerfahren ist. Ich habe das mir nicht selber erarbeitet – dann könnte ich es dokumentieren oder demonstrieren –, sondern ich rede davon, dass Gott durch sein Wort meinen Glauben geweckt hat. Das ist nun eigentlich ein Wunder. Ich
bezeuge, dass ich dieses Wunder erlebt habe – und predige damit
eben nicht meinen Glauben als die Wahrheit, sondern bezeuge die
Wahrheit, dass Gott Glauben wirken kann. Zu dieser Wahrheit gehört dann notwendig, dass dieser Glaube in jedem Menschen anders aussehen kann, auch wenn es derselbe Gott ist, der ihn wirkt.

Nun gibt es aber nicht nur eine christliche Glaubensgewissheit.
Wo sich verschiedene Religionen begegnen, ist daher der *Dialog*
eine zweite Form der Vertretung des eigenen Wahrheitsanspruchs.
Vielleicht verblüfft diese Formulierung – verlangt Dialog nicht gerade einen Verzicht auf Wahrheitsansprüche? Schwöbel hält es für
entscheidend, dass eben das nicht zur Voraussetzung des Dialogs
gemacht wird. Ein echter Dialog darf nicht in seinen Regeln mög-

---

242 Ebd., 57 (6. These; zitiert: 165 f.).
243 Ebd., 58.

liche Ergebnisse vorwegnehmen, sondern die Gesprächspartner
müssen sich respektieren auch in ihrer Andersheit und ihrer verschiedenen Glaubensgewissheit. Zugleich betont Schwöbel wiederum, dass der Wahrheitsanspruch sich nicht auf bestimmte Lehr-
sätze bezieht, sondern darauf, „daß Gott Grund, Sinn und Ziel
aller Wirklichkeit ist" – deshalb wird christlicher Glaube „anderen Religionen in der Erwartung der Gegenwart Gottes in ihnen
begegnen" und auch die Erfahrung seiner eigenen Geschichte bedenken, „wie leicht die Unbedingtheit Gottes verwechselt wird mit
den Bedingtheiten der eigenen Religion".[244]

Die dritte Form, in der die Wahrheit des christlichen Glaubens
vertreten werden kann und muss, ist eine *Lebenspraxis*, „die vom
Wahrheitsbewußtsein des Glaubens geprägt ist".[245] Diese sieht
Schwöbel als einen entscheidenden Aspekt der Zeugnispraxis von
Christen und Kirche. In der pluralistischen Gesellschaft ist dabei auch „Kooperationsfähigkeit der christlichen Gemeinschaften
mit anderen religiös-weltanschaulichen Gemeinschaften" erfordert.[246] Solche Kooperation muss aus dem Glaubensbewusstsein
aller Beteiligten begründet werden; für Christen seien die Zehn
Gebote „die Basis und die Grenze dieser Zusammenarbeit",[247] da
sie grundlegende Forderungen zur „Pflege der Strukturen der Geschöpflichkeit benennen, die das gemeinsame Leben aller Geschöpfe Gottes ermöglichen".[248]

Folgerungen für eine christliche Theologie der Religionen

Die Impulse des Aufsatzes von Schwöbel möchte ich in zweifacher
Weise nochmals aufnehmen. Die Überlegungen sollen den theologischen „Gewinn" aufzeigen, den diese z. T. recht philosophischen
und vielleicht nicht auf den ersten Blick eingängigen Gedanken
uns eröffnen. Zunächst sollen uns zwei Zitate zur Theologie der

244 Ebd., 59.
245 Ebd.
246 Ebd.
247 Ebd., 60.
248 Ebd.

Religionen beschäftigen, das erste beruft sich auf den jüdischen Religionsphilosophen Martin Buber:[249]

Das Gottesverhältnis des Juden ist das Geheimnis des Juden.
Das Gottesverhältnis des Christen ist das Geheimnis des Christen.
Und das Verhältnis zwischen dem Gottesverhältnis des Juden und dem Gottesverhältnis des Christen ist das Geheimnis Gottes.

Wenn Sie die Denkbewegung dieser Sätze mit Hilfe von Schwöbels Aufsatz nachzeichnen wollen, so entdecken Sie schnell alte Bekannte. Dass das Gottesverhältnis des Christen – reden wir von dem, da kennen wir uns besser aus – sein Geheimnis ist, liegt eben daran, dass er es nicht selber geschaffen hat oder auch nur erhalten kann, sondern Gott und sein Wort als Grund des Glaubens weiß. Damit handelt es sich um ein Geheimnis, das ich wohl bezeugen, nicht aber erklären und enträtseln kann. Und dass es Gottes Geheimnis sei, wie sich die verschiedenen Gottesverhältnisse zueinander verhalten, ist nicht nur eine Folge dessen, dass sie letztlich in Gott gründen. In dem Satz klingt auch eine sachgemäße Bescheidenheit an, die sich eben nicht anmaßt, das Gottesverhältnis des anderen im Vergleich zum eigenen zu beurteilen. Gerade weil der Glaube Gott als Grund, Sinn und Ziel aller Wirklichkeit sieht, erwartet er dessen Wirksamkeit auch in anderen Religionen. Diese Denkfigur Schwöbels näher an der Terminologie des Zitates würde lauten: Gerade um des eigenen Geheimnisses willen muss der Christ das Geheimnis des Verhältnisses seines Gottesverhältnisses zu dem eines anderen als Geheimnis Gottes verstehen.

Was wir uns unter Anleitung von Schwöbel klar gemacht haben, setzt uns also in den Stand, eine Aussage wie diese Bubersche Denkfigur zu interpretieren und zu begründen. Sie können es an einem zweiten Satz selbst versuchen (achten Sie auf jedes Wort!). Diese Formulierung stammt aus einer Vorlesung meines Wuppertaler Lehrers Jürgen Fangmeier:[250]

---

249 Das Zitat stammt aus Vorlesungen meines Bonner Lehrers Hermann Dembowski, der sich dafür auf Buber berief – ob es sich aber unmittelbar um ein Buber-Zitat oder um Dembowskis Zusammenfassung entsprechender Gedanken Bubers handelt, kann ich leider nicht sicher sagen.
250 Ob er diesen Satz auch publiziert hat, entzieht sich leider meiner Kenntnis.

Ich möchte doch glauben dürfen, dass, wenn ein Jude, ein Christ oder ein Moslem seinen Gott um Hilfe anruft, es derselbe Gott ist, der da hört und antwortet.

Folgerungen für die Auseinandersetzung mit Religionskritik

Mitunter scheint es, als sei das Gespräch mit Angehörigen anderer Religionen noch die leichtere Übung im Vergleich zur Auseinandersetzung mit religionskritischen Positionen. Dort lässt sich vielleicht noch eine ähnliche Grundkonstellation finden, dass der Glaube sich von außen begründet sieht, damit auf Gott verwiesen ist und verweist. Aber wenn nun jemand meint, diesen Gott gebe es gar nicht? Kommen wir da auch mit Schwöbel weiter?

Sicher nicht in dem Sinne, dass wir unsere Sicht als die richtige ,erweisen' – das aber wird uns ja auch nicht im Gespräch mit anderen Religionen gelingen. Wir sehen hier aber, wie wichtig es ist, sich nicht auf einen eigenen theologischen Wahrheitsbegriff zurückzuziehen. Einen solchen könnten wir in der Tat allenfalls im Dialog mit anderen Religionen sinnvoll diskutieren. Religionskritik würde mit einem gewissen Recht sagen, dass eine solche Selbstimmunisierung gegenüber der kritischen Wahrheitsfrage nicht unbedingt für den behaupteten Wahrheitsanspruch spricht. Schwöbels Insistieren darauf, das Wirklichkeitsverständnis des Glaubens im Anschluss an allgemeine philosophische Wahrheitstheorien auszudrücken, hält uns hier im Gespräch. Wir werden keinem Atheisten Gott beweisen können – aber wir können ihn so bezeugen, dass unser Wahrheitsanspruch kommunizierbar ist. Das ist nicht wenig, und das ist wichtig – auch religionspädagogisch: Gehen Sie getrost davon aus, dass Sie in jeder Klasse Kinder und Jugendliche haben werden, die mit der Denkmöglichkeit einer atheistischen Religionskritik vertraut sind.

Ertrag

Vokabeln

Wahrheit	ein Wort in verschiedenen Sprachen, die miteinander um dessen Sinn streiten … – christlicher Glaube behauptet Wahrheit nicht von sich selbst, sondern von dem geglaubten Gott
Wirklichkeit	ist nicht minder umstritten – und dieser Streit könnte der Kern des Streits um die Wahrheit sein
Pluralismus	ermöglicht und erfordert öffentlichen Streit um Wahrheit
Eschatologie	bezeichnet die Lehre von den letzten Dingen – hier auch die Erwartung einer Klärung aller Wahrheitsfragen

Grammatik

Wichtig ist in diesem Kapitel die Unterscheidung verschiedener Satzarten hinsichtlich ihres Wahrheitsanspruchs. Zeugnis und Bekenntnis ist eine andere Redeform als etwa das Fazit einer empirischen Studie. Wahrheit beanspruchen beide, doch auf völlig verschiedene Weise und – vor allem – im Fall von Zeugnis und Bekenntnis nicht für sich selbst, sondern für den bezeugten und bekannten Gott. Die Bedeutung dieses Unterschieds für Diskussionen über die Wahrheit kann kaum hoch genug eingeschätzt werden.

Erlernen –
abschließend öffnende Überlegungen

Wir sind am Ende unseres Durchgangs durch die Theologie. Am Ende? Kann es das überhaupt geben? Wenn Sie so fragen, haben Sie die zentrale Herausforderung begriffen. Theologie wird nämlich nicht fertig, solange wir Menschen sind und als solche nicht von Gott reden können.[251] Wir bleiben Fragende und wir bleiben darauf angewiesen, unsere Fragen im Gespräch mit Bibel und theologischer Tradition an unserem Platz, also in unserer Gegenwart und ihren Herausforderungen, stets neu zu durchdenken. Dennoch ist die theologische Denkbemühung keine vergebliche Liebesmüh. Sie ist vielmehr gerade deswegen nötig, weil sie nur als aktuell und persönlich verantwortete Denkbemühung zu Recht Relevanz für unser Leben heute beanspruchen kann.

Wir haben vor allem im zweiten Teil gesehen, dass schon Kinder und Jugendliche theologisch fragen und denken. Dies hat uns sichtbar gemacht, dass und warum Theologie gerade für religionspädagogische Aufgabenfelder in Schule und Gemeinde relevant ist. Möglicherweise schien Ihnen dies im dritten Teil nicht mehr so deutlich, der ja mehr unter der Frage nach überindividueller Wahrheitserkenntnis stand. Da ging es um Konfessionalität, um große Vorbilder vielleicht, um Verhalten im Dialog der „Religionen" – sind diese Fragen nach dem großen Ganzen in gleicher Weise religionspädagogisch notwendig?

Hinter einer solchen Frage mag der Eindruck stehen, dass es zuletzt um lernbare Richtigkeiten ging und nicht mehr in gleicher Weise wie zuvor die Relevanzfrage betont wurde, die ja notwendig

---

251 Vgl. Karl Barths Formulierung, 13 (bei Anm. 2).

individuelle theologische Überlegungen erfordert. Erinnern wir uns nochmals an die Chassidische Erzählung *Das Erlernte*:[252]

Als Levi Jizchak von seiner ersten Fahrt zu Rabbi Schmelke von Nikolsburg, die er gegen den Willen seines Schwiegervaters unternommen hatte, zu diesem heimkehrte, herrschte er ihn an: „Nun, was hast du schon bei ihm erlernt?!" „Ich habe erlernt", antwortete Levi Jizchak, „daß es einen Schöpfer der Welt gibt." Der Alte rief einen Diener herbei und fragte den: „Ist es dir bekannt, daß es einen Schöpfer der Welt gibt?" „Ja", sagte der Diener. „Freilich", rief Levi Jizchak, „alle sagen es, aber erlernen sie es auch?"

Nein, es sollte nicht im zweiten Teil um das Erlernen gehen und im dritten um das Sagen. Auch diese Dinge wollen erlernt, wollen angeeignet werden. Und es ist dabei legitim, die Sicht Luthers, Bonhoeffers oder Schwöbels nicht einfach zu übernehmen. Es gehört aber sehr wohl zur theologischen Denkbewegung, sich zunächst um ein Verständnis anderer Positionen zu bemühen, ja darum zu ringen. Erst wenn ich sie mit ihren Gründen erkannt zu haben meine, kann ich mich argumentativ damit auseinandersetzen. Solche Auseinandersetzung ist stets ein Prozess der Aneignung *und* der Uminterpretation. Beides gehört zusammen, beides zusammen ist „Erlernen". Was Schwöbel zur Begegnung der Religionen im Dialog geschrieben hat, gilt ja auch von jeder theologischen Denkbemühung: Die Unbedingtheit Gottes verwechseln wir nur allzu leicht mit den Bedingtheiten der eigenen Sichtweise.[253] Deshalb sind und bleiben wir angewiesen auf die denkerische Auseinandersetzung mit anderen Meinungen und Gründen; wir werden nicht alles übernehmen, werden aber auch nicht stehen bleiben, wo wir standen. Es ist meine eigene Erfahrung, dass ich stets da theologisch am meisten gelernt habe und weitergekommen bin, wo ich mich auf das Gespräch eingelassen habe mit Positionen und Personen, deren Meinung ich auf den ersten Blick für abwegig hielt. In solchen Gesprächen habe ich oft zu meiner eigenen Überraschung

---

252 Martin Buber, Die Erzählungen der Chassidim, Zürich 1949 (div. Neuauflagen), 331 f.; vgl. 59 f.
253 Vgl. 180 (bei Anm. 244).

entdeckt, dass die andere Sichtweise gute Gründe hatte und wichtige Motive aufnahm, die ich in meinem eigenen theologischen Denken bisher nicht genügend gesehen hatte – oder anders gesagt: meine Theologie schien mir „fertiger" zu sein als sie in Wahrheit war (und ist). Die grundsätzliche Verneinung jeder abschließenden Aussage über Gott, die wir von der Negativen Theologie gelernt haben, systematisiert diese Erfahrung: „Wenn du begreifst, ist es nicht Gott."[254]

Wer nun solches Erlernen im dritten Teil noch vermisst hat, der sei ermutigt, es bewusst nachzuholen. Es ist gut und sinnvoll, sich um ein Verständnis Luthers, Bonhoeffers oder Schwöbels zu bemühen. Aber bleiben Sie nicht dabei stehen, dass Sie deren Sichtweisen nun „aufsagen" können. Wenn Theologie eine Sprache ist, wäre solches Aufsagen eine Bemühung um historische Gestalten und Dialekte dieser Sprache. Das ist nicht nichts, aber es kann nur ein erster Schritt sein. Geben Sie sich nicht zufrieden, bevor Sie entdeckt haben, dass und warum die Sprache Theologie in diesen Gestalten lebte und lebt. Erst wenn Sie diesen Lebensnerv gefunden haben, können Sie anfangen, diese Sprache in Ihren Dialekt zu übersetzen. Dabei ist Ihr Dialekt nicht das Maß aller Dinge, sondern wird sich durch diese Übersetzung erweitern und verändern, neue Vokabeln und erweiterte grammatische Strukturen anziehen.

Ob Ihnen solche Übersetzung gelingt, können Sie schließlich prüfen in bewusstem Bezug auf die religionspädagogische Situation. Im zweiten Teil haben die Pinguine uns geholfen, diese präsent zu halten. Aber auch die Themen des dritten Teils berühren Fragen, die für Kinder und Jugendliche relevant sind. Am Ende der Kapitels haben wir das jeweils in Ausblicken kurz anvisiert. Denken Sie hier weiter, erproben Sie Ihren erweiterten Dialekt in fiktiven – und natürlich auch in realen! – Gesprächssituationen.

Abschließend wäre also zunächst zu sagen, dass die theologische Denkbemühung grundsätzlich unabschließbar ist. Wer sie ernst nimmt, wird entdecken, was eine Studentin einmal zu mei-

---

254 Augustin – zu Nachweis und Interpretation des Satzes vgl. 38 (bei und in Anm. 14).

ner Freude so formulierte: „Ich weiß auch nicht, aber nach dem Seminar habe ich immer mehr Fragen als vorher."

Gleichwohl möchte das Buch einen Abschluss und so will ich Sie abschließend ermutigen, solchem Erlernen treu zu bleiben. Nicht einem Sagen, einem Nachplappern empfohlener Richtigkeiten, sollten Sie sich verpflichten. Genausowenig aber kann Ignoranz ein guter Ratgeber sein. Eine lebendige Sprache können Sie nicht lernen, ohne sie zu sprechen. Das gilt auch für die Sprache der Theologie und das gilt auch für Ihren Dialekt. Betonen wir am Ende nochmals, dass es uns nicht genügen darf, den je eigenen Dialekt zu pflegen. Im Selbstgespräch nämlich stirbt die Sprache, nur gesprochen und das heißt: nur im Gespräch wird sie leben. Öffnen Sie sich einem lebenslangen Gespräch mit der Bibel, mit der theologischen Tradition und miteinander, mit Kindern und Jugendlichen. Wenn Sie aus diesem Buch mitnehmen, dass das alles miteinander zu tun hat und dass darum die Beschäftigung mit der Systematischen Theologie nicht zuletzt für religionspädagogische Aufgaben wichtig und hilfreich ist, hätte es seinen Zweck erfüllt.

Literatur

Im Folgenden wird nicht versucht, alle interessante Literatur zum Thema vorzustellen, ja nicht einmal vollständig die zitierte Literatur aufgelistet (kleiner Tipp am Rande: übernehmen Sie dieses Verfahren nicht für wissenschaftliche Hausarbeiten ☺). Stattdessen werden diejenigen Titel, aus denen in Teil II. und III. Auszüge besprochen wurden, sowie die maßgebliche Ausgabe der Bekenntnisschriften der lutherischen Kirche in kurzen Steckbriefen ausführlicher vorgestellt. Das Literaturverzeichnis möchte Ihnen damit helfen, die benutzten Werke einsortieren zu können und einen Eindruck von dem Formenspektrum theologischer Literatur zu gewinnen. Außerdem wird die hier verwendete Zitierweise anhand der konkreten Titel erläutert.

Die Konzentration auf die Vorstellung der ausgewählten Titel bedeutet nun auch, dass sich nicht jeder in den Fußnoten verwendete Kurztitel mit Hilfe des Literaturverzeichnisses auflösen lässt. Wo immer ich Kurztitel verwendet habe, finden Sie aber im Rahmen des jeweiligen Kapitels (oder in einer eigens genannten früheren Anmerkung) die vollständige Literaturangabe; blättern Sie also einfach ein paar Seiten zurück.

Wer Ausgaben des Theaterstücks von Ulrich Hub sucht, findet die verschiedenen Produkte (Theaterfassung, Hörspiel, Buchfassung) in den Anm. 50 bis 52. Für alle, die Lust bekommen haben, mit dem Hörspiel in der Schule zu arbeiten, werden in einem Anhang zum Literaturverzeichnis auf S. 206 f. unterrichtsbezogene Veröffentlichungen zu „An der Arche um Acht" kurz vorgestellt.

Schließlich: Bibelstellen wurden grundsätzlich nach der Neufassung (2007) der Zürcher Bibel zitiert.

Die Bekenntnisschriften der evangelisch-lutherischen Kirche. Hg. im Gedenkjahr der Augsburger Konfession 1930, Göttingen 2002 (aktuellste Neuauflage)

Gattung, formale Gestalt und Zitationsweise
Es handelt sich hier um einen Quellenband, der die grundlegenden Bekenntnistexte der lutherischen Kirche erschließt.

Die Edition hat einen wissenschaftlichen Charakter. Das zeigt sich zum einen darin, dass sie bei Vorliegen mehrerer Versionen die lateinische (in Antiquaschrift) und die deutsche (in Frakturschrift) nebeneinander anbietet, wobei es sich um zwei selbstständige Quellen, nicht um Übersetzungen handelt. Zum anderen ergänzt ein sogenannter „Apparat" den Text, z.B. durch Übersetzungshilfen für einige im heutigen Deutsch anders verstandene Wendungen, durch Belege für Zitate aus anderen Schriften oder durch Hinweise auf Varianten in den Manuskripten bzw. in Vorformen oder späteren Drucken. Mitunter geht die Leistung des Apparats weit darüber hinaus, etwa wird zu CA 10 auf S. 64 f. ein Kompendium der von Formulierungen der Reformationszeit zum Abendmahlsverständnis geboten, an dem sich der innerreformatorische Streit um dieses Thema praktisch komplett nachvollziehen lässt. Die im Apparat verwendeten Abkürzungen werden am Beginn jedes edierten Textes aufgelistet und erläutert, weitere Hinweise zur Edition sowie zu den Entstehungsbedingungen der einzelnen Texte bieten die Einleitungen der Herausgeber, die gesammelt am Beginn des Bandes stehen. Ein umfangreiches Register erschließt das Werk gut.

Es ist im Allgemeinen üblich, bei Zitaten die jeweilige Bekenntnisschrift (häufig abgekürzt; s.u.), ggf. auch den zitierten Abschnitt und dann das Werk mit Seitenzahl und Zeile(n) zu nennen. Da in wissenschaftlichen Kontexten die Bekenntnisschriften im Allgemeinen nach dieser Ausgabe zitiert werden, hat sich eine Abkürzung eingebürgert: BSLK. Wenn Sie z.B. darauf hinweisen wollen, dass Melanchthon die Nennung des „sola fide" zwar im kurzen Rechtfertigungsartikel CA 4 vermieden hat, dieses aber dann geschickt in einem Ambrosius-Zitat in CA 6 (Vom neuen Gehorsam) einflicht, verweisen Sie auf diesen Text so: CA 6, BSLK

60,14 f. Wollen Sie auch das deutsche Pendant zitieren, setzen Sie dazu: vgl. ebd. Z. 16 „allein durch den Glauben".

Aufbau und inhaltliche Akzente
Nach den Einleitungen umfassen die BSLK folgende Texte
- Vorrede zum Konkordienbuch (1580)
- Drei altkirchliche Bekenntnisse
- Augsburger Bekenntnis/Confessio Augustana (CA)
- Apologie der Confessio Augustana (AC)
- Schmalkaldische Artikel
- Von der Gewalt und Obrigkeit des Papstes
- Luthers Kleiner Katechismus (KlKat)
- Luthers Großer Katechismus (GrKat)
- Konkordienformel/Formula Concordiae (FC); Kurz- und Lang-
  fassung

Diese Texte sind natürlich nicht in einem Zusammenhang entstanden, sondern repräsentieren etwa ein halbes Jahrhundert lutherischer Lehrbildung. Exemplarisch sei der verschiedene Charakter der einzelnen Stücke geschildert: CA und AC (erstere maßgeblich, zweitere komplett von Melanchthon verfasst) gehören in den Kontext der Verteidigung der Sache der Reformation nach außen vor Kaiser und Reichstag. Luthers Katechismen wollen den einfachen Christen (KlKat) und den Pfarrern (GrKat) Hilfestellung für die Orientierung in Glauben und Leben bieten und so dem Aufbau der Reformation nach innen dienen. Die Konkordienformel ist das Ergebnis eines mühsamen Einigungswerks unter den ziemlich zerstrittenen Nachfahren der ersten Reformatorengeneration.

Art der Anwendung, Dosierungsanleitung, Wechselwirkungen mit anderen Titeln
Die BSLK versammeln Grundtexte evangelisch-lutherischer Lehrbildung. Sie formulieren zwar keine zeitlos gültigen Wahrheiten (vgl. zur Selbstrelativierung der Bekenntnisschriften gegenüber der Bibel III.1, Bekenntnis, 130 ff.), doch sind sie wichtige Gesprächspartner für heutige theologische Urteilsbildung. Sie können also zu diesem Zweck gelesen werden, aber auch als Grund-

texte reformatorischer Einsichten meditiert werden – manche Katechismusformulierung Luthers auswendig zu kennen, ist übrigens weder verboten noch schädlich.

Sie können die BSLK als Nachschlagewerk nutzen (das Register hilft dabei!) oder gezielt Texte erarbeiten (z. B. Katechismen).

Manche Aussagen sind für unseren heutigen ökumenischen Geschmack anstößig. Hier empfiehlt es sich ggf., neuere Texte aus ökumenischen Kontexten zu vergleichen.

Benk, Andreas: Gott ist nicht gut und nicht gerecht. Zum Gottesbild der Gegenwart, Düsseldorf 2008

Gattung, formale Gestalt und Zitationsweise

Dieses Werk ist eine Monographie: Ein Buch von einem Verfasser. Die Thematik ist dabei durch den Titel angegeben, es handelt sich um eine Auseinandersetzung mit der Negativen Theologie – Benk behandelt also Aspekte dieser Leitfrage. (Vgl. als anderen Typ einer Monographie Härle: Dort unternimmt das Werk einen Durchgang durch die Lehrfragen der Theologie, ist also breiter angelegt.)

Der Text kann als (ausführlicher) Essay gelesen werden, bietet aber durch einen umfangreichen Anmerkungsapparat auch die Möglichkeit, tiefer in die benutzten Quellen und verhandelten Fragen einzusteigen. Diese Anmerkungen stehen nicht als Fußnoten auf den Seiten, sondern sind im hinteren Teil des Buchs gesammelt (S. 167–200). Das Buch scheint damit bewusst zwei Leseweisen anzubieten.

Monographien werden stets nach Autor und Titel zitiert (im Zweifelsfall ist übrigens immer der innere Titel = S. 3 maßgeblich). Wenn das Werk in einer Reihe erschienen ist, kann diese (gerne abgekürzt) und die Bandzahl genannt werden. Den Abschluss machen grundsätzlich Verlagsort und Jahr.

Aufbau und inhaltliche Akzente

Die Leitfrage ist das Thema der Negativen Theologie. Nach einer Einführung fokussiert ein erstes Kapitel auf die Bibel, das zweite zeichnet historische Linien nach, das dritte befasst sich mit religionspädagogischen Perspektiven, das vierte thematisiert „Grenzen des Erkennens und Verstehens in Naturwissenschaft und Theologie", das fünfte wendet die Einsichten auf die Lehre vom Menschen an und das sechste schließt ab mit dem Thema „Gottesrede im Bewusstsein ungemilderter Negativität". Mit je 20 bis 30 Seiten sind die Kapitel von vergleichbarer Länge.

Art der Anwendung, Dosierungsanleitung, Wechselwirkungen mit anderen Titeln
Ein solches Buch können Sie auch ganz lesen. Alternativ bietet es sich an, bei bestimmten Interessen an der Thematik das passende Kapitel auszuwählen.

Da das Buch in vielfältigen Bezügen argumentiert (vgl. die Auflistung der Kapitelschwerpunkte) ist es sinnvoll, es auf andere Werke zu den jeweiligen Aspekten zu beziehen. Wundern Sie sich nicht, wenn Sie dabei z. B. ein verschärftes Gespür für die Relevanz systematisch-theologischer Überlegungen für religionspädagogische Fragestellungen gewinnen.

Bonhoeffer, Dietrich: Widerstand und Ergebung. Briefe und Aufzeichnungen aus der Haft, hg. v. Christian Gremmels u. a., DBW 8, Gütersloh 1998

Gattung, formale Gestalt und Zitationsweise
Dieses Buch ist keine Monographie, auch wenn es von einem Autor stammt: Bonhoeffer hat diese Briefe und manche darin enthaltenen Gedichte ja nicht in der Absicht geschrieben, sie gesammelt zu veröffentlichen. Eberhard Bethge hat 1951 dieses Vermächtnis zusammengetragen und den Titel gefunden (übrigens in einem Brief Bonhoeffers an Eberhard Bethge vom 21.2.1944: DBW 8, 332–334/TB: 119 f.) – formal ist „Widerstand und Ergebung" also ein Quellenband, eine Ausgabe von v. a. Briefen aus dem Nachlass Bonhoeffers.

„Dietrich Bonhoeffer Werke", abgekürzt DBW, ist ein großes Editionsprojekt, das nicht nur Bonhoeffers größeren Veröffentlichungen editorisch gründlich neu erfasst und kommentiert, sondern auch kleinere Texte verschiedenster Art zusammenstellt – im Grunde versammeln die 17 Bände der DBW alles, was sich von Bonhoeffer finden ließ, einzige Ausnahme sind die separat erschienenen „Brautbriefe", seine Korrespondenz mit seiner Verlobten Maria von Wedemeyer.

Der private Charakter der Briefe in Widerstand und Ergebung gab Anlass zu größeren Auslassungen. In DBW 8 sind die Briefe jetzt erstmals komplett nachzulesen und auch um Briefe an Bonhoeffer ergänzt – eine Erklärung für den Umfang des Buches (797 Seiten!). Die aktuelle Taschenbuchausgabe (234 Seiten) behält die Kürzungen und die Konzentration auf Bonhoeffers Briefe bei, wurde aber an die nach den Quellen überarbeitete Textfassung der Werkausgabe angepasst. Wer von Bonhoeffers Gefangenschaftstheologie infiziert wurde, kann sich also guten Gewissens für die eigene Bibliothek diese Ausgabe zulegen.

Wollen Sie die ‚große' Ausgabe zitieren, so können Sie die anerkannte Abkürzung DBW verwenden (s. o.; die Abkürzung lässt sich z. B. mit dem Abkürzungsverzeichnis der RGG[4] entschlüsseln). Bonhoeffer ist der Verfasser der Texte, die Editionsarbeit aber haben andere übernommen – daher ist es anständig, auch die Herausgeber zu nennen. Bei DBW 8 sind das vier Namen, da ist es dann durchaus üblich, den ersten zu nennen und ein „u. a." zu ergänzen.

Da es verschiedene Ausgaben gibt, wird „Widerstand und Ergebung" gerne so zitiert, dass auch in Klammern der jeweilige Text genannt wird – so können auch Nutzer z. B. älterer Auflagen der Taschenbuchausgabe die Texte finden. In diesem Buch habe ich jeweils die Seitenangaben nach DBW 8 und der aktuellen Taschenbuchausgabe und in Klammern den Text genannt.

Aufbau und inhaltliche Akzente

Die Briefe sind weitgehend chronologisch angeordnet, wobei ihnen ein Text von der Jahreswende 1942/43 vorangestellt ist, in dem Bonhoeffer für Freunde eine Art Zwischenfazit seiner theologischen und ethischen Überlegungen „nach zehn Jahren" Nationalsozialismus zieht. Das bekannte Gedicht „Von guten Mächten" ist einer der letzten Texte Bonhoeffers und der einzige in Widerstand und Ergebung, der aus einem Brief an seine Verlobte Maria von Wedemeyer stammt.

Der Taschenbuchausgabe ist ein Anhang zu den letzten Tagen Bonhoeffers beigefügt. Die Ausgabe DBW 8 bietet ein Vorwort (v. a. zu editorischen Aspekten) und ein ausführliches Nachwort, das interpretatorische Linien zieht, außerdem umfangreiche Anhänge, Verzeichnisse und Register.

Art der Anwendung, Dosierungsanleitung, Wechselwirkungen mit anderen Titeln
Nach meiner eigenen Leseerfahrung setzen Bonhoeffers Gefangenschaftsbriefe ein hohes Suchtpotenzial frei. Selten schlage ich hier nur kurz etwas nach, in aller Regel bleibe ich hängen, lese einige Briefe, denke über Formulierungen nach – und immer wieder überrascht mich dabei ein Gedanke, der mir so bisher noch nicht klar war, ein neuer Ansatz zum Verständnis dieser oder jener Wendung. Eine wiederholte Anwendung (ich sage nicht „vor jeder Mahlzeit", weil Sie dann oft nicht mehr zum Essen kämen) ist also durchaus anzuraten.

Härle, Wilfried: Dogmatik, Berlin/New York ³2007

Gattung, formale Gestalt und Zitationsweise
Dieses Werk ist wieder eine Monographie: Ein Buch von einem Verfasser. Die Thematik ist dabei weit gespannt: Es geht um nicht weniger als um einen Durchgang durch die Dogmatik, das heißt durch die Lehrfragen der (evangelischen) Theologie. (Vgl. als anderen Typ einer Monographie Benk: Dort ist das Werk auf eine Leitfrage zugeschnitten.)

Gegenwärtig verantwortete dogmatische Lehre will begründet sein. Härle pflegt daher einen diskursiven Stil, er prüft und gewichtet Sichtweisen und Argumente und begründet sein eigenes Urteil sehr klar. Eine große Stärke seines Buchs sehe ich in seinen klaren begrifflichen Differenzierungen und präzise durchgearbeiteten Fragestellungen – auch wer seiner Position am Ende

nicht zustimmt, wird von diesem Vorbild sauberen theologischen
Denkens profitieren! Härle bezieht sich auch auf Positionen der
Theologiegeschichte, referiert bzw. zitiert diese aber weniger ausführlich als Leonhardt (siehe dort). Der Fokus liegt auf der Her-
ausarbeitung einer eigenen Position.

Zitieren Sie das Buch wie jede Monographie: Autor, Titel, Ort
und Jahr.

Aufbau und inhaltliche Akzente
Ein genauerer Blick auf den Aufbau der Dogmatik lohnt sich, da
schon dieser gewisse Grundentscheidungen Härles dokumentiert.
Nach einem Einleitungsteil, der neben der Aufgabe der Dogma-
tik eben die folgende Gliederung begründet vorstellt, folgen zwei
Hauptteile, von denen der zweite wiederum zweigeteilt ist:
I: Rekonstruktion des Wesens des christlichen Glaubens
II: Explikation des christlichen Wirklichkeitsverständnisses
A: Das Gottesverständnis des christlichen Glaubens
B: Das Weltverständnis des christlichen Glaubens

Mit dieser Zweiteilung werden wichtige Grunderkenntnisse deutlich. Zunächst wird der Einsatz beim Glauben genommen – nicht
bei Gott oder der Welt – und das Wesen dieses Glaubens nicht „beschrieben", sondern „rekonstruiert". Diese Formulierung macht
deutlich, dass Härle den Glauben als Vorgabe der Theologie sieht –
wir hatten uns ja genauer mit Härles Glaubensverständnis befasst
(der gelesene Abschnitt stammt aus dem ersten Kapitel des ersten
Hauptteils). Härle schließt sich damit etwa an Luther an, für den
der dem Wort antwortende Glaube und nicht eine Spekulation
über Gott die entscheidende Dimension der Auslegung des ersten
Gebots ist. Christoph Schwöbels Thesen setzten ja denselben Akzent und sind auch im Blick auf den weiteren Aufbau der Härle-
Dogmatik erhellend:[255] Der Glaube impliziert als Beziehung auf

---

255 Vgl. Christoph Schwöbel: Die Wahrheit des Glaubens im religiös-welt-
    anschaulichen Pluralismus, in: Ders., Christlicher Glaube im Pluralis-
    mus. Studien zu einer Theologie der Kultur, Tübingen 2003, (25–60) 38
    und 43 (3. und 4. These; zitiert: 165).

Gott als den, der den Glauben konstituiert, ein bestimmtes Wirklichkeitsverständnis, ein Verständnis von Gott, Selbst und Welt, das nun auch expliziert werden kann und muss.[256]

Art der Anwendung, Dosierungsanleitung, Wechselwirkungen mit anderen Titeln
Eine Dogmatik ist durchaus ein Buch, das sich auch als Ganzschrift konsumieren lässt. Meist wird sie jedoch mit einer bestimmten Fragestellung aufgeschlagen; auch dies ist legitim. Ich empfehle Ihnen Härles Dogmatik nicht nur wegen ihrer inhaltlichen Qualität, sondern auch deshalb, weil die Klarheit der Gedankenführung Ihnen hilft, eigene Fragen zu ordnen und zu strukturieren.

Für die unmittelbare Unterrichtsvorbereitung wird Ihnen die Gedankenführung mitunter noch zu abstrakt sein. Hier ist es sicher eine gute Idee, andere Titel wie Leonhardt oder Lachmann u. a. hinzuzuziehen (siehe dort). Ich meine allerdings, dass es wirklich sinnvoll ist, hier eine kombinierte Anwendung vorzunehmen, weil auch die Klarheit des Denkens zu einem guten Religionsunterricht beiträgt.

Lachmann, Rainer/Adam, Gottfried/Ritter, Werner H. (Hg.): Theologische Schlüsselbegriffe. Biblisch-systematisch-didaktisch, TLL 1, Göttingen ²2008

Gattung, formale Gestalt und Zitationsweise
Schon der Hinweis „Hg." für Herausgeber verrät, dass dieses Werk ein Sammelband ist. Den einzelnen Beiträgen ist eine einheitliche Struktur vorgegeben: Zu Grundbegriffen der Theologie werden jeweils, wie der Untertitel es verspricht, biblische, systematisch-

---

256 Die Nähe ihrer Positionen zeigt auch Härles Hinweis, dass sich die Aufgabe des ersten Teils „primär auf die *interne* Kommunikation zwischen den Glaubenden" bezieht, während die des zweiten „nur im Austausch mit anderen Wissenschaften, insbesondere mit der Philosophie erfüllt werden kann" (beide Zitate: Härle, 37). Dem entspricht Schwöbels Reserve gegenüber einer Selbstabschließung des theologischen Gesprächs, vgl. III.3., Wahrheitsbegriff und Wirklichkeitsverständnis, 175 ff.

theologische und didaktische Überlegungen angestellt. Eine deutliche Ausrichtung auf den schulischen Unterricht verrät auch der Reihentitel TLL: „Theologie für Lehrerinnen und Lehrer".[257]

Ein Sammelband wird so zitiert, dass deutlich wird, welchen Beitrag Sie meinen und vor allem auch: wer ihn verfasst hat. Der Nachweis beginnt also mit Autor und Titel des Beitrags, nach einem „in:" folgt das Sammelwerk und am Ende werden die genauen Seitenzahlen genannt:

Gottfried Adam, „Schuld/Vergebung", in: Rainer Lachmann/ Gottfried Adam/Werner H. Ritter (Hg.): Theologische Schlüsselbegriffe. Biblisch-systematisch-didaktisch, TLL 1, Göttingen ²2008, 337–347.

Diese Form der Literaturangabe gehört in Ihr Literaturverzeichnis; sofern Sie mehrere Beiträge aus dem gleichen Sammelband verwenden, nehmen Sie im Literaturverzeichnis auch mehrere Nachweise auf.

Wenn Sie in einer Fußnote auf eine bestimmte Seite des Textes verweisen, können Sie erst die Seitenzahlen des ganzen Beitrags in Klammern und dahinter die konkrete Seite nennen: Gottfried Adam: …, Göttingen ²2008, (337–347) 341.

Aufbau und inhaltliche Akzente

Die 33 Beiträge sind wie in einem Lexikon alphabetisch geordnet (Abendmahl, Auferstehung/Ostern, Bibel/Wort Gottes, Engel, Evangelisch – Katholisch usw.). Dabei werden zusammengehörende Begriffe zusammengezogen, zu Ostern müssten Sie z. B. unter Auferstehung nachlesen, zu Leben unter Schöpfung und zu Ewiges Leben unter Hoffnung – suchen Sie also nicht nur alphabetisch nach einem Begriff, der Sie interessiert, sondern überfliegen Sie ggf. kurz das Inhaltsverzeichnis.

---

257 Das ist eine mit dem 5. Band inzwischen abgeschlossene Reihe, die auf das Bücherregal von Religionslehrenden zielt. Die Haupttitel der anderen Bände lauten: Elementare Bibeltexte; Kirchengeschichtliche Grundthemen; Ethische Schlüsselprobleme; Christentum und Religionen elementar. Auch hier formulieren die Untertitel einen „Dreiklang", dessen dritter Aspekt stets „didaktisch" lautet.

Eine besondere Akzentsetzung ist die dreigeteilte Frageperspektive, die dem Werk einen hohen Nutzwert etwa für die Unterrichtsvorbereitung verleiht.

Art der Anwendung, Dosierungsanleitung, Wechselwirkungen mit anderen Titeln
Die ganze Machart des Buches empfiehlt es für bestimmte Indikationen. Es leistet Hilfestellung bei der Vorbereitung von Unterrichtseinheiten oder der Anfertigung von Sachanalysen im Rahmen ausführlicher Unterrichtsentwürfe. Aber auch ein theologisches Sachinteresse kann zu dem Buch greifen lassen – der Bezug auf religionsdidaktische Fragen bedeutet ja auch eine bestimmte Profilierung der Auseinandersetzung mit dem jeweiligen Thema. Wer Gefallen gefunden hat an der Vernetzung von Kinderhörspiel und theologischen Fragen könnte gerade darin einen Zugang zur Theologie entdecken.

Die Stärke des Buches, der bewusste Dreischritt in der Auseinandersetzung mit den Themen, ist natürlich zugleich seine Schwäche. Dass auf zusammen nicht einmal drei Seiten die biblischen Befunde und die systematisch-theologischen Perspektiven zum Stichwort Engel nicht erschöpfend dargestellt werden können, liegt auf der Hand. Immerhin: Die wichtigeren Themen werden umfangreicher behandelt (der Umfang der einzelnen Beiträge bewegt sich zwischen 6 und 20 Seiten). Je nach konkreter Fragestellung wird aber weitere Literatur hinzugezogen werden müssen. Die Beiträge bieten dazu jeweils Hinweise an.

Leonhardt, Rochus: Grundinformation Dogmatik. Ein Lehr- und Arbeitsbuch für das Studium der Theologie, Göttingen [4]2009

Gattung, formale Gestalt und Zitationsweise
Eine weitere Monographie ergänzt unsere Liste. Der Titel „Dogmatik" verbindet sie mit dem Werk von Härle, der Zusatz „Grundinformation" trennt sie von ihm. Auch der Untertitel weist nicht in die Richtung eines eigenen dogmatischen Entwurfs, sondern ver-

spricht eher eine Orientierung im Feld der dogmatischen Besinnung. Eben das leistet das Buch in gelungener Weise: Es verortet die einzelnen Themen, orientiert über ihre theologiegeschichtliche Entwicklung und aktuelle Diskussionen. So erreicht Leonhardt sein erklärtes Ziel, die Leserinnen und Leser in den Stand zu versetzen, sich eine eigene Meinung zu bilden. Weiterführende Literaturhinweise bieten bei Interesse eine gute Hilfestellung für die weitere Vertiefung eines Themas.

Zitieren Sie das Buch wie jede Monographie: Autor, Titel, Ort und Jahr.

Aufbau und inhaltliche Akzente

Ein etwa 90-seitiger erster Hauptteil gibt einen konzentrierten dogmen- und theologiegeschichtlichen Überblick. Dieser bietet u. a. den Vorteil, dass die im späteren Verlauf jeweils herangezogenen Theologen in ihrer historischen Verortung bekannt sind (bzw. diese leicht nachgelesen werden kann).

Der zweite Hauptteil „systematische Entfaltung" bietet in 15 Paragraphen von je ca. 15–30 Seiten (insg. ca. 330 Seiten) religionsphilosophische Vorbemerkungen zum Religionsbegriff, fundamentaltheologische Fragen (Theologie; Offenbarung; Glaube; Heilige Schrift), Ausführungen zur materialen Dogmatik (Gott; Trinität; Schöpfung und Weltregierung – in diesem Paragraphen findet sich der Exkurs zur Theodizee, den wir gelesen haben –; Mensch und Sünde; Jesus Christus; Heilsaneignung; Heilsmittel; Kirche; Letzte Dinge) und eine Nachbemerkung zur Ethik und ihrem Verhältnis zur Dogmatik. Insgesamt ist der Aufbau damit eher an klassischen „Loci" (Leitbegriffen) orientiert als etwa Härles Dogmatik, die diese Punkte in einem systematisch bestimmten Grundaufbau verortet – einem Lehrbuch ist diese Form durchaus angemessen.

Ein besonderer Akzent ist die gut ausgewählte Auswahl wichtiger Quellentexte, die Leonhardt in angemessen ausführlichen Zitaten präsentiert (bei nichtdeutschen Ursprachen zweisprachig!). Er berichtet also nicht „nur", was z. B. Luther denkt und meint, sondern lädt ein, dies in den Quellen selber zu entdecken.

*Art der Anwendung, Dosierungsanleitung, Wechselwirkungen mit
anderen Titeln*
Der Untertitel Lehr- und Arbeitsbuch nennt gleich zwei mögliche
Anwendungsarten und beide lassen sich empfehlen. In eigener Regie wird natürlich die Verwendung als Arbeitsbuch im Vorder-
grund stehen. Diese kann sich durchaus an ausgewählten Kapiteln
orientieren, zumal Leonhardt durch zahlreiche interne Verweise
deutlich macht, zu welcher Frage sich bei Bedarf oder Interesse an-
derswo Weiteres erfahren lässt.

Wer eine Grundorientierung über die Theologie anstrebt, ist mit
dem dogmen- und theologiegeschichtlichen ersten Teil gut beraten.

Zur punktuellen Anwendung empfiehlt sich das ca. 30-seitige
Glossar, das kurze Erläuterungen zahlreicher Begriffe mit Verweisen auf das Buch ergänzt.

Zu den Wechselwirkungen sagt Leonhardt selber einiges, etwa
durch seine Quellenbezüge und Literaturhinweise in abgestufter
Wichtigkeit. Wer „seinen Leonhardt" durchgearbeitet hat, wird
sich bei der Begegnung mit anderen Titeln nicht mehr als Anfän-
ger fühlen und bringt eine geschärfte Urteilsfähigkeit mit.

Link-Wieczorek, Ulrike u. a. (Hg.), Nach Gott im Leben
fragen. Ökumenische Einführung in das Christentum,
Gütersloh/Freiburg i. B. 2004

Gattung, formale Gestalt und Zitationsweise
Auch dies ist ein Sammelwerk, das – wie der Untertitel markiert –
eine bewusst ökumenische Perspektive einnimmt. Diese zeigt sich
nicht nur in der Auswahl der Autorinnen und Autoren, die aus den
verschiedenen christlichen Konfessionen (inklusive der evangelischen Freikirchen) stammen, sondern auch darin, dass jedes Kapitel ökumenische Perspektiven der jeweiligen Fragestellung aufnimmt (vgl. dazu die Übersicht auf S. 18 f.). Das Buch ist sowohl in
universitäre als auch in gemeindliche Kontexte adressiert; zur vertiefenden Bearbeitung und Diskussion bietet jedes Kapitel Fragestellungen sowie Verweise auf Basistexte, weiterführende Literatur
und Material für die Gemeindearbeit an.

Das Sammelwerk wird natürlich ebenso zitiert wie bei Lachmann u. a. erläutert – also zuerst Autor oder Autorin des jeweiligen Beitrags, dessen Titel und dann nach einem „in:" die Angabe des Werkes und schließlich die Seitenzahlen.

Eine neue Regel dazu: Es ist üblich, bei mehr als drei Autoren oder Herausgebern nur den ersten Namen mit „u. a." (oder lateinisch: „et alii") anzugeben. Das ist hier – bei sechs Herausgeberinnen und Herausgebern – also angezeigt.

Aufbau und inhaltliche Akzente

Das Buch behandelt in 13 Kapiteln (je ca. 25 Seiten) nicht nur Themen der dogmatischen Theologie (z. B. 1. Kapitel: „Verzweiflung im Leiden und Ringen um den Gottesglauben"), sondern wendet sich auch der Ethik (z. B. 4. Kapitel: „Gewalterfahrung und die Hoffnung auf gerechten Frieden") oder Fragen des gelebten Glaubens zu (z. B. 12. Kapitel: „Die Vielfalt der spirituellen Erfahrungen und ihre Einheit im Geist Gottes").

Die Grundidee des Buches ist mit diesen exemplarisch ausgewählten thematischen Akzenten bereits angedeutet: Es geht stets um die Erörterung theologischer Fragen unter Bezug auf die Lebenswelt. Das erklärte Interesse ist es, den Leserinnen und Lesern Handwerkszeug bzw. Anregungen für die Kommunikation religiöser Fragen in lebensweltlich bestimmten Kontexten anzubieten, wobei als Adressaten solcher Kommunikation glaubensferne, aber offen interessierte Zeitgenossen im Blick sind – Schülerinnen und Schüler im Religionsunterricht ebenso wie Erwachsene.

Wie schon erwähnt legt jedes Kapitel einen besonderen Schwerpunkt auf Fragestellungen der Ökumene. Das ist sicher gut begründet und auch wichtig, steht aber nach meinem Empfinden z. T. gewissermaßen quer zur Orientierung an der Lebenswelt auch kirchenferner Menschen. So ist es z. B. durchaus etwas anderes, die lebensgeschichtliche Bedeutsamkeit der Rechtfertigungslehre ins Gespräch zu bringen oder ihre kontroverstheologische Geschichte aufzuarbeiten.

Art der Anwendung, Dosierungsanleitung, Wechselwirkungen mit anderen Titeln
Das Buch lässt sich sowohl als Kurs bearbeiten als auch in Auszügen mit Gewinn lesen, da jedes Kapitel einen eigenen inhaltlichen Akzent setzt – auch das hier ausgewählte Schlusskapitel ist durchaus ohne Kenntnis der anderen Teile des Buchs verständlich. Durch die Akzentuierung von Lebensweltfragen können die Beiträge den Aufbau einer religionspädagogisch reflektierten theologischen Kompetenz unterstützen, durch die ökumenischen Perspektiven fördern sie Wissen über und Sensibilität für diese wichtige Frageperspektive.

Auch hier kann die Stärke des Buches zugleich als Schwäche angesprochen werden. Die beiden inhaltlichen Vorgaben (Lebensweltorientierung und Ökumenebezug) führen dazu, dass grundsätzlichere Fragestellungen etwas gedrängt abgehandelt werden müssen. Hier werden Interessierte weitere Literatur zu Rate ziehen, wofür, wie gesagt, auch Vorschläge unterbreitet werden.

Religion in Geschichte und Gegenwart.
Handwörterbuch für Theologie und Religionswissenschaft, 4., völlig neu bearb. Aufl., hg. v. Hans Dieter Betz u. a., 8 Bände und ein Registerband, Tübingen 1998–2007

Gattung, formale Gestalt und Zitationsweise
„RGG" bzw. wie es korrekt heißt „RGG⁴" (die Auflagenziffer ist wichtig, da jede Auflage komplett neu erarbeitet wird) ist ein theologisches Fachlexikon – also eine gute Anlaufstelle für erste Orientierungen zu allen möglichen Fragestellungen, keineswegs nur solchen der Systematischen Theologie. Genauer: Die RGG⁴ ist aktuell das neueste größere Lexikon dieser Art auf evangelischer Seite und damit in der Regel auch die erste solche Anlaufstelle.

Lexika lesen ist manchmal etwas holperig durch die Verwendung vieler Abkürzungen (nicht nur des Artikelstichworts). Wenn Sie mal gar nichts verstehen, finden Sie aber in jedem Band der RGG⁴ vorne das Verzeichnis der verwendeten Abkürzungen, das lässt sich also bewältigen! Größere Themen werden oft von verschiedenen Experten bearbeitet, die Übersicht über die Teilartikel finden Sie in diesem Fall am Beginn des Artikels.

Zur Zitation: Die ganze Angabe zum Lexikon, wie sie oben steht, interessiert in einem Zitat nicht bzw. wird komplett in der Abkürzung „RGG⁴" zusammengefasst. Der Leser möchte wissen, aus welchem Artikel Sie zitieren (Thema), wer ihn wann geschrieben hat und wie lang er ist. Sie beginnen Ihre Angabe also immer mit dem Namen des Verfassers, den Sie am Ende des Artikels, ggf. des Teilartikels finden (prüfen Sie, ob ein Artikel mehrere Verfasser hat!) – Ehre, wem Ehre gebührt. Dann folgt „Art." und das Stichwort, ggf. eine Angabe des Teilartikels, dann „RGG⁴" und die Bandzahl mit Jahr, schließlich der Umfang des Artikels (Achtung: Spaltenzählung!). Beispiel: Jüngel, Eberhard: Art. Glaube IV. Systematisch-theologisch, RGG⁴ 3, 2000, 953–974

In einem Literaturverzeichnis machen Sie für jeden benutzten (Teil-)Artikel eine Angabe nach diesem Muster.

Bei einem Zitatnachweis o. ä. lassen Sie den Umfang weg oder setzen ihn in Klammern und nennen dahinter die Spalte, auf die Sie sich beziehen.

(Sie können einen Artikel mit mehreren Verfassern auch so zitieren: Grethlein, Christian/Lachmann, Rainer/Link, Christoph/Schröder, Bernd/Heine, Peter: Art. Religionsunterricht, RGG⁴ 7, 2004, 388–398. In der Regel wird es aber sinnvoller sein, die Teilartikel zu nennen, der Leser erfährt dann auch gleich, dass sich der Text z. B. mit Jüdischem Religionsunterricht befasst.)

Aufbau und inhaltliche Akzente

Zum Aufbau eines Lexikons ist nicht viel zu sagen, erwähnt sei nochmals, dass in jedem Band das Abkürzungsverzeichnis voransteht und bei größeren Artikeln am Anfang eine Übersicht über die Teilartikel steht. Wichtig ist auch der Registerband. Er bietet Ihnen nicht zuletzt ein umfangreiches Stichwortregister (über 1.000 Spalten), über das sie zu manchem Begriff weitere Artikel von Interesse (oder überhaupt erst einen Artikel!) finden können.

Art der Anwendung, Dosierungsanleitung,
Wechselwirkungen mit anderen Titeln
Sie können gerne einmal versuchen, RGG⁴ von vorne bis hinten
durcharbeiten, dümmer werden Sie nicht dabei ☺. Okay: Sie
greifen zu diesem Werk mit einem bestimmten Interesse. Also lesen Sie fokussiert, bei längeren, gegliederten Artikeln (jedenfalls
zunächst) nur den Teil, der für Sie im Moment wichtig ist. Im Übrigen sollten Sie sich die Benutzung der RGG⁴ durchaus angewöh-
nen; Sie werden hier zwar nicht schneller, in der Regel aber besser
bedient als bei Wikipedia (das dürfen Sie übrigens auch benutzen,
aber nie als einzige Quelle).

Sie können das Werk unbedenklich neben anderen Titeln verwenden – zumal es ja selber (jeweils am Ende eines Artikels) geeignete Vorschläge unterbreitet. Wenn Sie noch Alternativen im Lexi-
konbereich suchen, nenne ich a. als ausführlichstes theologisches
Lexikon die TRE (Theologische Realenzyklopädie, 36 Bände, Abkürzungsverzeichnis und 2 Registerbände, 1976–2004) – hier gewinnt mancher Artikel bereits den Umfang einer kleinen Monographie –, b. als katholisches Pendant das LThK³ (Lexikon für
Theologie und Kirche, 10 Bände und Registerband, 1993–2001)
und c. als kürzeres Werk (vielleicht auch für das eigene Bücherregal?!) das TRT⁵ (Taschenlexikon Theologie und Religionspädagogik, 3 Bände und Registerband, 2008). Im Internet gibt es übrigens zunehmend auch wissenschaftliche Lexika, z. B. http://www.
wibilex.de/ zu biblischen Themen.

Schwöbel, Christoph: Christlicher Glaube im Pluralismus. Studien zu einer Theologie der Kultur, Tübingen 2003

Gattung, formale Gestalt und Zitationsweise
Auch dieses Buch ist ein Sammelwerk, anders als die bisher behan-
delten sammelt es aber Texte eines Autors und zu einem Thema.
Die Grenze zur Monographie ist daher fließend, auch wenn die
einzelnen Beiträge ursprünglich separat etwa in theologischen
Zeitschriften veröffentlicht wurden.

Sie zitieren auch ein solches Werk möglichst so, dass Sie den jeweiligen Beitrag nennen, auf den Sie sich beziehen. Nach dem „in:" können Sie dann den Autorennamen mit „Ders." (= derselbe; bei einer Autorin setzen Sie entsprechend „Dies." = dieselbe) abkürzen. Hier also:

Schwöbel, Christoph: Die Wahrheit des Glaubens im religiös-weltanschaulichen Pluralismus, in: Ders., Christlicher Glaube im Pluralismus. Studien zu einer Theologie der Kultur, Tübingen 2003, 25–60

Wenn Sie wollen, können Sie nach der entsprechenden Liste (S. 453 f.) das Jahr der Erstveröffentlichung des jeweiligen Beitrags in eckigen Klammern hinter dem Titel des Beitrags ergänzen, hier also: … Pluralismus [1996], in: …

Aufbau und inhaltliche Akzente

Wir haben uns einen grundlegenden Aufsatz dieses Buches gründlich angeschaut; die Thematik des Buchs und die Richtung, in der Schwöbel sie bearbeitet, ist damit hinreichend klar geworden. Weitere Aufsätze akzentuieren Fragen der Konfessionen bzw. der Ökumene, der Religionen, des Verhältnisses von Glaube und Kultur u. ä.

Art der Anwendung, Dosierungsanleitung,
Wechselwirkungen mit anderen Titeln

Wer sich in ein Thema intensiv vertiefen möchte, kann in einem solchen Werk sinnvoll exemplarische Studien auswählen, die in einem sachlichen Zusammenhang stehen.

Gerade die intensive Vertiefung wird aber sicher nicht bei einem Autor stehen bleiben, sondern möchte andere Perspektiven auf dieselbe Fragestellung vergleichen. Dazu finden sich z. B. in Anmerkungen bei Schwöbel Hinweise, denen Sie nachgehen könnten. Sie können aber auch z. B. einen einschlägigen Artikel der RGG[4] und ggf. dort empfohlene weitere Literatur neben den Aufsatz legen.

Anhang:
Unterrichtsbezogene Literatur
zu „An der Arche um Acht"

Manche/r mag Lust bekommen haben, mit dem Theaterstück bzw. Hörspiel von Ulrich Hub im Religionsunterricht zu arbeiten. Einige Anregungen möchte ich abschließend kurz vorstellen.

Klaaßen, Anne: Theologisieren mit Kindern. Unterrichtseinheit zu „An der Arche um Acht", in: Schönberger Hefte 2/2008, 2–7
Klaaßen geht die Geschichte von der Sintflut mit einem klaren theologischen Problembewusstsein an und entwickelt in intensivem Gespräch mit Viertklässlern spannende Überlegungen zum biblischen Text, die dann in Auseinandersetzung mit Hubs Buchfassung (z. T. auch dem Hörspiel) vertieft und weiter diskutiert werden. Es gelingt ihr dabei überzeugend, die Impulse des Stücks für ein Theologisieren mit Kindern fruchtbar zu machen. Im Internet findet sich der Beitrag unter: http://www.rpz-ekhn.de/cms/fileadmin/rpz/download/schoenberger_hefte/2008/Heft_2/02-07_Klaassen_Koffer.pdf

Lohr, Nicole/Schmeiler, Jutta: Religionsprojekt zu „An der Arche um Acht", Kempen 2010
Lohr und Schmeiler bieten eine Fülle von Ideen zur Buchfassung, wobei sie auch die Anregungen von Klaaßen mit aufnehmen. Das insg. 64 Seiten umfassende Materialheft bietet in einer größeren Hälfte einen „lesebegleitenden Teil", dann einen etwas kürzeren „fächerübergreifenden Teil" mit Impulsen für die Fächer Religion, Deutsch, Sachunterricht, Kunst und Musik sowie einigen Spielmaterialien etc. Angesichts der Vielzahl an Arbeitsblättern ist mit dem Vorwort der Autorinnen zu betonen, dass die Unterrichtseinheit „sehr viel über Gespräche" erarbeiten sollte.

Eine Auswahl aus der Breite der Materialien ist nötig. Mir persönlich liegen die Arbeitsblätter, die eher auf eine Sicherung/Reproduktion des Textes zielen, weniger nahe – sie könnten in der Tendenz m. E. den Eindruck wecken, die Geschichte sei wirklich genau so geschehen. Ähnliches gilt auch für das Bibelquiz zur Noahgeschichte (S. 38 f.): Die abschließende Frage „Glaubt ihr, dass die Geschichten der Bibel genau so passiert sind?" steht m. E. in einer gewissen Spannung zum vorherigen Abfragen verschiedener Details der biblischen Erzählung. Bei anderen Vorschlägen ist zu überlegen, wie weit sich der Unterricht von der Geschichte aus auf Nebengleise begeben will (z. B. Exkurs zu den Zehn Geboten, S. 19). Meine Favoriten sind die Seiten, die mit schönen Anregungen zu einer aneignenden Auseinandersetzung einladen und so gute Impulse für ein Theologisieren mit Kindern setzen.

Frede, Zita/Schwenk, Karl-Heinz:
Religion erleben und kreativ gestalten. Fächerübergreifende
Unterrichtsideen zum Hörspielklassiker „An der Arche um Acht".
3./4. Klasse, Augsburg 2011
Das Werk ist für Frühjahr 2011 vom Brigg Pädagogik Verlag angekündigt; dieser eröffnete mir freundlicherweise Einblick in das Manuskript. Anders als die vorigen Titel setzen die Autoren ganz auf die Hörspielfassung. Einen besonderen Akzent legen sie auf klanglich bzw. rhythmisch unterstützte Gestaltungen zu den verschiedenen Szenen, die auch als Bausteine einer „Klassenversion" des Gesamtstücks eingesetzt werden können. Dazu gehören auch eigene, kurze Lieder zum Stück, die einprägsam sind und von Grundschulkindern sicher schnell und gern gelernt werden. Die sonstigen Arbeitsaufträge sind m. E. eher offener gestaltet als bei Lohr und Schmeiler, was der gestalterischen Vertiefung der einzelnen Szenen gut entspricht: Hier fühlen sich die Kinder intensiv in die Geschichte ein, und sollten anschließend in der Lage sein, dies z. B. in einem Elfchen oder anderen eigenen Formulierungen auszudrücken. Lehrerinnen und Lehrer, die selber gerne mit Musik und Rhythmik arbeiten, werden die Anregungen mit Gewinn aufgreifen – und die anderen können diesen Bereich vielleicht mit ihrer Hilfe neu entdecken.

Übersicht über den Aufbau („Advance Organizer"; Erläuterung: S. 23 ff.)